交通事故診療と損害賠償実務の交錯

交通事故賠償研究会／編集

創耕舎

はしがき

　本書は、長年交通事故医療に携わってきた臨床医、損害賠償実務家である弁護士および自動車保険実務家が一体となって初めて上梓した書である。

　交通事故の損害賠償実務において大きな比重を占める医療費問題については、加害者損保会社側からは過剰診療や濃厚診療といった問題が指摘され、被害者や医療機関側からは治療費の単価・打切り、健康保険の使用そして人身傷害保険の使用による問題等が縷々指摘されている。

　そもそもこれら医療費の問題を解決するために設定されたのが「自賠責保険診療費算定基準」であるが、同基準は、各都道府県ごとの三者（損害保険協会、損害保険料率算出機構及び医師会）の合意後、各医療機関の手挙げ方式による採用であるため、同基準の設定から30年近い年月を経た現在に至っても問題が解決できていないのが現状である。

　また、近年、新たな問題として取り上げられているのが柔道整復師問題である。柔道整復師が取り扱う疾患は、「打撲・捻挫と、応急の手当てとしての骨折・脱臼」で、すべて急性期のものに限られ、さらに「柔道整復師は医師の同意を得た場合のほか、脱臼又は骨折の患部に施術をしてはならない。ただし、応急手当をする場合は、この限りではない」（柔道整復師法17条）と定められているにもかかわらず、慢性期の被害者を誘導する例も見られ、自賠責保険財政に占める施術費の支払額が年々激増している。厚生労働省も対策に乗り出しており、今後の動向が注目されている。

一方、対岸においては、新種の後遺障害といわれるMTBI（軽度外傷性脳損傷）、脳脊髄液減少症、線維筋痛症等の後遺障害の問題がある。

　これら後遺障害は、損害賠償の実務家のみならず、医学界においても賛否両論が飛び交い、学会や関係省庁から新たな診断基準が発表されても、損害賠償額の算定や後遺障害の等級認定についての根本的解決には至らず、関係者の頭を悩ませている。

　上記のように、交通事故損害賠償実務における問題は山積しており、本書は、これらの問題を解決するための座右の書となるよう企画したものである。

　本書の執筆陣は、長年臨床医として交通事故の医療費問題に取り組んできた医師並びに損害賠償実務の最前線で活躍する弁護士及び自動車保険の実務家を中心に選定し、それぞれの立場から、これらの問題を解決するために最先端の学識・見識を頂戴した。

　これらの問題を解決するための指針書として、本書を活用していただければ幸いである。

平成28年4月

編集委員一同

❖ 凡　例 ❖

1　法令

　本文（　）内の法令の条・項・号は、アに掲げる例のとおりに表記した。また、本文中に引用した法令名は、原則として正式名称で記したが、本文（　）内の法令名は、イに掲げる略語を用いた。

ア　法令の表記

例：民法第709条→民709条
　　保険法第25条第1項第2号→保険25条1項2号

イ　法令名略語

自賠　………自動車損害賠償保障法
自賠令　……自動車損害賠償保障法施行令
商　…………商法
保険　………保険法
民　…………民法
労衛　………労働安全衛生法
労衛則　……労働安全衛生法施行規則

2　判例

　判例については、原則としてアに掲げる例のように表記した。また、裁判所名並びに判例の出典については、イ、ウに掲げる略語を用いた。

ア　判例の表記

例：最高裁第一小法廷平成24年2月20日判決→最一小判平成24年2月20日
　　最高裁第三小法廷平成25年11月5日決定→最三小決平成25年11月25日

イ　裁判所名略語

最 ………… 最高裁判所
○○高 ……… ○○高等裁判所
○○地 ……… ○○地方裁判所
○○家 ……… ○○家庭裁判所

ウ　判例出典略語

民集 ………… 最高裁判所民事判例集
集民 ………… 最高裁判所裁判集　民事
金判 ………… 金融・商事判例（経済法令研究会）
交民 ………… 交通事故民事裁判例集（ぎょうせい）
自保ジャ …… 自保ジャーナル（自動車保険ジャーナル）
判時 ………… 判例時報（判例時報社）
判タ ………… 判例タイムズ（判例タイムズ社）

3　文献・雑誌

　文献・雑誌名については、下記に掲げる略語を用いた。それ以外のものは、原則としてフルネームで記した。

青本 ………… 公益財団法人日弁連交通事故相談センター『交通事故損害額
　　　　　　　算定基準―実務運用と解説』
赤い本 ……… 公益財団法人日弁連交通事故相談センター東京支部『民事交
　　　　　　　通事故訴訟損害賠償額算定基準』
曹時 ………… 法曹時報（法曹会）
損保 ………… 損害保険研究（損害保険事業総合研究所）

◉ 編集委員・執筆者一覧 ◉

●編集委員（五十音順）

▶羽成　守（はなり　まもる）

　　ひびき綜合法律事務所・弁護士、中央大学法科大学院客員教授（担当民事交通訴訟）、日本調停協会連合会理事長、東京簡易裁判所民事調停委員

　　中央大学法学部法律学科卒業。昭和49年司法研修所（28期）。昭和51年東京弁護士会登録。

▶藤川　謙二（ふじかわ　けんじ）

　　藤川病院理事長・院長

　　久留米大学医学部卒業。平成8年佐賀市医師会理事。平成14年佐賀県医師会常任理事。平成22年～平成26年日本医師会常任理事（労災・自賠責担当）。

▶八島　宏平（やしま　こうへい）

　　損害保険料率算出機構　北日本本部長

　　早稲田大学法学研究科修士課程修了。平成2年自動車保険料率算定会（現：損害保険料率算出機構）入職。平成8年慶應義塾大学法学研究科後期博士課程単位取得退学。平成21年～現在香川大学・愛媛大学連合法務研究科非常勤講師（保険法）。

▶山下　仁司（やました　ひとし）

　　やました整形外科理事長・院長、兵庫労働局労災保険診療費審査委員・地方労災委員

　　兵庫医科大学医学部卒業。平成24年～平成26年日本臨床整形外科学会自賠・労災委員会委員長。平成26年～現在日本臨床整形外科学会理事（自賠労災委員会担当）。平成27年～兵庫県医師会理事（労災・自賠責・地公災担当）。

●執筆者（五十音順）

- 相原　忠彦　　愛媛県医師会理事、相原整形外科院長
- 垣内　惠子　　弁護士（涼和綜合法律事務所）
- 川谷良太郎　　損害保険料率算出機構　中部本部審査第一課長
- 黒田　清綱　　損害保険料率算出機構　中部本部審査第二課長
- 坂口　一樹　　日本医師会総合政策研究機構主任研究員
- 手塚　泰史　　損害保険料率算出機構　九州本部審査第一課長
- 羽成　　守　　前掲
- 坂東　司朗　　弁護士（坂東総合法律事務所）
- 藤川　謙二　　前掲
- 松居　英二　　弁護士（ニューブリッジ総合法律事務所）
- 松﨑　信夫　　茨城県医師会副会長、取手整形外科医院院長
- 八島　宏平　　前掲
- 山下　仁司　　前掲
- 水谷　　渉　　弁護士、日本医師会総合政策研究機構主任研究員
- 森　宏一郎　　滋賀大学国際センター教授、日本医師会総合政策研究機構客員研究員

目 次

はしがき
凡　例
編集委員・執筆者一覧

1 自賠責保険の歴史およびその運用経過と医療費の現状と課題
八島宏平 ……………………………………………………………… 1

第1　自賠責保険の歴史およびその運用経過／第2　自賠責保険における医療費の現状と課題

2 交通事故診療の新しい診療報酬体系に向けて（日本医師会の取組み）
藤川謙二 ……………………………………………………………… 19

第1　はじめに―問題の提起／第2　交通事故の治療費と健康保険の使用／第3　人身傷害補償保険／第4　柔道整復師問題／第5　自賠責診療費算定基準について／第6　最後に―自賠責保険の展望

3 臨床整形外科医から見た交通事故医療費の問題点
（1点単価、柔道整復師、打切り、健保切替え）
松﨑信夫 ……………………………………………………………… 35

第1　はじめに／第2　1点単価について／第3　交通事故診療における柔道整復師の問題／第4　交通事故診療の打切りの問題／第5　健保切替えにおける問題

4 弁護士から見た交通事故医療費の問題点
（高額診療、過剰診療、1点10円判決の評価等）
坂東司朗 ……………………………………………………………… 51

第1　はじめに／第2　医療費単価問題／第3　過剰診療・高額診療／第4　将来治療費／第5　社会保険給付との関係

5 第三者行為手続の問題点
坂口一樹・水谷渉・森宏一郎 ……………………………………… 69

第1　2つの公的保険と問題の所在／第2　問題の大きさの試算とその意味合い／第3　「第三者行為による傷病届」の運用変更について

6 いわゆる健保使用一括払いの問題点
山下仁司 ……………………………………………………………… 79

第1　はじめに／第2　交通事故患者の治療費を、健康保険制度の財源を使うという問題／第3　交通事故診療を健康保険の診療報酬体系を使って計算するという診療価格の問題／第4　いわゆる健保使用一括払いの問題／第5　「現物給付型保険」の先兵隊

7 人身傷害保険と過失相殺
垣内惠子 ··· 89

第1 人身傷害保険とは／第2 保険金の請求方法／第3 人傷保険において過失相殺が問題となる理由／第4 保険法施行前の学説・判例／第5 保険法施行後の学説・判例／第6 保険法施行に伴う約款の改定／第7 残された問題

8 柔道整復師問題
相原忠彦 ··· 107

第1 はじめに／第2 柔道整復師の歴史的変遷／第3 交通事故診療における柔道整復師の問題点／第4 まとめ／第5 受領委任払い制度

9 新型後遺障害──CRPS──
松居英二 ··· 129

第1 本稿の目的／第2 CRPSの病態／第3 損害賠償における実務上の問題／第4 裁判例の傾向／第5 分析と考察／第6 残された課題等

10 新型後遺障害──脳脊髄液減少症の法的意義──
羽成 守 ··· 157

第1 緒論／第2 脳脊髄液減少症の歴史／第3 裁判例／第4 まとめ

11 新型後遺障害──MTBI(軽度外傷性脳損傷)──
手塚泰史 ··· 185

第1 はじめに／第2 MTBIとは？／第3 脳外傷による高次脳機能障害について／第4 脳外傷による高次脳機能障害の調査について／第5 高次脳機能障害の等級認定基準／第6 MTBIについて／第7 おわりに

12 新型後遺障害──胸郭出口症候群(TOS)──
川谷良太郎 ··· 205

第1 はじめに／第2 胸郭出口症候群の病態等について／第3 裁判例の動向／第4 考察

13 新型後遺障害──線維筋痛症──
黒田清綱 ··· 223

第1 はじめに／第2 線維筋痛症の特徴／第3 線維筋痛症の分類基準と診断基準／第4 線維筋痛症の診断及び診断書の発行に関する留意点／第5 裁判例／第6 まとめ

■判例年月日別索引 ··· 245

1

自賠責保険の歴史および
その運用経過と医療費の現状と課題

損害保険料率算出機構
八島宏平

第1　自賠責保険の歴史およびその運用経過

1　自動車損害賠償保障法（自賠法）制定の経緯

　一般に加害者の不法行為により損害を被った者が、その賠償を請求する場合は不法行為（民709条）または使用者責任（民715条）を根拠に自ら加害者側の過失を立証しなければならない。さらに、その立証に成功し損害賠償責任が認められた場合でも、賠償義務者に資力がないときは現実の金銭的満足を得られない結果となる。不法行為が自動車事故のときもこの状況に変わりがないため、自賠法制定以前は賠償責任追及および賠償資力確保の面で被害者保護の実効性に欠けるところがあった。この状況を放置すると、自動車事故を惹起する自動車そのものに対する否定的な機運が生じ、自動車産業の発展と自動車台数（＝走行量）の増加を前提とする道路建設への反動が生じる虞すらあったと思われる。

　そこで、賠償責任追及および賠償資力確保の実効性を高めるため、運輸省（当時）は、自動車事故の人身損害に係る特別の民事責任とそれを経済的に担保する強制保険制度を具現化するものとして自動車損害賠償保障法（以下「自賠法」という。）が制定・公布された（昭和30年7月29日。なお施行は昭和31年2月）。

2　自賠法の特徴

▶(1)　賠償責任追及（自賠3条／運行供用者責任）

　自己のために自動車を運行の用に供する者（「運行供用者」と称する。）は、自動車事故により他人の生命または身体を害したときに不法行為または使用者責任よりも厳格な賠償責任を課される（運行供用者責任／講学上ほぼ無過失責任に近い厳格な責任とされている。）。この成立を否定するためには、加害者側が自らに責任のないことを立証しなければならないため、被害者保護の実効性を高めている。また、運行供用者責任は、加害者側からみて被害者が「他人」であるときに発生するため「他人」の範囲が自賠責保険からの支払対象範囲を画することとなる。判例では「運行供用者および運転者以外の者」が他人と解されており（最判昭和37年12月14日民

集16巻12号2407頁)、この法解釈は順次拡張される傾向にある。

▶(2) 賠償資力確保(自賠5条／自賠責保険制度)

　賠償責任を負担する可能性のある者（通常は自動車所有者・使用者）は自動車損害賠償責任保険または共済（以下、合わせて「自賠責保険」という。）契約の締結を義務付けられている。この制度は、国土交通省（旧運輸省）が所管する各種の車両管理制度の一部であり、車両の安全性と賠償資力の確保を連結させて自動車運送の健全性と被害者保護の両立を志向している。これにより、加害者側の賠償資力が確保される。

3　自賠法・自賠責保険制度の変遷（運用経過）

▶(1) 基本構造

　賠償責任追及および賠償資力確保の実効性を高める目的で設定された自賠法の基本構造は制定後60年余を経ても変化していない。被害者保護の必要性に変化がない以上、当然である。一方、制定後の環境変化を踏まえた基本構造の強化・最適化は続いており、昭和40年代にほぼ完了し平成14年改正で現代化が成ったと考えられる。以下、概説する。

▶(2) 車検リンク制(昭和31年8月1日)

　自賠責保険が強制保険であることは、加害者側の賠償資力確保に欠かせないが、その実効性を一層高める目的で車両の登録・検査等道路運送車両法に基づく各種の処分申請には当該処分の期間を満たす自賠責保険が付保されていることを示す書面（自賠責保険証明書）を提示しなければならないこととなった（自賠9条）。これにより自賠責保険の有効期間と車検証の有効期間が一致するため、車両が作動している間は自賠責保険が機能するという関係が成立する。車両に関する行政取締法規の側面から責任保険付保の実効性を担保しようとするものである。また、車検制度がない軽自動車には自賠責保険期間を明示した保険標章（ステッカー）を交付し、それを表示（貼付）しなければ運行できないこととした（自賠法9条の2以下）。これも自賠責保険の付保を外部から感知できるようにして強制付保の実効性を担保することが目的である。

▶(3) 原動機付自転車の強制付保(昭和41年8月1日／10月1日実施)

自賠法は当初原動機付自転車を適用対象外としていたが、台数増加と高性能化による事故件数増加の実態を踏まえ適用対象とした。この措置は、原動機付自転車の付保件数が、昭和45年度の約450万台から昭和60年度の約1,350万台に増加していることを考慮すれば賠償責任追及および賠償資力確保の面で被害者保護の実効性確保に有効と考えられる。その後、原動機付自転車の付保率が70％台にとどまっていたことから、強制付保の実効性を更に強化するため4年間および5年間の保険期間を設け同一の原動機付自転車を使用する期間を充足できると見込まれる自賠責保険契約を新設した（平成7年4月1日）。

▶(4) **適用除外車の範囲縮小（昭和45年10月1日）**

自賠法は当初、200台以上の車両を保有しかつ賠償資力がある者を強制付保の適用対象外とし、また、国・都道府県・政令指定都市等の保有する車両を適用対象外としていた。しかし、被害者間の公平性を確保する面からこれらを廃止し、適用除外車の範囲を縮小した。これにより適用除外車は、自賠法施行令1条の2により、①国が自衛隊の任務の遂行に必要な業務に使用する場合、②日本国内にあるアメリカ合衆国の軍隊がその任務の遂行に必要な業務に使用する場合、③日本国内にある国際連合の軍隊がその任務の遂行に必要な業務に使用する場合、④構内専用車（道路以外の場所でだけ運行の用に供する自動車）となった。①～③は自賠責保険に拠らないでも賠償資力を確保できる。④は限定された場所・区域で使用されることから一般的な意味での自動車事故が想定できず労災保険制度等の他制度によって損害の回復が可能であること、その運行供用者（事業所の経営者等）は相応の賠償資力があることが想定される。

▶(5) **死亡追加保険料制度（昭和45年10月1日）**

自賠法は当初から保険期間中に複数回の保険金支払いを認めていた（自動復元）が、契約者間の不公平を生じさせないため保険金支払いにより自賠責保険契約が終了し、契約者は改めて新契約を締結して保険料を負担すべきであるとの自賠責保険審議会（以下「自賠審」という。）による提起（答申）に対応し、無保険車発生を防止することを合わせ考慮した結果、死亡事故を起こした場合に保険契約者に対し残りの保険期間に相応する保険料

を追徴する制度が設けられた（旧自賠19条の2）。なお、後述の平成14年改正によりこの制度は廃止された。

▶(6) 一括払制度の導入（昭和48年8月1日）

任意対人賠償責任保険契約に基づき任意社が自賠責保険から支払われるべき賠償金額分を立て替えて被害者等に支払い、その後に任意社が自賠責保険に精算請求（自賠法15条に基づく保険金請求）する事務処理形態を一括払方式と呼んでいる。これにより被害者等は任意・自賠責保険の双方に複数回の請求手続をとることが不要となり、また、これとセットで行われる示談契約の締結により当事者間の損害賠償関係が一回的に解決できるため、手続の簡便化・迅速化に資するものと解される。加えて、人身傷害補償保険（人傷保険）が機能する場合は被害者・人傷社間の協定が成立し、被害者の直接請求権（自賠16条）を代位取得した人傷社からの請求（人傷一括精算請求）も増加している。各々の方式により被・加害者の当事者性が希薄化し任意社と自賠社の関係が実質的な紛争解決に影響を及ぼすこととなる。

▶(7) 親族間事故による慰謝料減額の廃止（平成4年8月1日）

自賠責保険では、親族間事故を保有者（または加害者）と被害者とが親族関係（民725条。養親子関係を含む。）にある事故としている。この場合、従前は被・加害者間の人的関係を考慮し、その間に宥恕の念があるものと見做して精神的被害を填補する慰謝料を減額していた。しかし、自賠法の解釈上被害者の範囲が拡張される傾向（例えば、加害者の家族という理由だけで「他人」から除かれるわけではないと判示した「妻は他人」判決（最判昭和47年5月30日民集26巻4号898頁が典型）を踏まえ、慰謝料減額制度を廃止した。

▶(8) 自賠責共済の範囲拡大（昭和41年8月1日以降順次）

自賠責保険と同じ機能を担う自賠責共済（自賠法5・6条で両者は並列して規定されている。）は、順次その運営主体が拡張された。①昭和41年8月1日に農業協同組合が参入、②平成9年4月1日に全労済（全国労働者共済生活協同組合連合会）が参入、③平成10年4月1日に全自共（全国自動車共済生活協同組合連合会）が参入、④平成13年10月1日に交協

連(全国トラック交通共済生活協同組合連合会)が参入し選択肢が増えた。

4 平成14年自賠法改正(施行日は平成14年4月1日)

▶(1) 法改正の背景と骨格

　改正内容の骨格は、平成12年6月28日開催の自賠審答申および運輸大臣(現在の国土交通大臣)の私的諮問機関である「今後の自賠責保険のあり方に係る懇談会」報告書によって指摘された改善事項に対応するものであった。この改正は、自賠責保険制度発足以来、40年ぶりの抜本的な改革であり、その中心は規制緩和の実現である政府再保険制度廃止であった(自賠法40条から51条を削除)。また、この廃止によって被害者保護に係る国のチェック機能が低下しないよう、政府再保険における支払審査に代わる措置として保険金等支払時と支払後の適正支払いと関係者への情報提供を強化した。加えて、死亡事案等に係る支払いについては国に届け出ること等保険金支払いの適正化のための措置を講じている。

　さらに、被害者保護を制度的に保証するため、保険金等の支払いに関して発生した紛争を自賠法の枠内で適確に解決するための組織として公正・中立な判断を行う第三者機関を設立した。

　なお、保険契約者の保険料等負担の軽減のために交付金を交付することとした。主な改正内容は次のとおりである。

▶(2) 政府再保険の廃止

　これにより損保業界の長年にわたる要望が実現し自賠責保険分野での規制緩和が進行した。一方、自賠責保険の事業主体にとっては、リスクヘッジの必要性は減少したにせよ消滅してはいないこと、さらなる公共的役割を果たすよう求められるといった一層重い使命が課せられることになった。また、政府再保険廃止の後始末とも言うべき累積運用益(当時約2兆円)の処理は、その20分の9が自動車事故対策に、残余の20分の11が自賠責保険・共済契約者への還元原資に充てられることとなった。後者の具体策は、平成14年4月1日から平成20年3月31日までの間に効力を生じる自賠責保険契約の保険料の一部に充当するための補助金(保険料等充当交付金)を保険会社に交付するというものであった(現在は終

了）。この11対9の比率は自動車ユーザーへの還元と被害者救済事業の充実とのバランスをとったものとされている。この2兆円の取扱いについて国が年間約190億円の被害者救済措置をしていた経過からその20分の9である約9,000億円を約2％の金利で運営すると従来の必要額を確保できるとの目論見が示され（平成13年6月1日衆議院国土交通委員会での国土交通大臣答弁）、このほぼ全てが自動車事故対策センター（独立行政法人自動車事故対策機構法によって平成15年10月1日に独立行政法人化）が実施する各種事業に充てられている。

▶(3) **保険金支払適正化のための措置**

　政府再保険支払時のチェック機能を代替するものとして、支払基準の法定化および保険会社の各種の情報提供の仕組みを定めている。なお、政府再保険廃止と同時に、国が保険金支払いのチェックをすべて廃止したわけではなく、死亡事案等の一定の重要事案を引き続き全件をチェックする仕組みを残しており被害者保護に遺漏がないように配慮されている。これらの措置を自賠責保険からの支払時点以降、時系列で示す。

　ア　まず、保険会社が保険金等を支払うときは、国土交通大臣および内閣総理大臣が定める支払基準に従って支払わなければならない（自賠16条の3）。これを受け、平成13年12月21日金融庁・国土交通省告示第1号として、「自動車損害賠償責任保険の保険金等及び自動車損害賠償責任共済の共済金等の支払基準」が定められた。この支払基準が保険会社を拘束することは明らかだが裁判に対する拘束力を有するかについて、最高裁は、この支払基準は裁判外における保険金支払に際して保険会社を拘束するに過ぎないと判示し拘束力を否定している（最判平成18年3月30日民集60巻3号1242頁）。また、保険金請求（自賠15条）の場面でも支払基準が裁判所を拘束しないことを明らかにしている（最判平成24年10月24日交民45巻5号1065頁）。結局、支払基準は保険会社に対する拘束力のみ有し、裁判所に対する拘束力を有しない（上限・下限ともに）ことが保険金請求権・直接請求権共通の結論である。

　イ　次に、保険会社は、被保険者または被害者に対し、保険金等の支払を行ったとき、あるいは保険金等の支払を行わないこととしたとき等に書

面の交付その他の説明の手続を行わなければならない（自賠16条の4および16条の5）。これは、保険金等の支払が支払基準に従っていないと認めるときは、被保険者または被害者が国土交通大臣に申し出ることができること（自賠16条の7）の前提となる措置で、被害者等に対する情報提供を充実させることが目的である。この措置は、無責・重過失減額適用の場合に限らず保険金等を減額せずに全額支払った場合も義務付けられている。

ウ　また、保険会社は死亡その他の損害に関し保険金等を支払ったとき等には、遅滞なく、その旨を国土交通大臣に届け出なければならない（自賠16条の6）。これは、一部の重要事案に関しては政府再保険とは無関係に国のチェックを残すという趣旨である。

エ　さらに、国土交通大臣は、保険金等の支払が支払基準に従っていないと認めるときは、保険会社に対して指示等をすることができ（自賠16条の8）、これらの指示に従わなかった場合には、100万円以下の罰金に処することができる（自賠87条の2）。これらの措置によって、政府再保険廃止によって被害者保護が後退しないよう方策が講じられている。

▶(4)　**紛争処理機関（指定法人）の設置**

国土交通大臣および内閣総理大臣は、保険金等の支払に係る紛争の公正かつ適確な解決による被害者保護を目的として設立された法人であって一定の基準に適合すると認められるものを紛争処理機関として指定することができ、同機関を監督することとなった（自賠23条の5以下）。これは、改正法の基本姿勢が行政による事前チェックから民間による事後チェックへと方針転換した象徴的な措置であり、保険金等の支払いに係る紛争が発生した時点（支払後）で、行政機関以外の裁判外紛争処理機関が解決を図ろうとするものである。これを受け平成13年12月26日付けで内閣総理大臣・国土交通大臣による設立許可を取得した「一般財団法人自賠責保険・共済紛争処理機構」が平成14年4月1日から業務（紛争の調停（＝「紛争処理」）を開始している。

この紛争処理は、自賠責保険の支払いが支払基準に拘束され保険金限度額が法定されていること（自賠13条1項・自賠令2条1項）から、通常の裁判外紛争処理機関における示談の斡旋といった手続ではなく、支払基

準に照らして妥当な支払いであったか否かが基準となり、そのため、紛争当事者の主張を「足して二で割る」方式の調停ではなく保険会社の判断に対して支払基準適合性を再評価・再審査することと解される。なお、紛争処理結果は被害者に対する拘束力はないが、保険会社に対しては片面的な拘束力を持つ（自賠責保険約款19条2項）。

4 小括

自賠責保険の運用開始から適時の改善が進められ、平成14年改正により現状への最適化が完成したと考えられる。

第2 自賠責保険における医療費の現状と課題

1 医療費の現状

自賠責保険の支払いに占める医療費（医療機関での治療費以外に柔整施術費等の費用を含む。）の割合は約50％で最も高く、続いて慰謝料（約40％）・休業損害（約10％）と続いている（数値はいずれも損害保険料率算出機構「自動車保険の概況（平成25年度データ）」15頁による。）。加えて慰謝料・休業損害は「治療期間の範囲内」で実治療日数等に応じて算定すると定められている（自賠責支払基準）。そのため、①自賠責保険収支に占める金額の大きさと、②他の損害額算定を規律する基準であること、の両面から医療費は自賠責保険の制度運営における重要課題である。①・②を適正化するには、二つの相当因果関係（㋐事故と受傷との間、㋑受傷と治療内容・頻度・期間・価格等との間）を的確に評価することが重要である（これは一般の損害賠償でも自賠責保険でも変わることがない。）。ここでは㋐が認められることを前提に㋑の損害論について治療内容等の適正評価の視点から現状分析し解決すべき課題を検討する。

2 診療契約・損害賠償関係・責任保険契約

▶(1) 法的構成

この前提として、医療費発生の原因となる①診療契約と②損害賠償関係

の関連を整理する（なお、以下では医療費と同義で治療費ないし診療報酬の文言を用いることがある。）。法的には①・②は無関係であって交差することがない。①は医療機関と被害者（＝患者）との間で双方の意思の合致に基づいて成立し効果を生じるが、②は被・加害者間の意思の合致という要件を考える余地がない法定債権債務だからである。この整然たる結論を複雑にするのは、①・②の両方に登場する被害者（＝患者）が交点となって別々の法的関係が混然するためである。具体的には①に基づく医療機関の診療報酬請求権と②に基づく加害者の損害賠償債務が相対であるかのように混然する。さらに後者に関しては、③責任保険契約（加害者である保険契約者と保険会社の間で締結された契約）により今度は加害者を交点として②・③が混然する。その結果、本来全く別個の法律関係であるはずの診療報酬請求権（①に基づく）と保険会社の損害填補債務（③に基づく）が相対する外観を呈するに至るのである（図表1参照）。

図表1

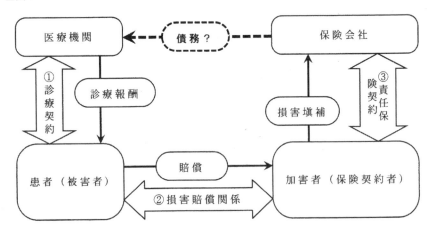

加害者は①の契約当事者ではないため医療機関と相互に権利義務を負担することはない。医療機関は加害者に診療報酬を請求できず、一方、加害者は①の契約内容や効果（価格等）に介入できず拘束されず、①とは別個に②段階で治療内容等の妥当性を損害論として相当性を評価し得るに過ぎない。さらに、②の後工程に位置する③によって医療機関と保険会社が何

らかの法的関係を生じることもない。ここで医療機関が損害立証資料（診断書・レセプト等）を発行するのは患者からの申込みに応じたから（そのため発行手数料も発生する。）で加害者側の都合とは無関係である。

▶(2) **実際の費用負担方法（費用負担者「機能」）**

　法的関係は上記の通り整理できるが、自動車事故が原因で発生した診療報酬請求権は現実に支払われなければならない。その最終的な費用負担者「機能」は実際には責任保険（自賠責保険・任意対人賠償責任保険の保険料負担者）が果たしており、これが関係当事者の（特に経済的な視点での）合理的期待に最も合致すると解される。なお、責任保険が機能することによる加害者の民事責任が希薄化・相対化するとの批判は責任保険概念創設時から存在するが、本稿ではその点には触れない。

　ア　自賠責保険からの支払い

　これは、被害者の許に発生した損害（医療費）を加害者が賠償する手段として自賠責保険を経済的に利用することである。自賠責保険から（健康保険等のように）医療機関に直接診療報酬が給付されるのではない。

　本来の流れは、患者（被害者）が医療機関に診療報酬を支払い（この時点で被害者の許に損害が発生する。）、それを加害者が賠償し、その賠償金相当額を保険金として自賠責保険から回収することだが、この流れが途中で滞る虞れがある（加害者の無資力等）。そのため、医療機関が被害者の代理人として直接請求権を行使し医療費を回収する方法がある。

　イ　対人賠償責任保険からの支払い

　これは上記アよりも多数を占める方法で任意保険の一括払いと呼ばれる。この方法では医療機関→被害者→加害者→任意保険会社の請求権の流れを中間省略して医療機関→任意保険会社と診療報酬請求し、任意保険会社が医療機関に診療報酬相当額を直接支払う。保険会社が最終的な費用負担者「機能」を典型的に発揮する形態と考えられ、その機能は①の契約内容・効果に加害者の意向を反映させるべく働きかけることにつながる。本来、加害者は②段階で治療内容等の相当性を評価するのだが、それを修正余地の大きい時点に前倒して行うのである。

　この法的性格について「一括払の合意は、医療機関に対し、損保会社へ

の治療費支払請求権を課したものでもなく、損保会社に対し、医療機関への被害者の治療費一般の支払義務を課すものでもない」との裁判例（大阪高判平成元年5月12日判時1340号132頁）があり、その停止ないし解除が何らかの義務違反となるものではないことを明らかにしている。これも当事者間の法的関連からみれば当然の結論ということができる。続いて、上記の分析を前提に自賠責保険運営上の医療費の課題を考察する。

3 医療費の課題

自賠責保険の制度運営、特に収支面の歴史は医療費適正化の歴史であった。過去、医療費の動向が自賠責保険収支にとって最大の変動要因であり医療費の増減と保険料の変動は損害率の悪化・改善を通じて同期していたからである。自賠責保険の収支は発足後約10年経過した時点で悪化し、これが現在まで続く医療費問題の発端であった。

▶(1) 昭和40年代の自賠責保険収支悪化

これは、交通事故件数の急増・医療費支払いの増大が原因の一つであった。そのため、自賠審は自賠責保険制度自体の改善（特に医療費支払いの適正化）を強く求めていた。健康保険等の社会保険適用の場合は既定の算定基準に従って診療報酬が算定される（昭和43年10月12日保険発第106号厚生省保険局保険課長・国民保険課長通知（各都道府県民生主管部（局）長宛て）は、自動車による保険事故も一般の保険事故と何ら変わりなく保険給付の対象となる旨を明示している（その後の政府方針もこの考え方を踏襲している。）が、社会保険によらない治療（いわゆる「自由診療」）の場合は診療契約当事者間で自由に診療報酬を合意できる（算定基準がない。）ため医療機関により差異があり、中には高額の診療報酬を合意・請求するケースもあった。その額を損害賠償として相当と評価し、さらに自賠責保険から実損填補した場合、その最終費用負担者は自賠責保険（保険料負担者）となって収支に直結する。

この流れの中で昭和44年答申（昭和44年10月7日）は、治療費支払の適正化施策として、自賠責請求に当たり診療内容を示す明細書の添付を励行し、国民の納得する公正な診療基準と適正な支払方法の確立を関係者

に求めた。その適正化効果を見越して同年11月1日に料率引上げ改定を実施した。内容は、保険金額引上げ（死亡による損害の限度額を300万円から500万円とした。）、損害率上昇・累積赤字解消のため営業保険料を平均96.5％引上げ（最高引上率を2.5倍上限とした。）であった。その後も損害率は改善せず昭和59年答申を迎えるに至った。

▶(2) 昭和59年自賠審答申（昭和59年12月19日）

　この答申は、死亡による損害の限度額を2,000万円から2,500万円に引き上げるとともに営業保険料を平均29％引き上げるとしたものだが、その中に「責任保険制度の改善」として医療費支払いの適正化を重要事項として掲げていた。それは「一部の医療機関等の医療請求額が過大であることが指摘され、責任保険の医療費支払の適正化が要請されている状況」に鑑み、①支払側の医療費調査担当者の研修強化・増員、②交通事故医療に関する調査研究の強化（特に医療費統計の集積）、③自動車保険料率算定会（現：損害保険料率算出機構。以下「自算会」という。）・日本損害保険協会（以下、「損保協会」という。）が日本医師会の協力を得て自賠責保険診療報酬基準案（以下、「基準案」という。）を作成し医療費請求・調査の基準とすること、④日本医師会が各地区医師会に対して基準案に基づく請求を徹底することの依頼、⑤基準案の全国的浸透・定着後の算定基準としての制度化を図ることであった。この答申指摘は、医療機関全体ではなく一部の医療機関が突出した請求を繰り返していることへの対策が重要との認識を示しており、それは「医療費支払水準を全国的に平準化する効果も得られると考えられるが、これが長期的には保険金支払の地域間較差の解消に資することも期待される。」との答申指摘にも反映されていると解される。したがって、基準案の機能は、医療費請求全般をコントロールする趣旨ではなく一部の高額請求に対して上限を画する歯止め機能に主眼があったと考えられる。

4　自賠責保険診療報酬基準案（自賠責保険診療費算定基準）

▶(1) 合意に至る経緯

　上記答申を受け、昭和60年から63年にかけて日本医師会・損保協会・

自算会の三者が自由診療の診療報酬に関して、損保側は自賠責保険独自算定方法案、日本医師会側は健康保険診療報酬体系に準拠した算定方法案を各々作成して比較検討したが成案を得ることができなかった。その後、災害医療として共通点の多い労災保険の診療報酬体系に準拠する考え方でほぼ合意に近付いたが、点数単価の設定に見解の隔たりが大きく膠着状態にあった（自算会編『自動車保険料率算定会30年史』490頁以下）。この検討速度に対しては批判もあり、交通事故の診療報酬基準は健康保険・労災保険と同様に法定すべきではないのかとの質問が衆議院交通安全対策特別委員会（昭和63年9月）でなされる状況であった（前掲書491頁）。そして平成元年3月、自由診療の診療報酬は薬剤料を1点単価10円、その余の部分を1点単価10円50銭として診療報酬を算定することが妥当との東京地裁判決（いわゆる「10円判決」／東京地判平成元年3月14日判時1301号21頁）が下されたこともあり、同年6月に三者合意が大筋で成立した。

▶(2) **合意内容と合意に基づく請求支払いに関する申合せ概要**

三者合意の内容は次のとおりである。①労災保険の診療報酬体系および単価（1点12円）に準拠する。②薬剤等「モノ」については1点単価12円、その他技術料については労災保険の2割増を上限の目安とする。③ただし、上記を下回る医療機関（以下、「ただし書医療機関」という。）についてはこれを引き上げる趣旨ではない。

また、上記の合意に基づく請求支払いに関する申合せ概要は次のとおりである。①医療機関・保険会社相互の情報連絡の場として医療協議会（原則として都道府県単位）を設け実施状況等を協議する（合意内容以外の料金協議（文書料等）、事業者間の競争を制限する確認・申合せをする場ではない。）。②保険会社の支払期間は、自賠責保険が受付日から2ヶ月以内、任意保険が受付日の属する月の翌月末日を期限とする。

▶(3) **基準案の性格と機能（競争制限的機能の有無）**

基準案は、自由診療の治療費が自賠責保険支払基準に定める「必要かつ妥当な実費」と評価できるかを判断するガイドライン（上限の目安）と解される。自由診療契約は医療機関・患者（被害者）間で成立しているた

め、加害者や自賠責保険会社が介入することはできないが、基準案に則って算定した診療報酬を医療機関が請求する形態をとれば治療費を適正化できると考えられる。そのため、第一義的には医療機関での診療報酬算定が適正化にとって重要である。仮に、当事者間で合意した診療報酬額が基準案により算定した診療報酬額と異なる場合（特に前者が後者を上回っている場合）、基準案を導入している医療機関には禁反言原則が適用されるのか、前者の合理性を立証して当該請求を認容するのか論議のあるところだと思われる。一方、基準案を導入していない医療機関が基準案と異なる算定方法による診療報酬を被害者または加害者側から受領し、それに係る直接請求(医療機関による代理請求を含む。)または保険金請求があった場合、自賠責保険会社は基準案を根拠にそれを超える金額の支払を拒むことができるかは未解決の争点である。基準案の合理性は承認されているため基準案に基づく主張は違法でない反面、診療契約の効果としての診療報酬を契約外の第三者が全面的に否定することもできないのが現状である。折衝不調の場合は民事紛争解決の手段に委ねることになると解される。

なお、独占禁止法との関連では、基準案が今後の制度化を前提とした取組みであって、医師会が個々の医療機関を拘束しない形で診療報酬の目安を定めたものであるかぎり競争制限的ではないと解される。

▶(4) **実施状況**

基準案導入（移行）は、各都道府県医師会単位での是非を判断し、さらに個々の医療機関が基準案を導入するかを各々判断する仕組みを採用している（「手挙げ方式」と呼んでいる。医師会が医療機関を拘束しない趣旨が明らかである。）。何人も医療機関に対して基準案導入を強制する権限を持たないのである。三者合意後、各地で折衝された結果、平成27年8月時点で山梨県以外の都道府県医師会と基準案導入の合意が成立している。

5　今後検討すべき事項

▶(1) **制度化（≒法制化）の手続・形式**

前出の昭和59年自賠審答申は基準案の全国的浸透・定着後、適切な時点で制度化を図るべきことを指摘していた。具体的な制度化論議に当たっ

ては、その検討主体が民間（基準案合意当時の三者）で良いのか、公的な認証手続（自賠審答申等）が必要なのか、制度化に係る適正手続の内容を確定させる必要がある。これは、制度化の形式と表裏一体の問題で「制度化＝法制化」なら法令改正が必須である。具体的には自賠法本体に委任根拠規定を設けて施行令・施行規則に明記する方法、自賠法16条の3に定める支払基準（金融庁国土交通省告示）の一部として告示する方法が考えられる。いずれも主体は、国（金融庁・国土交通省）である。

一方、自賠責保険が公保険であることを踏まえると、法制化ほどの拘束的な規制でなくても診療報酬の適正化が可能と考えられる（この点は後述する。）。いずれにせよ、制度化ないし法制化を実現しないと独禁法抵触の虞れを払拭できず制度運営の安定性を欠くことになる。

▶(2) **制度化の時期**

ここでは、「全国的に浸透し定着化した」と評価できる水準を検討しなければならない。基準案の全国的浸透・定着といっても、被害者単位、医療機関単位、都道府県単位と何種類かの考え方があり得るので、どの単位で評価すべきかの合意が必要である。また、基準案による請求案件が全体のどの程度を占めれば浸透したと評価できるかの水準も未定のため、具体的な数的合意も不可欠である。仮に全都道府県が合意すれば浸透したと評価できるなら制度化のタイミングは近付いていると考えられる。

さらに、前記の「ただし書医療機関」を浸透すべき医療機関の対象に含めるかどうかも論議する必要がある。これらの医療機関は、もともと基準案による診療報酬算定を想定していなかったためである。

▶(3) **制度化の内容（拘束力）**

現在の基準案はガイドライン（上限の目安）なので医療機関に対する拘束力はないが、制度化の暁にはこれが認められることが自然である。前記の法定化でない制度化によって診療契約に自賠責保険者が介入できるのか、また、被害者（＝患者＝社会保険被保険者）が有する社会保険診療を受ける権利の行使との調整も難問である（厚生労働省見解は事故治療に対する健保適用可能というものでありこの見解との整合性を保つ必要がある。）。この点、基準案を自由診療に係る唯一の算定基準とせず、健康保険

の診療報酬体系を用いて1点単価を調整する算定方法のように他の算定方法も選択的に許容する仕組みも検討すべきと考える。

▶(4) 算定基準の内容

　現行基準案は労災保険の診療報酬体系に準拠しているが、より原則に戻って健康保険の診療報酬体系に準拠することも考えられる。現行が労災保険に準拠するのは外傷治療の専門性の面から自動車事故受傷と親和性があったことが原因と思われるが、自賠責保険では軽傷事案が9割を占める現状（図表2参照）を踏まえると、労災保険との親和性がどこまで認められるのか改めて振り返ることが必要と考えられる。

図表2　傷害度別傷病数構成比（平成25年度）

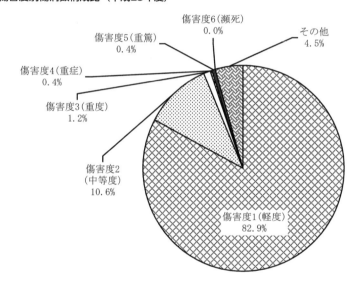

▶(5) 算定基準の適用範囲

　基準案による診療報酬算定は自賠責保険金額（傷害による損害：120万円）による制約を受けるので、保険金額を超えた場合にその適用範囲を確定させる必要がある。自賠責保険は医療費の他に慰謝料・休業損害等も支払対象にしているので被害者の損害総額が120万円を超えたケースでは、どの範囲まで算定基準を適用するのか整理しておく必要がある（また、こ

の整理は自賠責保険を超過した損害に対する任意保険（対人賠償責任保険・人身傷害補償保険）との関連でも重大な問題である。）。前出のように医療費が自賠責保険の支払いの約50％を占める現状を考えると、医療費の請求が保険金額の50％である60万円を超えた時点で基準案の適用は強制されないと考えるのが穏当ではないかと思われる。

▶(6) その他

　医療機関からの請求に加えて医業類似行為に係る費用（特に柔整施術費用）の算定方法を制度化し、自賠責保険として医療費全体を整合的に取り扱う方法も検討する必要がある。特に柔整施術費用は近年その請求額が増加している。医療機関からの請求額は平成25年度請求額・件数の対平成21年度指数が105程度であるのに対し、柔整施術費の平成25年度請求額・件数の対平成21年度指数は150程度であってその急増が際立っているためである（前掲「自動車保険の概況（平成25年度データ）」18・23頁）。

6　まとめ

　上記の通り、基準案は医療費請求全般をコントロールするというより一部の高額請求に対して上限を画する歯止め機能に主眼があったと考えられることから、その制度化に当たっては柔軟で多様な選択肢が存在することが望ましいと考える。なお、本稿は筆者の私見であり所属組織の見解とは無関係である。

2

交通事故診療の
新しい診療報酬体系に向けて
（日本医師会の取組み）

藤川病院
藤川謙二

第1 はじめに ― 問題の提起

　我が国の戦後において、経済復興の原動力の1つとしたのは、「道路交通網の整備」「高速道路の整備」による経済流通システムの構築であったが、その中で自動車は経済流通システムの輸送機関として、驚異的な普及を果たした。しかし、その副産物として生まれたのは、自動車保有台数の増加による交通事故の激増であった。

　戦後間もなくは、自動車事故による損害賠償責任については、民法上の過失責任主義が厳しく適用されていたが、加害者の賠償能力が必ずしも十分ではなかったために、適正な損害賠償を受けられないまま被害者が続出する状況が続いていた。これらを背景として、被害者の保護・救済制度が求められるようになり、政府は、昭和30年に自動車損害賠償保障法（以下「自賠法」という）を制定・公布し、昭和31年2月1日から自動車損害賠償責任保険（以下「自賠責保険」という）の強制実施が図られるようになったのである。

　自賠責保険は、労災保険制度が労働者救済制度であるのと同様に、交通事故被害者の救済制度として設けられ、傷害案件については120万円という限度額はあるものの、原則として交通事故被害者の過失を問わずに自動車事故の対人賠償のほとんどを填補している[1]。また、経済の発展とともに、自動車事故の対策が強化され、道路交通法の一部改正による法整備や各自動車メーカーの安全運転に対する技術の発達により、被害者の事故の程度が軽傷化し、現在では、我が国の自賠責保険制度は、十分な被害者救済制度として効率的かつ有効的に機能しているといえよう。

　しかしながら、一方で、様々な問題点が内包している。これまでも日本医師会をはじめとする医師側と損害保険協会、損害保険料率算出機構との協議等によりかなりの問題点が解決されてきた現況にあるが、現在もなお、①交通事故患者の治療における健康保険の使用、②人身傷害補償保険による治療

＊1： 平成24年度の交通事故の被害者のうち、死亡・後遺障害の割合は全体の5.3％に過ぎず、残りの94.7％は傷害者が占めている（一般社団法人日本損害保険協会「自動車保険データにみる交通事故の経済的損失状況」(2012年4月〜2013年3月))。

費問題、③交通事故外傷患者の柔道整復への通所等の問題が提起されている。

筆者は、平成22年4月から平成26年6月まで、日本医師会の常任理事として、主に労災・自賠責保険の諸問題について担当してきた。その立場上、平成元年に日本医師会、損害保険協会、自動車保険料率算定会（現在の損害保険料率算出機構）との間で設定された自賠責保険診療費算定基準（以下「自賠責診療費算定基準」という[*2]）の全国的な普及について取り組むとともに、これらの問題を解決するための端緒となるよう、各都道府県医師会および弁護士会へ啓発するための講演活動[*3]や各損保会社、損保協会並びに損害保険料率算出機構との調整・協議を行ってきた。

本稿は、労災・自賠責保険の担当理事として対処してきた様々な問題に焦点を当てて解説するとともに若干の考察を述べ、これらの問題の解決の一助に資することを目的とするものである。

なお、本稿中の意見にわたる部分については、筆者の私見であることを付記しておく。

第2　交通事故の治療費と健康保険の使用

1　問題点──通達の存在

交通事故による治療費については、自賠責保険を使用する方法、健康保険を使用する方法、労災保険[*4]を使用する方法があり、例外[*5]を除いて、被害者の早期救済のために設けられた自賠責保険を使用することが優先されるべきと考えている。その理由は、①健康保険による治療は、健康保険法等に基づいて使用できる薬剤の種類・量、リハビリの回数に制限がある

[*2]：「自賠責保険診療費算定基準」は、ほかに「新基準」、「新基準案」、「日医基準」とも呼ばれている。
[*3]：筆者は、全国の医師会約40都道府県で講演を行ってきた。なお、弁護士会の講演については、拙著「交通事故賠償における医学的知見」『民事交通事故訴訟の実務Ⅱ』78頁以下（2014年、ぎょうせい）を参照されたい。
[*4]：労災は、通勤時や就業中の事故に適用され、それ以外のものを労災として取り扱うことはできない。
[*5]：次に掲げる場合は原則として健康保険を用いて治療しなければならない。
① ひき逃げ事案で加害者が判明しない場合
② 被害者の過失割合が大きく、なおかつ自賠責保険の限度内では治癒が望めない場合
③ 被害者に全く交通事故の責任はないが、傷害が大きく、自賠責保険の限度額内に収まらず、任意自動車保険にも未加入の場合

こと（自賠責診療費算定基準では、特掲事項として補う仕組みになっている）、②健康保険では後遺症という概念がないため、医療機関では診断書に症状固定日を記載することができないこと（例えば、むち打ち症等で治療が長期にわたるときは、損保会社は治療費を途中で打ち切ることがある）、③健康保険組合から損保会社に治療費を請求（求償）することになるが、求償が適確に行われない場合が多く、患者自身の健保組合に損害を与える場合もあること、が挙げられる。

しかしながら、昭和43年に出された厚生省（当時）の国民健康保険課長通知[*6]が存在していることにより、交通事故診療における健康保険の使用について様々な混乱が生じているのが現状である。

2　交通事故診療における健康保険使用の原則

交通事故診療における健康保険の使用については、原則として、前述の通知にあるとおり、第三者行為届の保険者への提出が求められ、その第三者行為の届出によって、医療保険者は、加害者、賠償義務者等へ求償を行うこととなっている。このことにより、第三者行為届が適確に提出されているのか、医療保険者が自賠責保険や任意自動車保険に対して求償を適確に行っているか、などの問題点が浮かび上がってくる。

健康保険は、国民が応分の支出をし、法律によって診療に一定の枠をかけた制限診療による相互扶助の保険であり、健康保険への求償が適確に行われていなければ、その財源を脅かすことになる。実際に健康保険の財政は悪化しており、全国健康保険協会（協会けんぽ）は、平成22年3月から加入者に対する保険料率を引き上げ[*7]、被保険者の負担が増加している。国民健康保険においても財政が逼迫している現状は、読者諸氏の知るところである。

少子高齢者化社会を迎え、これからの日本社会においては、様々な事情

---

*6 ：「最近、自動車による保険事故については、保険給付が行われないとの誤解が被保険者の一部にあるようであるが、いうまでもなく、自動車による保険事故も一般の保険事故と何ら変わりなく、保険給付の対象となるものである。…中略…被保険者からの第三者の行為による被害の届け出を励行されるよう併せて指導されたい。」（昭和43年10月12日保険発第106号各都道府県民生主管部（局）長あて厚生省保険局保険課長国民健康保険課長通知）

*7 ：平均保険料率を8.20%から9.34%へ引き上げた。

に応じた適確な財源の使用がより一層求められていかなければならないと考える。

3 健康保険使用の問題点

交通事故患者において健康保険を使用することの問題点は、前述したように、①第三者行為による傷病届の問題、②求償問題のほかに、③診断書用紙の問題、④健保使用一括払いの問題が指摘されている。

交通事故は損害賠償事案であるため、加害者（損保会社）は被害者に対して損害賠償を行わなければならない。しかし、健康保険による治療には後遺障害[*8]という概念がなく、また、医療契約も患者本人との契約になるため、健康保険を使用して治療した場合、医療機関は自賠責保険様式の診断書（診断書および後遺障害診断書）およびレセプト（診療報酬明細書）を記載する義務がなくなり、患者が損害賠償を受けるときに必要となる書類が手に入らなくなるという事態が発生する。

また、健康保険を使用した場合、患者は診療の都度診療費を医療機関に支払わなければならないが（健康保険法74条、療養担当規則5条）、損保会社が患者に変わり、治療費をまとめて一括して医療機関に支払うことが行われている[*9]。

交通事故診療で健康保険を使用することによってこれらの問題が指摘されている。

これらの問題点について、筆者が日本医師会常任理事在任中に労災・自賠責委員会が会長への答申を2回行っている。この答申の中に、全国の医療機関および健康保険者へのアンケート調査を行った結果が掲載されている。以降、この結果を分析しながら検証していく。

＊8：後遺障害とは、労災保険を準拠している自賠責保険において「傷病（負傷または疾病）が治ったときに残存する当該傷病と相当因果関係を有し、かつ、将来においても回復が困難と見込まれる精神的・身体的毀損状態で、その存在が医学的に認められ、労働能力の喪失を伴うもの」と定義されている。健康保険上では、このような定義はなく、患者が症状を医師に訴えれば、医師はその治療に継続してあたらなければならない。
＊9：これを「健保使用一括払い」といい、法文上からも明らかなとおり、違法行為が行われているのが現状である。なお、健保使用一括払いについては、本書の山下医師の論考も参照されたい。

4 第三者行為[*10]による傷病届と求償問題

▶(1) 交通事故の診療費における健康保険の使用率

　損害保険料率算出機構（以下「損保料率機構」という）が公表している交通事故診療における社会保険利用率は、平成25年度データで10.5％であり、「過去5年間は、ほぼ同水準で推移している」と報告されている[*11]。

　しかし、日本医師会が全国の医療機関に対して行った調査では、交通事故診療における社会保険利用率は、19.9％という結果[*12]であり、損保料率機構の公表している数字と約2倍の乖離があった。

　この約2倍の乖離は、どのような問題を含んでいるのだろうか。

▶(2) 健康保険による診療を求める理由

　損保会社が健康保険による診療を求める理由について、日本医師会が調査した結果では、「加害者（損保会社）から指示（要望）があったため」(57.3％)、「患者本人が加入する任意保険会社から指示（要望）があったため」(24.6％)との回答があり、この2つの回答を合わせると約8割が患者本人の意思によらず、加害者（損保会社等）からの指示（要望）によって健康保険を使用していることが判明している[*13]。

　また、損保会社から患者への説明内容については、「患者側の過失が大きいため」(52.3％)、次いで「健保を使用しても一部負担金の支払いはない」(30.1％)という結果が公表されている[*14]。

　つまり、交通事故診療において、約8割は患者自身の判断で健康保険の使用を要望しているのではなく、いわゆる第三者が介入もしくは誘導していることの実体が見えてくる。

▶(3) 第三者行為による傷病届

　また、第三者行為による傷病届の届出の有無について、約7割の医療機

[*10]：第三者行為手続の問題点については、本書の坂口・水谷・森氏の論考も参照されたい。
[*11]：損害保険料率算出機構『自動車保険の概況平成26年度（平成25年度データ）』22頁（平成27年）。
[*12]：日本医師会労災・自賠責委員会答申「諮問：地域医療における労災保険、自賠責保険の役割」29頁（平成24年）。
[*13]：前掲注12・31頁。
[*14]：前掲注12・32頁。

関が「確認している」と回答しているが*15、レセプト*16について、特記事項欄に第三者の不法行為によって生じたと認められる場合のコード番号等の表示をしていない医療機関が21.9％あったことが確認されている*17。

また、交通事故診療に健康保険を使用した同一月に、私病に対する治療も行われている場合、レセプト上それが判別できるように区別している医療機関は69.1％、国保、支払基金等から協力依頼があれば区別している医療機関は9.1％との結果であった。しかし、21.9％の医療機関では区別していないとの回答であり*18、医療保険者への求償事務に何らかの影響を与えているのではないだろうか。

▶(4) **診断書用紙問題**

交通事故患者が自賠責保険を請求するためには、レセプト、損保会社から診断書および後遺障害診断書の作成・提出が求められる。しかし、健康保険を使用した場合、医療契約は患者と医療機関だけの契約となり、そこに第三者は介入することはできなくなる。損保会社からの要請によるこれらの書類の記載義務がなくなるのである。

しかしながら、日本医師会の答申では、「健保を使用しているにもかかわらず、損保会社所定の書類作成を求められるケースがあるか」との問いに対して「ある」と回答した医療機関が70.4％であり*19、また、「ある」と回答した医療機関に対して「患者の請求・支払い等を考え、損保会社所定の様式で作成し、患者に交付している」医療機関が63.6％であるとの結果であった*20。

5　考察

健保使用問題について、求償漏れをなくすために、健康保険組合連合会は、交通事故にかかる第三者行為届の求償漏れの防止を目的として、日本

---

*15：前掲注12・31頁。
*16：医療機関は、交通事故による健保診療で、レセプトに「㊋」、コード番号の「10」及び略号の「第三」の表示が義務付けられている。
*17：前掲注12・35頁。
*18：前掲注12・36頁。
*19：前掲注12・34頁。
*20：前掲注12・35頁。

損害保険協会および外国損害保険協会との間で、「交通事故にかかる「第三者行為による傷病届」の提出に関する取り決め」を締結し、平成25年4月1日から実施している。

この取り決めは、「①任意保険会社が関与する交通事故事案の治療に健康保険が利用された場合において、被保険者の確認のもと、その任意保険を取り扱う保険会社が責任を持って被保険者の「第三者行為による傷病届」の作成・提出を援助すること、②「第三者行為による傷病届」の様式の簡素化・統一化を図り、事務手続の合理化を図ること」が主な内容となっている。

しかし、この取り決めが確実に行われているか、また、既述のように交通事故による治療と私病の治療が同時に行われていた場合、それを判別し、適確に請求しているのか、確認するための第三者機関が存在しないため、疑問が残るところである。

また、最近では、日本医師会の労災・自賠責委員会のアンケート調査により、交通事故診療にもかかわらず健康保険を使用して、入院費支払いが行われているという調査結果により、健康保険制度の財源難の一因をなしていることが、明らかとなっている。

これらの交通事故診療における健保使用にかかる問題点については、今後ある一定のルールを設ける必要があるものと思われるが、交通事故被害者救済のための財源を適確に使用するためには、やはり自賠責保険を用いるのがベストの選択ではないだろうか。自賠責保険を使用すれば、求償漏れもなくなり、診断書用紙の問題もおのずと解決できるものと思われる。よって、早期の「自賠責診療費算定基準」の法制化（制度化）が求められるものであると考えられよう。

第3　人身傷害補償保険

1　人身傷害補償保険の問題点

保険の自由化に伴い、平成10年7月1日施行の損害保険料率算出団体に関する法律の一部改正により、損害保険市場の自由化が進行し、損保会社各社は独自の商品を開発することとなった。任意自動車保険において

は、当時の東京海上火災保険株式会社から発売された新型自動車保険であるTAPに組み入れられた人身傷害補償条項がある。

人身傷害補償条項は、自動車事故で被った損害について実際に被保険者が支払った分をそっくりそのまま支払ってくれる保険（いわゆる実損填補型の保険）として開発されたものであるが、損害額の算定基準を設けているため、基準に定められた損害額を上回ったときには、基準以上の額が支払われないという契約内容である。

現在の任意自動車保険においては、平成21年7月1日の金融庁通達により、特約からはずされ、すべての任意自動車保険に人傷保険を付保することが義務付けられている。

従来の任意自動車保険と異なるところは、事故が発生したときに、被保険者の賠償責任の有無や過失割合を問わず、被保険者自身に生じた損害の回復を自分自身の保険から保険契約上の算定基準により算定された金額が支払われることにある。また、その算定基準には、「傷害の治療を受ける際には公的制度の利用等により費用の軽減に努めること」との記載があるため、自賠責診療費算定基準を使用して治療に当たる医療機関において、健保使用の問題が生じているのである。

2　考察

平成11年5月21日に日本医師会と東京海上火災保険株式会社は、人身傷害補償保険の約款にある「公的制度の利用等」の努力規定の取扱いについて、公的保険の使用を強要するものではないとの確約をし、「1.自賠責保険に関わる案件については従来と同様の取扱いとする」、「2.その旨の社内徹底を図る」旨の申合せを行った。

しかしながら、前述の日本医師会が行ったアンケート調査では、健康保険使用に関する患者本人が加入する任意保険会社から患者への説明について「患者本人の過失分は人傷保険から支払うので、健康保険で治療を受けて欲しい」と説明された回答が67.6％あり[21]、この申合せが遵守されてい

---

[21]: 前掲注12・32頁。

るのか甚だ疑問に思われるところである。

　筆者が常任理事在任中、この申合せが現在でも有効であることの確認を行ったことは言うまでもない[*22]。

第4　柔道整復師問題

1　自賠責保険における施術費の状況

　近年、柔道整復師の数が飛躍的に伸びており（平成25年の合格者数が5,349人）、業界間の競争が激化し、その結果として、柔道整復師の職域を拡大するために「交通事故専門治療」「むちうち専門」「各種保険取扱」「交通事故」等の違法広告[*23]が目立つようになってきている。また、自賠責保険における柔道整復師の請求状況も約717億円（平成25年度）となっており、平成21年度の請求状況の約478億円と比較すると約50％増となっている。

　平成25年度に自賠責保険に請求のあった柔道整復師の平均施術費は31万1,168円、平均施術実日数は52.9日と医療機関のそれと比較すると医療機関の平均診療費は23万7,038円、平均診療実日数は20.0日となっており、医療機関よりも高額かつ長期間にわたる施術となっている[*24]。健康保険制度と同様に財務省、金融庁、国土交通省もこの尋常ならぬ状況に関心を持って対処しつつある[*25]。

2　裁判実務の取扱いと現状

　裁判実務における柔道整復師の施術費については、①医師の指示の必要性、②施術の有効性、③施術内容の合理性、④施術期間および施術の相当性等の要件を掲げ、「これらの各要件を満たせば、交通事故との間に相当因果関係が認められ、加害者に対しその費用を請求できることになると考

---

*22：人身傷害保険については、別に本書の垣内弁護士の論考も参照されたい。
*23：柔道整復師の広告規制については、柔道整復師法24条及び柔道整復師法第24条第1項第4号の規定に基づく柔道整復の業務又は施術所に関して広告し得る事項（平成11年3月29日厚生省告示第70号）参照。
*24：前掲注11・23〜24頁参照。
*25：柔道整復師問題については、本書の相原医師の論考も参照されたい。

える」としている*26。

　さらに、最近の論文においても、東京地裁民事交通部の白石孝子裁判官が「被告が、整骨院等の施術費を争う事案が増加している。このような事案の多くは、整骨院等の施術の相当性、必要性を争うものであるが、中には、施術実施の事実自体がないと主張されることもある。この背景には、整骨院等の施術費が高額であったり、医師の診察をほとんど受けていないため、整骨院等の施術と事故との因果関係を否定されると、通院期間及び通院日数が極めて少なくなるため慰謝料額も低額となるなど、損害額に大きく影響する事案が増加していることがある」*27と述べ、医師の指示や診療行為がないものや施術と事故との因果関係が否定されるなど、柔道整復問題が裁判実務において顕著になりつつあることが指摘されている。

　ここで問題としてもう1点指摘しなければならないのが、医師側の問題である。交通事故外傷患者と関係のない、内科等の医師が患者に整骨院への通所の同意・許可を出している例も散見しているといわれている問題がある。

3　考察

　これらの柔道整復問題を解決するために提案したいのは、①柔道整復師の数の適正化、②柔道整復向けの新たな療養費算定基準の構築、③交通事故患者、損保会社および医師への啓発活動等である。

　まず、筆者は、柔道整復師数を適正な数に戻すために、公益社団法人日本柔道整復師会と協議を行い、①柔道の有段者（原則2段以上の者）に柔道整復師の受験資格を与えること、②柔道整復師として接骨院等を開業するまでに5年以上の実務経験を積ませること、等の要件を設けることを提案してきた。

　そして、交通事故患者や医師への啓発活動として、平成27年3月に筆者の所属団体である日本臨床整形外科学会が、所属する臨床整形外科医（約

---

*26：片岡武「東洋医学の施術費」赤い本（2003年版）322頁以下参照。
*27：白石史子「東京地方裁判所民事第27部（交通部）における事件の概況（平成25年度）」曹時66巻7号71頁。

6,000人）に対して、患者への説明ポスター*28 および医師への説明文書の作成・配布を行ったところである。

　また、医師側の問題として、柔道整復等への通所の許可を患者に出せるのは、整形外科医または交通外傷を担当した主治医のみとしなければならないであろう。

　自賠責保険の支払基準および裁判実務で利用されている赤本および青い本のいわゆる損害賠償額算定基準の早急な改定と柔道整復専用の自賠責療養費算定基準のような新しい診療報酬体系の構築が望まれるところである。

第5　自賠責診療費算定基準について

1　治療費適正化の論争と自賠責診療費算定基準

　交通事故における治療費の適正化問題は、昭和44年10月の自動車損害賠償責任保険審議会の答申まで遡ることができる。同答申は、「一部医師の過剰診療による治療費保険金支払いの増嵩を防止し、被害者に適正な医療の給付が行われるよう、治療費支払いについて適正化措置を講ずる必要があると考えられる。この場合、抜本的な措置としては、診療基準の確立とこれに対応する審査体制の整備を図る必要があるが、このためには相当の準備期間を必要とすると思われるので、当面は可能な範囲で暫定的な措置を講ずるべきである。……将来の抜本的対策としては、大別して①健康保険の診療体系を利用する方法と、②責任保険独自の診療基準と審査機関を設ける方法とが考えられるが、いずれの場合においても交通傷害の特殊性を考慮し、国民の納得する公正な診療基準と適正な支払方法の確立を図るべきである」として自賠責保険独自の診療報酬基準を策定すべきと提言した。

　この答申に対して日本医師会は、「診療審査機関を設定し診療内容をチェックするが如きは医療の圧迫であり、法的根拠を見出し得ない、交通傷害の対する診療は外科を初め内科・整形外科・耳鼻科・眼科・皮膚泌尿

---

*28：ポスターには、医療機関が接骨院等への通所を認めていない理由等が記載されている。

科・麻酔科等すべての科にわたり集約的に体系化すべきものであり、災害医学の分野に属するものであって、一般傷害に対する健康保険診療とは異質のものである。

　交通傷害の特殊性として多くの場合突発かつ重症複雑な症状を呈し、一刻の油断を許さない瀕死の症例に遭遇する。即刻、重点かつ集中的に適切な治療行為を施し高度の救急措置を実施するのが常であり、一般外傷の健保診療の如く基準によって画一的、均一的なものでは救われない。加えて人員、設備、機械、薬品等の完備に費用がかかるから「健保」や「労災」と異なる観点からの診療料金設定が必要であるし、自賠法が診療に枠をつくることは医師と患者の信頼関係を阻害するもので、医師の良識は絶対に制限診療を許さない。自賠法には交通外傷の特殊性を認め、災害医学の本旨にそって、治療基準を設けるべきではない。積極的な治療が早期に行われるべきである」と批判し、見解が対立したのである。

　これを契機に、以後様々な議論がなされてきたが、交通事故診療費の基準の策定までには至らなかった。

　しかし、交通事故の激増によって交通事故外傷患者が極端に増加したため、自賠責保険の財政が赤字となり、自賠責保険料の値上げが検討された昭和59年の自賠責保険審議会において、「自動車保険料率算定会および日本損害保険協会において、日本医師会の協力を得つつ医療費統計等を参考に責任保険についての診療報酬基準案を作成し、医療機関等の医療費請求および自動車保険料率算定会調査事務所等での医療費調査の基準とするなどの対策を講じること。」との答申が再度出され、その結果、平成元年6月に日本医師会、自動車保険料率算定会（当時）並びに日本損害保険協会の三者の数十回に及ぶ協議によって設定されたのが、自賠責診療費算定基準である。

　自賠責診療費算定基準は法的な強制力があるものではなく、各医療機関がいわゆる手挙げ方式[*29]で採用しているものである。また、その内容は自賠責保険と同様に労災保険に準拠しており、次のような診療費の基準を設けている。

---

*29：いわゆる手挙げ方式とは、合意に至った各都道府県内の医療機関で一斉に採用するものではなく、各医療機関が個々に採用することをいう。

> 1. 自動車保険の診療費については、現行労災保検診療費算定基準に準拠し、薬剤等「モノ」についてはその単価を12円とし、その他の技術料についてはこれに20％を加算した額を上限とする。
> 2. ただし、これは個々の医療機関が現に請求し、支払を受けている診療費の水準を引き上げる主旨のものではない。

現在、個々の医療機関の約6割が自賠責診療費算定基準を採用しているとされており、交通事故外傷を取り扱う医療機関において、平準的な診療報酬基準として採用されているのが現状である。

2 自賠責保険診療費算定基準策定後の動向

自賠責診療費算定基準策定後については、医療機関における過剰診療や濃厚診療といった問題点が急速に改善されていったが、各医療機関の手挙げ方式による採用という制約があるため（各県の診療報酬基準として採用してしまうと独占禁止法との問題が絡んでくる可能性がある）、早期の法制化が求められているところである。

昭和59年の自賠責保険審議会における答申では「新基準が全国に普及した段階でその法制化を図る」としており、また、都道府県において実施する過程においては、平成11年に会計検査院からの指摘を受けて運輸省（当時）の自動車局長からも日本医師会に対して「診療報酬基準案の未実施府県における実施促進方法について（依頼）」[*30] という依頼文が発出されていることからしても、全都道府県で実施されたことを踏まえ、自賠責診療費算定基準の法制化（制度化）に向けて検討を進めていく必要があると考えている。

そこで筆者は、常任理事在任中、当時採用を見送っていた岡山県医師会および山梨県医師会を訪問し、自賠責診療費算定基準について、採用している都道府県の現状を説明するとともに、早期の採用を目指すための活動を行ってきた。

その結果、平成24年に岡山県が採用し、残りの山梨県も平成28年2月

＊30：平成11年10月26日　自保第20370号の3　運輸省自動車局長。

1日から採用されることとなった。

　しかしながら、山梨県が採用したことにより、自賠責保険の診療報酬基準の法制化によって現状の算定基準が低額化されてしまう等の懸念が指摘されている。

　この問題については、自賠責診療費算定基準の法制化への議論が始まった段階で、審議会等の公的機関を国土交通省等の省庁内に設置するとともに、損保会社、医師側代表者および公平な第三者としての有識者を選定し、公の場で議論を重ねた上で解決すべき問題であろう。

　また、自賠責診療費算定基準の法制化の前の課題として、現在約6割とされる採用比率をさらに上げていく必要があるであろう。

第6　最後に — 自賠責保険の展望

　自賠責保険制度は、外国資本による損保会社への関心が高く、また、TPP交渉においても、規制緩和の一貫として予断を許さない状況にある。

　自賠責保険制度を撤廃し、自由診療のみにするという圧力、いわゆる自動車保険制度の自由化がTPP交渉において指摘されている。

　しかしながら自賠責保険制度がなくなれば、任意損害賠償保険のみとなり、被害者救済制度としては、過失相殺問題が診療報酬にも直ちに影響し、被害者の支払能力によっては、十分な医療サービスを受けられない状況も発生しかねないであろう。

　自賠責保険制度は、世界からみて冠たる制度として確立されており、また、なお進化させて、堅持していかなければならない制度である。

　そして、今後の課題として、適正な交通事故診療に対する診療報酬体系の確立のために、自賠責保険制度を維持するとともに、医療機関および柔道整復において交通事故被害者への適正な診療、施術のあり方に踏み込んだ「診療・施術のガイドライン」の確立が求められる。

　「診療・施術のガイドライン」の確立によって、交通事故医療における医療費の適正化が進み、医療機関と損害保険会社のトラブル解消、柔道整復における施術に関するトラブル解消にもつながり、引いては交通事故被

害者の施術の長期通院などのモラルハザード改善にもつながっていくのではないだろうか。

　日本国民の民度の高さは世界一と世界から評価され、日本人としての誇りを持って、我が国の自賠責保険制度を発展させていくことが重要なことである。

　また、筆者が日本医師会の労災・自賠責保険の担当理事として、労災案件において4年間の在任中に喫緊の課題として取り組まなければならなかったのが東日本大震災であった。3月11日以降、被災地において水、食料、ガソリン不足に加え、医薬品の不足が大問題となっていた。

　東北三県の被災地に医薬品等を日本医師会としてどのように現地に送り届けるのか、日本医師会の中でも様々な議論があったが、結果として、在日米軍や自衛隊の協力を得て、現地へ医薬品の提供を3月19日に実施した。そして、福島第一原発のメルトダウンにより、今後発生するであろう廃炉作業員の被爆問題について、福島労働局や厚生労働省と折衝し、労災認定の積極的な活用を要請してきた。二次災害が今後発生しないことを祈るばかりである。

　筆者が在任中問題として取り組んできた自賠責保険問題が早期に解決され、今後関係各位による適正な利用がなされることを願い筆を置くものとする。

【参考文献】

損害保険料率算出機構『自動車保険の概況平成26年度（平成25年度データ）』（平成27年）

羽成守監修・日本臨床整形外科学会編『Q&Aハンドブック交通事故診療（全訂新版）』（平成27年、創耕舎）

㈶日弁連交通事故相談センター編『Q&A新自動車保険相談』（平成19年、ぎょうせい）

公益社団法人日弁連交通事故相談センター東京支部『民事交通事故訴訟損害賠償額算定基準』（公益社団法人日弁連交通事故相談センター東京支部）

損害賠償算定基準研究会編『注解交通損害賠償算定基準—実務上の争点と理論—（三訂版）上』（平成14年、ぎょうせい）

3

臨床整形外科医から見た
交通事故医療費の問題点
（1点単価、柔道整復師、打切り、健保切替え）

取手整形外科医院
松﨑信夫

第1　はじめに

　外傷患者を診る機会が比較的多い整形外科の診療所において、交通事故で受傷した患者を診る場合は、軽症の患者を扱う場合がほとんどである。しかし、他の原因や疾病で受診する患者と異なり、交通事故に関わる患者を診療するときには、外傷の程度にかかわらず問題が出てくることがある。

　本稿では交通事故診療費の1点単価、医業類似行為特に柔道整復師による施術に対しての考え方や対応、交通事故診療の際の健康保険の取扱い方法について述べるものとする。

第2　1点単価について

1　健康保険の診療単価と自由診療の単価

　本邦には世界に冠たる「国民皆保険制度」があり、業務上を除き国民の疾病や負傷に際しては健康保険を利用するため、健康保険法等の関連法規においてその運用が規定されている。

　健康保険による点数の1点単価が10円であるのに対し、交通事故診療では、診療の内容は健康保険の診療報酬体系に基づくものの、これまでの慣例として1点20円以上とされてきた。交通事故で受傷した患者には、自損事故を除き、通常は相手（患者からみると加害者）が存在する。交通事故においても健康保険は被保険者すなわち患者の「健康保険を使う」という意思が明確である場合は、健康保険を使用しての診療を行うことは可能であるが、①健康保険は組合員とその家族などの準組合員の応分で保険料を支払って相互互助の目的で運用されていること、②健康保険での診療では国が指定した保険医療機関および保健医が国の定めた療養担当規則等の法律に則り、国が定めた診療報酬体系により診療を行う必要がある。

　しかし、我が国では、自賠責保険という患者と加害者の損害賠償問題の一つである交通事故診療を解決するための保険が運用されていることもあり、交通事故診療では自由診療で行うことが多い。

　ところが、国民皆保険制度は施行されてから50年以上が経過しており、

皆保険制度に馴染まない自由診療に関する国民の誤解がでてくる可能性がある。医療機関は患者と診療契約のもとに診療を行うが、自由診療の場合には国が定めた運用をしている健康保険診療と異なり、患者に自由診療における診療単価を明示・説明するとともに、診療契約がなされてから診療する必要がある。健康保険制度で1点単価10円としているのに自由診療で20円以上になってしまう点に対しては、マスメディアやインターネット上でもしばしば取り上げられおり、関心をもつ患者もいる。したがって、健康保険制度と交通事故における損害賠償問題の一つである交通事故診療の差異について、前述のような医療機関から患者に対して丁寧な説明が必須である。

2　裁判例から見た損害賠償実務における自由診療の現状

では自由診療であれば、医療機関は1点20円以上の請求が自由に請求できるのであろうか。

民事交通事故訴訟損害賠償額算定基準2015年版によると、1点単価が問題になった事例として、①損保会社から医療機関に対する不当利得返還請求事件において、自由診療報酬につき、濃厚・過剰診療の部分を否定し、薬剤料については1点単価を10円、その余の部分についてはこれを10円50銭とした例（東京地判平成元年3月14日判時1301号21頁）、②診療単科を1点15円（健康保険基準（1点10円）の1.5倍）とした例（福岡高判平成8年10月23日判時1595号73頁）、③被害者（男・未成年）が右下腿脱臼開放骨折等により入院した病院からの、自由診療による診療報酬請求につき、念書中の1点20円とする合意は成立していないとし、1点単価16円とした一審判決を改め1点単価15円が相当であるとした例（福岡高宮崎支判平成9年3月12日交民30巻2号307頁）、④頭部・全身打撲、頸椎・腰椎捻挫の被害者が、医療機関に対し診療単価1点25円であることに同意する旨の診断書を提出していた場合に事故日から4か月以上経過した治療については緊急性を要する事情がうかがえないばかりか、治療内容が特に高度あるいは困難な事情もうかがえず、1点単価25円とすべき合理的事情がないとして、1点単価20円で計算するのが信義則上相

当とした例（横浜地判平成14年10月28日交民35巻6号1814頁）、⑤損保会社から医療機関に対する不当利得返還請求事件において、医療機関からの1点25円の主張に対し、治療内容および薬剤について個別に必要性・相当性を検討した上で、1点10円の単価を修正すべき合理的事情（独自の先進療法等）はないとした例（東京地判平成23年5月31日交民44巻3号716頁）が挙げられている[*1]。

3　自由診療の問題点

　こうした判例から見えてくるのは、医療機関と患者が自由診療に対して書面で合意または同意を取り交わしていても、診療内容に1点○○円に対しての相応の合理性がない場合や一般的にみて過剰な診療の場合は、その1点単価あるいは診療が賠償の対象とは認められないということである。

　殊に交通事故診療では患者の受けた損害の一部が診療費となるが、それに対して相手（患者からみると加害者）または相手が加入している損保会社や患者の加入している損保会社が診療費を支払うことになるため、その診療費に合理性がない場合や過剰の場合は、支払側が患者の意思通りに診療費が支払われないということを示唆している。また、自由診療ではない健康保険の診療単価での請求への強要や診療費支払いの打切りが医療機関に行われることも想像される。

　自由診療を行うのであれば、医療機関としての診療に対する姿勢が問われているといっても過言ではない。相手側や損保会社が支払われない分は診療契約に基づいて患者に請求する以外に手段はないと思われる。

　したがって、交通事故診療において、医療機関が患者と自由診療の契約を取り交わす際には、単価の説明をした上で、他のものが診療費を支払わない場合には患者に支払わせるような合意も取り付けておくか、個々の診療時に患者に診療費を支払わせてそれを患者に相手あるいは患者の加入している損保会社に請求をさせることになろう。

＊1：日弁連交通事故相談センター東京支部・民事交通事故訴訟損害賠償額算定基準上巻2015年版1頁～2頁。

4 結び―自賠責保険診療費算定算定基準とその問題点

　本項の結びとして、平成元年6月28日に日本医師会から当時の羽田春兎日本医師会長名で各都道府県医師会長宛に出された通達について触れておきたい。

　通達では「自賠責保険の診療費算定基準」の設定について、「1．自動車保険の診療費については、現行労災保険診療算定基準に準拠し、薬剤等「モノ」についてはその単価を12円とし、その他の技術料についてはこれに20％を加算した額を上限とする　2．ただし、これは個々の医療機関が現に請求し、支払いを受けている診療費の水準を引き上げる主旨のものではない」と日本医師会、日本損害保険協会および自動車保険料率算定会（いずれも当時の名称）において申合せをしたもので、いわゆる交通事故診療の現場では、日医基準といわれているものである。

　通知文では、これに加えて以上に至った基本的な考え方と経緯が述べられている。特にこうした基準を策定するにあたって、「一部の交通事故診療費請求が過大な医療機関への対応、つまり交通事故診療費の適正化だけでなくこの基準よりも低い請求・支払いが行われている医療機関を水準まで引き上げることになるという適正化に反する問題もある」と述べられ、「各地域で医師会、損保協会、自動車保険料率算定会が協議した上で対応をお願いする」というように、各地域の実情を勘案して慎重な対応を求めている。

　昭和59年当時の自賠責保険審議会答申において、こうした基準が全国に普及した段階でその制度化を考えるとされており、平成26年1月の同審議会でも同様の方向性が確認された。最近になるまでこの基準の実施合意がなされなかった1県でも、平成28年2月1日に日医基準採用合意がなされた現状において、交通事故診療が一つの基準で行われるための「法制化」の動きもでてくることが考えられる。

　診療単価は、基準を設けることで統一化されるが、果たしてそれでよいのだろうか。法制化となると医療機関にも患者にも支払う側にも透明性の高い診療報酬体系となるが、①従来自由診療で1点20円以上として算定していた医療機関の場合は、特に入院において減収となるともいわれている

こと、あるいは、②健保点数に応じた医療機関では増収になること、③健康保険診療費や労災診療費に関しては審査機関があるが、交通事故独自の診療報酬体系の審査機関をどのように設置するか等々検討する課題は多い。

さらに交通事故という被害者・加害者間の損害賠償問題の一部である診療費を果たして法制化してよいのかという「交通事故診療の根っこ」も十分議論に加えていかなければならないと考える。

第3 交通事故診療における柔道整復師の問題

1 はじめに

柔道整復師は柔道整復師法（昭和45年4月14日法律第19号）で定められた医業類似行為者であり、その施術所は「接骨院」「整骨院」「ほねつぎ」と呼ばれている。行為の範囲は、打撲・捻挫と応急処置としての骨折・脱臼である。

交通事故による外傷では、患者が損保会社と相談の上で柔道整復師のもとで施術を受けている例に遭遇する。

2 自賠責保険における柔道整復と医療機関の現状

損害保険料率算出機構が発行している「自動車保険の概況」（平成26年度（平成25年度データ）、平成27年2月発行）によると、交通事故で柔道整復における総施術費は、平成21年度の478億3,608万円から年々増加し、平成25年度では717億2,301万6,000円と4年間で1.49倍にもなっている。件数でも同様な傾向で、平成21年度が15万3,231件で平成25年度が23万496件と1.5倍になっている[*2]。

また、医療機関における総診療費は、平成21年度の2,688億7,583万2,000円が平成25年度では2,826億1,255万8,000円と1.05倍となっており、件数においても平成21年度が113万28件、平成25年度が119万2,265件と、1.05倍となっている[*3]。柔道整復と医療機関とを比較すると、柔道整復師

＊2：損害保険料率算出機構『自動車保険の概況平成26年度（平成25年度データ）』23頁。
＊3：前掲注2・18頁。

が扱う交通事故治療費が相当数増えていることがうかがえる。

実際、「交通事故専門接骨院」など交通事故を扱うことを広告し患者を集めている施術所があり、患者の利用も増えていることが考えられる。こうした傾向にあるなか、問題はないのであろうか。

まず、これらのデータでの医療機関における平均診療期間と平均診療実日数、柔道整復における平均施術期間と平均施術実日数を検討する。

平成21年度における医療機関の平均診療期間は68.3日であるのに対して、柔道整復の平均施術期間は103.7日である。また、医療機関の平均診療実日数は21.1日であるのに対して、柔道整復の平均施術実日数は52.6日となっている。平成25年度になると、医療機関の平均診療期間は68.9日であるのに対し、柔道整復の平均施術期間は108.4日となっている。また、医療機関の平均診療実日数は20.0日であるのに対し、柔道整復の平均施術実日数は52.9日となっている[*4]。

いずれも、柔道整復における施術期間および施術実日数が医療機関の診療期間および診療実日数に比して多くなっている。

3 医療機関の診療実日数減少の要因と柔道整復への通所増加の原因

医療機関では、健康保険での診療報酬の改定を重ねる度に入院在院日数の短縮を求められ、在院日数が長くなると診療報酬で減算されてしまう。

これには、①内視鏡などの低侵襲手術の発達や骨折などの内固定術が進歩し、それに伴い入院でのリハビリテーションが短縮されるなど技術的に進歩し入院が短縮されてきた場合、②臥床・安静期間が長くなると生じやすいといわれる「血栓症」を予防するため、あるいは高齢者の長期入院に伴って増えている認知症を起こさないまたは悪化させないよう、早期離床を勧める、③入院前の計画が入院時だけでなく退院後の外来または在宅管理まで検討されており、不必要な入院期間を設けない、といった、医学の進歩や患者動向分析そして医療機関における努力が必須であり、これらの要因が交通事故における医療機関での診療実日数を減少させる結果に結び

[*4]：前掲注2・21頁、24頁参照。

ついたとも言えよう。

　しかし、患者が医療機関ではなく柔道整復に通所していることが単純に増えていることも考えられる。医療機関に通院した場合と柔道整復に通所した場合、いずれも1日あたり4,200円の慰謝料が患者に支払われる運用を自賠責保険で行っていることも柔道整復での施術実日数が多くなっている原因ではないだろうか。

　また、前述の交通事故専門施術院の広告をはじめ、街を歩けば都市部ほど様々な広告を掲げた施術所があるのは例を挙げるまでもない。

　患者からみると、医療機関へ通院するよりはこうした施術所に行くほうが「敷居が低い」と思っているのではないだろうか。あるいは、患者から「医療機関への受診がなかなかできない」と相談を受けた損保会社担当者が柔道整復への通所を患者に提案・誘導しているケースもあり、様々な要因・環境が絡み合って柔道整復への通所増加の原因になっているのであろう。

　医療機関が「患者が柔道整復に同時に通所しているかまたはこれから通所するのか、あるいはしていたか」を把握すること、特に前二者を把握するのはかなり困難である。しかし、患者から柔道整復通所への相談を受けた場合、少なくとも医療機関に通院した上で、医師は患者が治療を受ける必要があるか否かを適切に診断する必要があろう。

4　平均治療費と社会保険利用率

　次に、被害者1名1件あたりの平均治療費のデータを医療機関と柔道整復の平成25年度分のデータで比較してみる。

　医療機関では平均23万7,038円、柔道整復では31万1,168円となっている。これを診療実日数と施術実日数を勘案して1実日数あたりの治療費を算出すると、医療機関では1実日数あたり1万1,851円（平均実日数20.0日）柔道整復では同5,882円（平均実日数52.9日）と柔道整復での治療費は医療機関での治療費の49％程度にとどまっている。平成21年度でのデータでも同様な傾向で、1実日数でみると医療機関では1万1,276円（平均23万7,937円、平均実日数21.1日）、柔道整復で5,935円（平均31万2,183円、平均実日数52.6日）、柔道整復での治療費は、医療機関の治

療費の49％であった*5。

確かに医療機関の治療と柔道整復の治療は、治療費の面でその機能などからみて異なってしかるべきである。しかし、この「自動車保険の概況」では、「医療機関における社会保険利用率」については触れられているものの、「柔道整復における社会保険利用率」については記載がない。医療機関における社会保険利用率は平成21年度から25年度では10.7～10.5％でほぼ変化なく推移しているが、今後は柔道整復における社会保険利用率も「自動車保険の概況」に情報公開するよう損害保険料率算出機構に依頼し、さらに交通事故の治療費も分析をすすめていく必要があるであろう。

5　柔道整復に通所していた患者を医療機関で診察したときに問題となるケース

さて、柔道整復に通所していた患者を診察した医療機関で問題になるケースとして考えておかなければならないのは、患者が診断書作成を要求してくる場面である。

診断書作成の要求が患者からなされた場合、医師は正当な理由がない限りそれを断ることはできない。医師法によると、その第19条で「1．診療に従事する医師は、診察治療の求があつた場合には、正当な事由がなければ、これを拒んではならない。2．診察若しくは検案をし、又は出産に立ち会った医師は、診断書若しくは検案書又は出生証明書若しくは死産証書の交付の求があつた場合には、正当の事由がなければ、これを拒んではならない」とあり、医師は正当な理由がない限り診断書作成の要請に応じなければならない。そしてこの診断書作成は、柔道整復師にはできない業務である。

柔道整復に通所していた患者は、交通事故に関する診断書、特に後遺障害にかかる診断書の作成が必要な場合に医療機関を受診すると考えられる。この場合、①交通事故受傷後に医療機関に受診し、その後医療機関の受診がなく、診断書作成のために医療機関を受診する、②交通事故受傷後から医療機関に全く受診しないで診断書の作成のためだけに医療機関を受

＊5：前掲注2・18頁、23頁参照。

診する、③交通事故受傷後に医療機関にも柔道整復の施術所にも並行して通院および通所しているケースが想定され、さらに①は、①a最後に診断書作成を依頼する医療機関は受傷当初など経過中に受診していた医療機関である、①b経過中に全く受診していない医療機関である、③では、③a患者が施術所への通所を医療機関に相談し同意を得ている、③b患者が施術所への通所を医療機関に相談し同意を得ていないもしくは医療機関に伝えていない場合が、想定される。

　③aの場合は、医師は患者の経過を把握しながら柔道整復の施術所への通所を認めているので、診断書作成について医療機関で問題が起こることはあまりないと思われる。しかし①a、①b、②の場合は、施術所での経過を含め、医療機関では患者の経過を把握できてない。

　前述のように、医師には診断書の作成義務が医師法にうたわれている一方、同法第20条には「医師は、自ら診察しないで治療をし、若しくは診断書若しくは処方せんを交付し、自ら出産に立ち会わないで出生証明書若しくは死産証書を交付し、又は自ら検案をしないで検案書を交付してはならない。但し、診療中の患者が受診後24時間以内に死亡した場合に交付する死亡診断書については、この限りでない。」とされ、自らが診療しないで診断書を発行することを禁止しており、患者の情報が不十分なままの診断書作成は難しいであろう。

　作成する場合でも、診断書作成時の患者の状況と患者から聴取できる情報をもとに作成せざるを得ない。また③a、③bでは、診断書作成を請われた医師は、柔道整復の施術所での施術内容や経過も参考にして診断書を作成する必要があるものと思われる。

　もし、医師が以上の経過や理由で診断書特に後遺障害診断書を作成できない場合はどうなるのであろうか。評価されるべく後遺障害があるにもかかわらず診断書が発行されない場合、もっとも不利益を被るのはその患者すなわち被害者自身である。

　したがって、交通事故診療を行う医師は、患者の状態経過を診るだけでなく安易な柔道整復への通所を認めるべきではないと考える。通所を認める場合でも、定期的に患者の経過を診るだけでなく施術に関しての情報を

得た上で施術が必要か否かの判断も行わなければならないだろう。

交通事故では、患者の治療費はあくまで患者の受けた損害の一部であるので、施術の必要のないものへの損害賠償責任は相手方にないからである。

逆に医師が不適切な施術に同意をしているとなると、相手方から責任を追及されるおそれもあるだろう。

いずれにせよ、診断書を作成する医師は、その作成義務だけでなく作成した場合の責任も念頭に入れて診断書の作成を行うということを肝に銘じるべきである。また、平成26年に茨城県医師会が勤務医会員に行ったアンケートでは、経過のわからない診断書作成に戸惑う声が出されている[*6]。診断書作成に関して作成に携わる医師向けの啓発も医師会をはじめとする関係団体が行う必要があろう[*7]。

第4 交通事故診療の打切りの問題

1 はじめに──交通事故診療が打ち切られるケース

ここで取り扱う「交通事故診療の打切り」は、大きく分けて、①患者の都合（死亡や転院）で診療そのものを担当した医療機関で診療ができなくなる、②診療した医療機関で交通事故診療を打ち切る、③相手側特に損保会社から診療打切りを提案される、という3つのケースが考えられる。

①のケースは、死亡や転院といった転帰のため、あまり問題になることはないと思われる。②の場合、診療が終了したときに、②a 治癒、②b 中止であるか、特に自賠責保険の診断書や後遺障害診断書で、治癒または中止とするか医師が迷うこともある。この場合、完全に治った状態だけが治癒になるのではなく、症状が固定した場合、つまり患者の状態が加療を続けても医学的に何ら状態が変わらないものも含まれることに留意しなければならない。

[*6]：茨城県医師会会報「勤務医へのアンケートからみた医療文書作成に対する諸問題の検討」平成26年10月号参照。
[*7]：柔道整復師問題については、別に本書の相原医師の論考も参照されたい。

2　任意一括払いと診療費の打切り

　交通事故診療に携わっていると、問題になるのは③のケースである。

　加害者側が任意保険に加入している場合、多くは「任意一括払い」、つまり損保会社は、医療機関が請求した診療費を一括で損保会社が支払うことを医療機関に提案してくるケースである。この場合、加害者が診療費を医療機関に支払うことなく、また、被害者である患者は、医療機関に窓口負担なしで受診することになるので、医療機関でもこの提案に応じることが多い。しかし診療をすすめて行くに従って様々な理由でこの「任意一括」が打ち切られてしまうことがあり、各地で問題になっている。

　これらは都道府県医師会と各地の損害保険料率算出機構、協会に加盟している各損保会社で構成される三者協議会で協議されることもあるが、こうした協議の場に出てこない例もかなりある。

　相手側が打ち切るのには何らかの理由がある。中には被害者に理由があることもあるが（例として、被害者がアタリ屋などの交通事故に関わる違法行為の常習者）、裁判で係争となったということだけが医療機関に通知され診療が打ち切られる、すなわち相手方から診療費が突如として支払ってもらえなくなることもあった。これらをみると、交通事故の治療費は患者と相手方の損害賠償の中の一つの問題に過ぎないことを改めて念頭に置く必要があるということである。

　また「任意一括払い」の場合、自賠責保険ではかなりの過失が被害者にない限り問題にならない過失相殺も適用されるため、損害賠償に直接関与していない医療機関が診療費を打ち切られたり、引き下げられたりすることもあるという理解も必要である。

　実際の診療契約は、医療機関と患者の間になされるものであり、本来「診療打切り」を相手方がとなえるあるいは診療契約に口をはさむことはできない。つまり「打切り」とは、相手方あるいは損保会社が診療費をこれ以上出さないといっているだけで、まさに損害賠償の問題を表しているに過ぎないのである。

3　任意一括払いへの対処方法

　では、「任意一括払い」は何故行われているのだろうか。「任意一括払い」は、加害者が診療費を医療機関に支払うことなく、また被害者である患者は医療機関に窓口負担なしで受診することになるという「診療費支払いの上での便宜上できた」ものであり、そもそもは「加害者は被害者からの任意保険金と自賠責保険金を同時に請求されたときに両者を一括して支払う」請求の二重手続を改善するためにできた方法である。

　裁判例においても、「一括の合意は、医療機関に対し、損保会社への治療費支払請求権を課したものでもなく、損保会社に対し、医療機関への被害者の治療費一般の支払義務を課すものでもない」と判断されており（大阪高判平成元年5月12日判時1340号132頁）、医療機関はこうした「一括」の意味を考えた上で患者・損保会社に対峙すべきである。つまり医療機関としては安易に「任意一括払い」を受けていてはこの「打切り問題」には対処できないのである。

　この対処法としては、①任意一括払いを受けない、②任意一括払いを受けるが、もし相手方から打切りの申出があった場合、患者へまだ治療の必要があるなら打切り後は患者に支払ってもらう、という2つの方法が考えられる。いずれの場合も診療開始前に患者に対して十分な説明が必要であり、一部の都道府県医師会では患者向けに交通事故診療の啓発パンフレットや掲示物を作成している。

　また、②においては、医療機関によっては、患者との診療契約書や誓約書を作成し、患者が被害者であっても医療機関への診療費は患者が支払うのが診療契約の原則であることを患者に同意または誓約させているところもある。しかし、前述のように、合理性のない膨大な診療点数での請求は、判例で認められておらず、契約書や誓約書通りになるわけではないことにも医療機関は十分留意しなければならない。

第5 健保切替えにおける問題

1 はじめに

　第1で述べたように、交通事故診療では、①健康保険は組合員とその家族などの準組合員の応分で保険料を支払って相互互助の目的で運用されていること、②健康保険での診療では、国が指定した保険医療機関および保健医が国の定めた療養担当規則等の法律に則り国が決めた診療報酬体系により診療を行う必要があるが、我が国では自賠責保険という患者と加害者の損害賠償問題の一つである交通事故診療を解決するための保険が運用されていることもあり、自由診療で行うことが多い。

　しかし、患者が健康保険を使用して診療を受けたい意思が明確な場合のほか、㋐ひき逃げ事案のように加害者が判明しない、㋑被害者の過失責任割合が大きく、かつ自賠責保険の限度額内で治癒が望めない、㋒被害者の障害の程度が大きすぎて自賠責保険の限度額内に収まらないが、加害者が任意保険に未加入の場合などは、健康保険を使用した交通事故診療を行わざるを得ないのである。

　これらの場合、ⓐ患者自身が加入している健康保険の保険者に遅滞なく「第三者行為届」を提出すること、ⓑ自由診療と異なり健康保険法などに準じた運用となり、定められた応分の窓口負担金を患者が支払う、など患者への説明が不可欠となる。

　こうした状況以外で、例えば自由診療で行っていた交通事故診療が途中で健康保険へ切り替えることが要求される、あるいは診療当初より健保使用を申し出ると問題になることがある。問題の多くは患者の意思ではなく、第三者つまり相手方や損保会社からの申出のときである。第4で述べた診療打切りと、この健康保険への切替えは同時に提示されることもあり、交通事故診療を行っている医療機関から挙げられる問題のほとんどを占めるといっても過言ではない。

　つまり、何らかの事情で相手方から自由診療での支払いができない、しかし、健康保険を使用して診療は継続していいという、医療機関からみると納得のいかない点があるからである。

2　医療機関における対処方法

　この場合も、患者と加害者との間の損害賠償の問題が大きく絡んできていることが多いと推察される。したがって、医療機関は、患者から健康保険使用に切り替える経緯について説明を受け、健康保険を使用するという患者の意思を確認しなければならない。さらに、前述の説明のほか、健康保険証を提示してから健康保険での診療が開始されるため、いわゆる「遡って」の健康保険診療は、健康保険法などで認められないといったことも患者に理解してもらわなければならない。

　もし、患者が健康保険を使用しての診療継続に対する説明に納得しない、あるいは理解しないのであれば、健康保険に切り替えずに自由診療で継続していくこと、そしてその診療費は患者自身が医療機関に支払うことを、自由診療単価を提示した上で同意や誓約・契約を文書で患者と医療機関で取り交わすことが必要であろう。場合によっては、交通事故での扱いを中止として、事故とは無関係で今後健康保険を使用して診療を継続することも説明し同意を得なければならないであろう。

　また、医療機関にとっては、あくまで交通事故の患者の診療が時期を変えて、ある時期は自由診療、そしてある時期から健康保険診療となり、課税対象となる自由診療と非課税である健康保険診療が混在することになる。これは健康保険点数に準じて自由診療を行っているのと異なり、監督官庁の監査や指導の折に自由診療分と健康保険診療分を区別して説明できる対応が必要であると考える。

3　健保使用時の診断書

　加えて、診断書作成にも対応や判断を迫られる可能性もある。

　健康保険使用時の診断書作成には、一般的に自賠責様式の診断書を作成する必要がないとされており、自院の様式での必要事項を記載しても何ら問題がない。ところが、経過中で自由診療から健康保険に切り替えてしまうと、自由診療時期には自賠責様式の診断書あるいは後遺障害診断書といった定型様式で診断書を作成し、健康保険使用時期には自由診療分と健保使用分を分けて診断書を作成するかどうか、患者によって対応を検討せ

ざるを得ないであろう。
　経過によっては、自由診療が終わった時点を診療終了とし、診療終了時点での後遺障害診断書作成を行うなどの処理もあり得る。こうした場合にも患者に丁寧な説明をするなど慎重な対応が医療機関には求められる。

4

弁護士から見た
交通事故医療費の問題点
(高額診療、過剰診療、1点10円判決の評価等)

弁護士
坂東司朗

第1 はじめに

　交通事故に遭った被害者は、病院等の医療機関を受診し、治療を受けるが、その場合、患者（被害者）と医療機関との間で、診療（報酬）契約が締結されることになる。他方、被害者は加害者に対して、損害賠償として、治療費を請求できる。

　そして、加害車両に任意保険が付保されていた場合、その任意保険会社が、病院等の医療機関との間で、いわゆる「一括対応[*1]」を協定することによって、当該医療機関に対し、直接、治療費を支払うことが多々見られる。

　被害者、病院、加害者（損保会社）の関係は、別図のとおりである。

　この「一括払い方式」においては、被害者は、当面、医療費の心配なく、治療を受けることができるので、便宜な制度であり、加害者（損保会社）としても、最終的に、内払いとして処理できるので、実務上、よく利用されている。

　しかしながら、医療費に関しても、任意保険会社と医療機関が対立することがある。その最たるものが「高額診療・過剰診療の問題」であって、それと関連して、未だに、「医療費単価問題」が問題とされる事案が散見される。

　このように、医療費が高額に過ぎることを理由とする訴訟の形態としては、別図の①〜③が考えられる。

　本稿では、まず、この広い意味で「医療費の額」に関連する「医療費単価」及び「高額診療・過剰診療」の問題について検討し、その後、その他の医療費に関連する問題として、「症状固定後の治療費」、「公的給付との関係」について検討することとする。

第2 医療費単価問題

1 問題点

　交通事故によって負った傷害を治療する場合、保険診療ではなく、自由

[*1]：第3稿第4-2以下及び第6稿参照。

診療とされることが多い。健康保険法の診療報酬体系は「1点＝10円」として、診療報酬点数表の点数にこれを乗じて報酬を算定するようになっているが、自由診療の場合には、「1点＝10円」とする根拠がない。そのため、加害者（任意保険を締結している損保会社）としては、過剰診療（治療が長期化を含む）が疑われる場合には、特に、被害者に対して「健保切り替え」を要請することが多いが、被害者が病院との間で、自由診療を受ける契約をしたことを不当ということはできず（奈良地判平成4年12月21日判タ818号98頁）、患者（被害者）に対して、その意思に反する健康保険への切り替え義務を認めることはできない。

このような事情から、加害者側（現実的には一括対応している損保会社）にとっては、単価問題は、重要な関心事となり、訴訟提起に至らずとも、実務上、医療機関との間で、争いになることもしばしば見られる。

以下、単価問題に関するリーディングと言われ、健康保険の診療報酬体系の趣旨・意義等を詳細に検討し、後の裁判や医師会の対応に大きな影響を与えたと言われる東京地裁平成元年3月14判決（いわゆる「10円判決」。判時1301号21頁）を概観し、同判決の意義等を検討する。

2 「10円判決」について

▶(1) 事案の概要

原告は損保会社2社であり、両社との間で、自動車保険契約を締結した被保険者（加害者）2名が、それぞれ惹起した交通事故の被害者らが（1人は頭部外傷、むち打ち症および右胸部挫傷と診断され、もう1人はむち打ち症および右上下肢挫傷と診断されていた）、同一病院において、治療を受けていた。

本件は、損保会社2社が、被告病院で治療を受けた被害者の治療費について、本来、支払うべき額を超えた分について、不当利得返還を求めた事案である。

▶(2) 判決要旨（単価に関連する争点に関するもの）

(ア) 自由診療においては、医師と患者との間で、報酬額についても自由に合意することができる。ただし、本件においては、健康保険基準によら

ず、自費診療によるとして病院の定めるところにより支払うと合意したと認めるに足る証拠はない。したがって、裁判所が、診療行為の内容に応じた相当な診療報酬額を諸般の事情を考慮して決定すべきである。

(イ) 健康保険においては、療養に要する費用の額は厚生大臣の定めによって算定すると定められているところ、「健康保険法の規定による療養に関する費用の額の算定方法（告示）」があり、この告示によれば、1点の単価を10円として、別表（診療報酬点数表）で定めた各療養の給付の点数を乗じて算定すべきとされている。

(ウ) 1点単価を10円とする健康保険法の診療報酬体系は中央社会保険医療協議会の答申に基づくものであり、手続上公正なものと認められる。

健康保険等社会保険による診療が診療全体に占める割合が極めて大きく、また、昭和33年以降度々改訂が行われ、ほとんどの診療報酬が健康保険の診療報酬体系によって算定されているという事実がある。

以上からすれば、健康保険法の診療報酬体系は一般の診療報酬を算定する基準としても合理性を有するものと言える。

(エ) 交通事故による傷害について言えば、現在では、健康保険で施すことができない治療方法はなく、健康保険を適用して治療できない病気はない旨の知見がある。

保険診療でも治療し得る傷害に対する診療報酬額が自由診療によるという形をとることのみによって高額化するのは合理性を欠くというべきであり、保険診療の場合と自由診療の場合との診療報酬額を異にすべきことを根拠づけるには、診療行為の内容の違い等その実質的差異を合理的に説明し得る事情が必要である。

(オ) 以上から、健康保険法の診療報酬体系を基準とし、かつ、他にこれを修正すべき合理的な事情が認められる場合には、当該事情を考慮し、上記基準にそれらに即応した修正を加えて、同等な診療報酬額を決定するのが相当である。

▶(3) **結論**

本件では、当該診療行為が、独自の先進的な理論に基づいた患者の早期回復を目的とする善意に発したものとは認め難いのみならず、高額な注射

薬を大量に投与して、長期に入院させるという画一的な診療をしていることからすれば、利益本意の立場からほどこされたものと言わざるを得ない。したがって、「1点＝10円」の原則に修正を加える必要はないが、社会保険診断料に対する課税については税法上有利な扱いがされていることに鑑み、薬材料以外の診療報酬については、労災診療費算定基準と同様の扱い（1点当たり50銭を加算）をする。

3　10円判決の意義

（1）　10円判決以降に言い渡された福岡高裁平成8年10月23日判決（判時1595号73頁）および福岡高裁宮崎支部平成9年3月12日判決[*2]は、共に、「1点＝15円」としている。その判断に至った理由としては、自由診療の場合でも、健康保険法の診療報酬体系（1点＝10円）を一応の基準として、交通事故では突発的な傷病に適切に対応しなければならないこと、10円判決も指摘する税法上の特別措置の適用のないことや、労災の診療費算定基準で、診療単価が「1点＝12円」とされていること等を挙げている。

最近では、例えば、東京地裁平成23年5月31日判決（交民44巻3号716頁）は、「自由診療契約における相当な診療報酬額についても、健康保険法に基づく診療報酬体系が一応の基準となる…独自の先進的療法である等、健康保険法の診療報酬体系を基準とするのが相当でない合理的な事情が存在する場合（は別）」と述べているし、東京地裁平成25年8月6日判決（交民46巻4号1031頁）も、「1点＝10円」を超える単価で算定すべき理由について具体的な主張立証のないこと、施された治療が健康保険法に基づく治療の範囲を超えるものではないことを理由に「1点＝10円」を相当としている。

（2）　このように見ると、交通事故の裁判実務においては、一般的な考え方として、「健康保険に基づく診療報酬単価を修正すべき事情」が認めら

[*2]　福岡高裁宮崎支部平成9年3月12日判決（判時1611号77頁）は、「治療費は1点単価20円」という念書はあるが、共同親権者（被害者の両親）の1人の署名がないことを理由に、その効力を認めず、1点＝15円と判断している。したがって、患者本人もしくは法定代理人等が医療機関と点数について正しく認識した上で合意した場合には、「1点＝20円」と判断された可能性もある。

れない場合には、健康保険法の診療報酬体系（1点＝10円）を基準とする考え方が採られていると言える。

4　1点＝10円を超える単価が認められる事情について

上記のとおり、健康保険に基づく診療報酬単価を修正すべき合理性があれば、10円を超える単価が認められることはあり得るが、判決例を概観すると、これに当たるものとしては、以下のような事項が考えられる。

▶(1)　患者本人の同意

10円判決は「健康保険基準によらず、自費診療によるとして病院の定めるところにより支払うと合意したと認めるに足る証拠はないので、裁判所が諸般の事情を考慮して決める」と述べていることからわかるように、患者と病院との間で、「病院の定めるところによって支払う」という合意がある場合には「1点＝10円」を超える単価が認められるということがあり得る。

例えば、横浜地裁平成14年10月28日判決（交民35巻6号1814頁）は、病院が患者（交通事故の被害者）に対して、1点単価が25円であることに同意するという内容を含む誓約書を出している場合につき、受傷（11月16日）から4か月経過以降（4月1日以降）は1点20円で計算すべきとするが、それ以前は、約定の25円で計算することを認めている。

ただし、この横浜地裁の判決は、「1点＝25円」の同意を無制限に認めるものではなく、「交通事故による受傷に対する適正な治療についてのみ拘束力を持つものであって、入院を要するような重傷でもなく、交通事故日から4か月も経過した治療についてまで、形式的に、その拘束力を認めるのは妥当ではない」と述べており、合意の効果を制限している。

▶(2)　緊急性が認められる場合

東京地裁平成9年8月29日判決（交民30巻4号1221頁）は、患者について、在留期限が切れて健康保険利用ができなかったという事情があったことに加え、患者の全身状態が重篤で緊急を有する場合で、かつ、その期間が11日間に過ぎなかったことを理由に、「1点＝25円」で算定することを妥当としている。

▶(3) 先進的あるいは特殊な医療行為

前掲横浜地裁平成14年10月28日判決は「治療内容が特に高度あるいは困難な事情が窺われない」として、また、東京地裁平成23年5月31日判決は、ブロック療法について高度な技術を要することがあるとしても、「独自の先進的療法」であるとは認められないとして、修正を認めていない。

これらからすると、「高度・困難・先進技術を用いた治療」の場合には、1点＝10円を超える単価が認定される可能性があるということになる。

▶(4) まとめ

(ア) 医療費単価が問題となるのは、多くは、事故で負った傷害が頸椎捻挫等軽傷であったにもかかわらず、過剰診療がなされた場合である。したがって、上記修正要素のうち、(2)(3)が認められる場面はほとんどないと考えられる。他方、(2)(3)が認められる場合は、医師の応召義務[*3]との関係から言っても、その専門性に基づき、最善で高度な治療を施さなければならないのであって、「1点＝10円」の原則が貫かれるのが妥当とは言えない場合もあり得ると思われる。

(イ) これらに対して、(1)の事情については、一旦、治療費は、被害者が単価に合意して、治療費を支払った場合でも、最終的には、加害者が負担することになるので、これを「合理的な事情」とすることには疑問もある。

この点について、福岡高裁平成8年10月23日判決は、一般論として、被害者と病院との間の自由診療契約において、1点単価が合意されたとしても、相当な範囲を超える部分については、加害者は賠償義務を負わないと述べている。本件では、結局、「合意の事実を認めるに足る証拠はない」、すなわち、合意そのものが認定できないとして、この前提で「1点＝15円」を妥当としている。したがって、この判決の射程として、合意が認められる場合であっても、「1点＝15円」を妥当とすべきと判断しているとみることは困難である。

診療契約が、医師と患者との間で締結される契約であることに鑑みれば、保険診療とするか自由診療とするか、また、自由診療の場合に1点いくら

[*3]：応召義務＝医師法19条1項が規定する（診察に従事する医師は、診察治療の求があった場合には、正当な事由がなければこれを拒んではならない）。

と設定するかは、本来、当事者の自由である。ただし、交通事故の損害賠償を論ずるにあたっては、前記のとおり、合意の効力を無制限に認めることは困難であるが、事実上、社会通念に基づき、許容できないような極端な場合でなければ、患者の「承諾」がある場合には、その単価そのものは容認される傾向にあり、ただ、この場合でも、対象期間は合理的な期間に制限されることになると思われる（前掲横浜地裁平成14年10月28日判決参照）。

5 実務の取扱い

　平成元年6月28日付日本医師会長から都道府県医師会長宛ての「自賠責保険の診療算定基準の設定について（日医発第221号）」において、「1．自動車保険の診療費については、現行労災保険診療費算定基準に準拠し、薬剤等「モノ」についてはその単価を12円とし、その他の技術料については20％を加算した額を上限とする。2．ただし、これは個々の医療機関が現に請求し、支払いを受けている診療費の水準を引き上げる趣旨のものではない。」とされている。

　損保会社としては、これを基礎として、医療機関との間で、1点15円～20円の範囲で、交渉を行うことが多い。

　医療機関としても、後に、損保会社からの「一括対応による」支払いを止められるリスクを考え、おおよそ、20円程度の単価設定に応じているようである。勿論、医療機関としては、損保会社が一括対応を止めても、診療契約の相手方である被害者（患者）に対して、請求すればよいだけだが、そういった対応をすれば、被害者は、健康保険に切り替えてしまうだけなので、本来、単価が大きな問題となる場面は少ないと思われる。

　しかしながら、未だ、「自らが行った施術は健保診療とは異なる」と主張して、30円程度の単価を主張する医師は少なくないし、患者（被害者）自身が、過剰診療と思われる手厚い診療を敢えて希望するような場合などは、単価問題が浮上してくることになる。

第3　過剰診療・高額診療

1　定義

(1)　交通事故の被害者が傷害を負った場合、医療機関において受診するのは当然のことであるし、傷害を負っていないことを確認するためにも（例えば、頭部打撲があり、意識障害等症状がなくとも、「念のため」CTを撮影する等）、医療機関を受診するのであって、その治療費は原則として損害として認められることになる。

しかるに、治療費も、損害賠償の１つの費目であるので、必要性・相当性が認められる範囲、すなわち、事故（で負った傷害）と相当因果関係の範囲内に限られるべきであって、その範囲を超えるものが「過剰診療・高額診療」と言われる。「赤い本」では、前者について「診療行為の医学的必要性ないしは合理性が否定されるもの」、後者について「特段の事由がないにもかかわらず、社会一般の診療費水準に比して著しく高額なもの」と定義されている。

(2)　一般的には、上記のように定義できるが、極めて専門性が高く、かつ、迅速な判断を余儀なくされる場面が多々あるという「治療行為」の特殊性には配慮しなければならない。

すなわち、医療過誤でも問題となるところだが、医師は、その医学的な知識と経験に基づき、傷病の内容、症状経過、程度、患者の特性に応じて、臨機応変に対応しなければならないので、その診療行為については、一定の裁量を認める必要がある。

したがって、事後的に、いかなる診療行為が適切であったかを一義的に判断すべきではなく、当該診療行為が、当時の医療水準に照らし明らかに不合理なものであって、医師に認められる裁量の範囲を超えたものと認められる場合を過剰診療というべきである（福岡高裁平成８年10月23日判決）。

2 過剰診療・高額診療が認められる具体的な場面

▶(1) 治療の長期化

　実務上、もっとも問題となるのは、治療の長期化（期間の問題）である。詐病は別として、患者から、「疼痛、痺れ」等を訴えられた場合、医師としては、応召義務違反を懸念し、治療に応じざるを得ないということもあろう。

　この点に関し、横浜地裁平成5年8月26日判決（交民26巻4号1047頁）は「期間的・内容的に、必ずしも真摯な医療行為ばかりではなかったとの疑いを払拭することはでき（ない）」としながら、患者に「詐病による利得を図る意図があったとは到底考えることができない」し、「治療を求められた以上、それに対応した何らかの診療行為をおこなったのもやむを得ない…敢えて、不必要な治療に及んだとまで見ることもできにくい」として、治療費全額を損害と認めている。ただし、この判決は、いわゆる「一括対応」がなされ、病院から保険会社に対し、毎月「自賠責診療報酬明細書」が送付されていたのに、保険会社が、事実上、中途で支払いを止めただけで、「必要性・合理性を超えたものである」と伝えていないという事実を摘示している。この判決は、実際に、医療費を支払うことになった原告（被害者）の立場や対応と、実際に、損害賠償金を負担することになる加害者側の任意保険会社の立場や対応を衡量して判断しているようにも見える。東京地裁平成25年7月16日判決（自保ジャ1906号1頁）も、被告会社（加害者の勤務先会社）が特段の異議なく治療費の相当部分を負担していたことを、過剰診療を否定する1つの理由として挙げており、被告側（実際には任意保険会社となろう）の対応も、考慮要素とされ得る事情と言える。

▶(2) 薬剤

ア　種類

　前掲東京地裁平成23年5月31日判決は、内服薬に関し、医師の裁量が広範に認められているが、薬剤の乱用、不適切な投与については自由診療であっても、必要性・相当性が否定される場合があるとして、頸椎捻挫等の傷害を負った被害者に対し、その症状には対応しない薬剤（頭部外傷に伴う意識障害治療剤等）について、必要性・相当性が認められず、医師の

裁量の範囲を超えた過剰な診療行為と判断している。

　イ　回数

　適応の認められる投薬（注射・検査）の回数、期間、量については、現行の医療水準から著しく逸脱している場合には相当因果関係を認められない。

　疼痛緩和（症状の悪化・遷延化防止）のために施行される神経ブロック注射で問題となることが多いが、患者本人が、強度の痛みを訴えている場合に施行されるので、私病に対して施行されていた場合等特別な場合を除き、「医師の裁量の範囲外」と認定されることはほとんどないようである[*4]。

▶(3) **精神科の治療費**

　PTSD等事故を直接の原因として精神症状を発症する場合の治療費が事故と相当因果関係が認められることに問題はない。事故で負った傷害の疼痛や、動けないことによって、うつ状態を発症することもないとは言えず、相当因果関係が認められれば、医療費も認められる。

　そして、ストレスになりそうな要素が認められない場合や、不相当に長期に亘るものは別として、事実上、これが否定されることは少ないようである。例えば、東京地裁平成25年7月16日判決は「（事故態様等から）事故で原告が被った精神的打撃は相当程度のものだったと推認することができる…ストレス障害に該当するか否かは別として1年程度の通院治療は本件事故と相当医因果関係を認めることができる」としている。つまり、事故でストレス障害という精神症状を発症したとまでは認定できずとも、精神科の治療費は認めているといえるのである。

▶(4) **差額ベッド**

　赤い本では、「医師の指示ないし特別の事情（症状が重篤、空き室がなかった等）があれば認める」と記載されている。

　なお、平成20年3月28日付厚生労働省保険局医療課長から地方社会保険事務局長等への通達（保医発第0328001）は、病院側が患者に対し特別療養環境室に係る特別の料金を求めてはいけない場合として、①同意書に

[*4]：東京地裁平成19年7月31日判決は、ブロック療法を受け続けなければ症状が増悪するとして、症状固定後2年11か月の治療費を認めている（交民40巻4号919頁）。

よる同意の確認がない場合、②治療上の必要によって特別環境室に入院させる場合、③病棟管理の必要性等から特別環境室に入室させた場合を記載している。

②には救急患者等病状が重篤なため安静を必要とする者、または常時監視を要し、適時適切な看護および介助を必要とする者が例として挙げられている。このような場合には、事故（で負った傷害）との間に相当因果関係が認められる場合が多いので、加害者（損保会社）としては、損害賠償として差額ベッドの支払義務を負うことになろう。③については、MRSA感染患者の院内感染防止の処置として必要とされる場合が例として挙げられている。この点に関し、MRSAへの罹患が事故（で負った傷害）と相当因果関係が認められるのであれば、差額ベッド代についても、加害者が支払義務を負うことになる。京都地裁平成24年11月28日判決（交民45巻6号1388頁）は、原告が入院中にMRSAに感染し、他の入院患者と隔離する必要が生じたとして、差額ベッド代を請求したところ、MRSAとの相当因果関係を認め、褥瘡の治療が収束するまでの入院治療費全額を認めている（ただし、糖尿病等の私病の影響を認め5割減額）。

▶(5) ブラッドパッチ

現在、実務上、多々問題となっている治療方法である。詳細は、第10稿「脳脊髄液減少症」に譲るが、低随液圧症候群の診断基準を巡り、様々な議論がなされている。ブラッドパッチの費用を損害として認めるか否かの争点は、まず、その前提として、事故によって、髄液漏れが生じたか否かが決せられることになる。

そして、低随液圧症候群もしくは脳脊髄液減少症が事故によって発症したことが否定されれば、ブラッドパッチの費用も否定されるのが道理ではあるが、前者を否定しながら後者を認める判決も散見された[*5]。ただ、最近では、厚労省研究班の基準、国際頭痛分類第3版βも発表され、社会一般に、低随液圧症候群に関連する知見が広がったこともあってか、事故に起因する低随液圧症候群の罹患自体を否定し、その治療費も否定

＊5：福岡高裁平成19年2月13日判決（交民40巻1号1頁）、神戸地裁平成23年10月5日判決（交民44巻5号1295頁）。

する判決が目に付くようになった*6。

▶(6) 多数回手術

東京地裁平成12年1月31日判決（交民33巻1号198頁）の事案は、原動機付自転車と自転車の軽微な衝突事故で左肩を受傷し、カウザルギーの診断を受けた被害者が、18回（原審では19回と認定したが控訴審で訂正）もの手術（うち右肩に対する手術が2回）を受けたというものである。判決では、事故と症状固定までの7年間にわたる損害（5級相当の後遺障害も含む）との相当因果関係を認めた上で、被害者の特異な性格や社会復帰の意欲のないこと等を理由に2割（控訴審では3割）の心因性減額を認めている。しかしながら、「心因的要因」が大きい疼痛ならば、そもそも、外科的手術の適応外とも考えられ、端的に、相当因果関係が認められないと判断してもよかったのではないかと思われる。ただ、この判決の事案の被害者は、多数回手術の結果ではあるものの、1上肢の用廃という重篤な状態が残存していることは否定できず、また、原審判決は、強度の疼痛を主症状とするカウザルギーや腕神経叢麻痺の発症を認めている。したがって、疼痛等の症状を訴える患者に対し、疼痛緩和の対症療法ではなく、原因療法である手術を施行したことをもって、「医師の裁量の範囲外（＝相当因果関係が認められない）」とは判断し難かったのではないかと考えられる。

---

*6：東京地裁平成26年9月24日判決（自保ジャ1935号22頁）。
東京高裁平成26年1月15日判決（自保ジャ1912号1頁）は、低随液圧症候群への罹患の有無（治療費）については、原審（東京地裁平成25年4月16日判決）を踏襲し、否定している。ただし、低随液圧症候群の疑いがあるとされ、その検査のために、病院を受診し、MRI検査を受けた日の診療費については「治療の要否を判断するに必要な費用」として、相当因果関係を認めている。その他、多彩な自覚症状を訴える患者に対しては、除外診断、鑑別診断が必要なので、そのための「検査」の必要性・相当性が認められる場合が少なくない。

第4　将来治療費

1　総論

▶(1)　**症状固定との関係について**

　事故と相当因果関係が認められる治療費とは、原状（事故前の状態）に回復するために必要かつ相当な治療行為をいう。

　他方、損害賠償における症状固定とは、負傷に対して行われる、医学上一般に承認された治療方法をもってしても、その効果が期待し得ない状態で、かつ、残存する症状が自然的経過によって到達すると認められる最終の状態に達することである（さいたま地裁平成14年1月24日判決（ウエストロー）。労災保険でも同様に解されている）。

　そうすると、論理的に、症状固定に至って以降は、治療を継続したとしても、効果を期待し得ないはずなので、その治療費について、事故との相当因果関係が認められないのは当然のことであって、「症状固定後の治療費なので認められない」と端的に請求を認めない判決例も散見される[7]。

▶(2)　**症状固定後の治療費について**

　ただし、症状固定とされた後、一定期間、医療機関で治療を受けた場合について、より高度な症状悪化を防いだ（損害の拡大を防いだ）として、損害防止費用と考え、請求を認める余地があるとされている（「注解　交通損害賠償算定基準（三訂版）」28頁）。

　例えば、神戸地裁平成10年10月8日判決（交民31巻5号1488頁）は、「改善は期待できないまでも、保存的療法として必要であったと推定される」として、症状固定後1年3か月の治療費を認めた。その他、強い疼痛を主症状とするRSD（CRPS – Type 1）に関して、症状固定後の治療費についても請求分は全て認容している判決が見られる（東京地裁平成20年5月21日判決（交民41巻3号630頁））。RSDは、激しい疼痛が傷害を負った部位から拡大していくことのある傷病なので、症状の増悪（損害の増大）を防ぐ費用として認められるということであろうか。

---

[7]：東京地裁平成25年7月8日判決（ウエストロー）は、症状固定後の治療費は「特段の事情がない限り、本件交通事故とは相当因果関係がないというべき」と判示している。

▶(3) 将来の治療費について

そして、「身体的苦痛の緩和」、「生命維持」、「症状の増悪防止」のための治療費は「将来治療費」として認められる場合がある[*8]。

ただし、「身体的苦痛」に関しては、12級、14級程度の神経症状（疼痛）の場合は、疼痛のあることを前提に、後遺障害に基づく損害（逸失利益・慰謝料）が認められているので、それを緩和するための治療費が将来治療費として認められることはないと思われる。

2 将来の治療費が認められる具体的な場合

▶(1) 問題となる具体例

症状固定時から継続して必要とされる場合と、将来の手術費用や数年ごとの装具の取替えの場合とがある。

前者の例としては、植物状態になった被害者の治療費やベッド代（生命維持に必要）や、四肢麻痺の患者に対する拘縮予防のためのリハビリ費用（症状の増悪防止）が認められる。後者の例としては、将来の手術費用、歯科の補綴装具・義眼の交換費用等である。

▶(2) 将来の手術費

若年であって現時点では手術ができないとか、大腿骨・膝蓋骨・脛関節内骨折の被害者において将来的に変形関節症の治療として、人工膝関節置換術が必要となる場合（大阪地裁平成18年1月19日判決（交民39巻1号26頁[*9]））等がある。将来の手術の必要性については、主治医の意見、一般的な医学的知見、そして、金額を示す客観的資料等をもって、主張立証する必要があるが、人工（膝や股関節）関節置換術については、交換費用を含めて認められることが多い。大腿骨や膝蓋骨、骨盤を骨折し、関節

[*8]：東京地裁平成26年2月21日判決（ウエストロー）は「症状固定後の治療費については、損害賠償の対象として一般的に認められるのではなく、遷延性意識障害状態にあって、生命維持のために必要性・蓋然性が認められる場合や重度の後遺障害につき、その悪化を防止し、強度の身体的苦痛を軽減するといった場合において、交通事故と相当因果関係の認められる損害‥」と判示する。

[*9]：大阪地裁平成22年1月27日（交民43巻1号64頁）は、骨盤骨折の被害者につき、関節内の軟骨が毀損し、残存した軟骨も摩耗して人工股関節置換術の必要性が高いことから、人工股関節の耐久性が20年であることを前提に将来2回の手術代を認めた。

に障害がある状態では、残存した骨が摩耗することによって、人工関節にせざるを得ないということが一般的に認識されているからか、手術の確実性が認められやすい。任意交渉の場合でも、「将来、手術が必要となった場合には、別途協議する」とか「手術費用を支払う」といった条項を入れた示談書を締結することもある。

他方、手術の確実性が認められない場合には、「将来、再手術をしなければならない可能性があること」を後遺障害慰謝料の考慮要素とする判決（東京地裁平成8年5月9日判決（交民29巻3号708頁））が見られる。

▶(3) リハビリ費用

上記のとおり、例えば、四肢完全麻痺の患者に対して、拘縮を防ぐためのリハビリの必要性に問題はなく、相当な範囲で認められることになり、否定されることは少ない。ただ、最近は、脊髄損傷患者に対する高額なトレーニングジムの費用が請求されることがある。横浜地裁平成23年12月27日判決（自保ジャ1865号1頁）は、「（一定の効果は認められるが）将来歩行が可能となるなどの症状改の見込みは乏しい…費用も高額である」として、月額29万4000円（58年間）の請求に対し、月額10万円（10年間）の範囲で認めるに止まっている[*10]。

第5 社会保険給付との関係

1 社会保険との関係

被害者が社会保険を使用した場合、保険者は、給付の価額の限度で、被害者の加害者に対する損害賠償請求権を代位取得する。症状固定後の治療費についても同様であって、事故と相当因果関係があると認められる治療費については、加害者は保険者の請求を拒むことはできない。

[*10]：大阪地裁平成26年12月8日判決（判例集未登載）は「効果が明確になっておらず、効果に比して必要となる費用があまりに高額になっていると言わざるを得ない」として、「必要性・相当性を是認することはできない」と判示した。

2 示談契約との関係

この点に関し、被害者と加害者の間で、将来治療費を含めて、示談が成立した場合でも、当該示談が、将来治療費について、自己負担分のみを対象としていたと認められるので、保険者は、示談成立後に、保険給付をした部分につき、加害者に請求できると判断した判決がある（大阪高裁平成8年5月30日判決（判タ928号228頁））。示談は「示談条項以外に債権債務なし」を確約するものなので、示談後には、被害者の加害者に対する損害賠償請求権は消滅する（被害者が放棄したことになる）。したがって、社会保険給付があったとしても、保険者が代位する損害賠償請求権は存在しない[*11]ので、保険者は加害者に請求できないはずである。このことは、代位の対象たる損害賠償請求権が時効消滅した場合も同様である[*12]。しかしながら、本判決の事案では、社会保険給付分について、示談契約の対象外としているので、損害賠償請求権がこの分については消滅していない。

3 確定判決との関係

（1）被害者・加害者間の訴訟（前訴）で、症状固定後平均余命までの将来治療費が請求されたが、口頭弁論終結までに支出した分のみ認容する判断がなされたならば、被害者は、以降の将来治療費について、損害賠償請求権を有していないことが確定されたことになる。したがって、保険者が、保険給付をしたことによって代位取得した損害賠償請求訴訟を提起したとしても、その訴訟は前訴の既判力に抵触することになる。

（2）これに対し、症状固定後口頭弁論終結までの治療費が明示的に一部請求され、それを認容する判決（前訴）が確定した場合には、口頭弁論終

[*11] 労災保険に関し、最高裁昭和38年6月4日判決（判時338号5頁）は、「示談により被害者の加害者に対する損害賠償請求権は既に消滅し、政府は、その限度において、保険給付をする責めを免れ…れば、国が、その後に保険給付をしても、加害者に対し求償権を取得する由がない」と判断している。

[*12] 前掲東京地裁平成25年7月8日判決は「保険者が保険代位により取得した損害賠償請求権は、給付時に移転の効力が生じ、代位によって権利が移転しても、権利の同一性に影響がないと解されることから、代位が生じたことによって消滅時効の起算点が変わることはない」とし、事故発生時から時効が進行し、3年の経過をもって、時効消滅しているので、健保組合は加害者（任意保険会社）に求償できないと述べている。

結以降の将来治療費請求権の存否についての判断はされていない。したがって、保険者が、保険給付をしたことによって代位取得した加害者に対する損害賠償を請求する訴訟を提起しても、それが前訴の既判力に抵触することはない。

(別図)

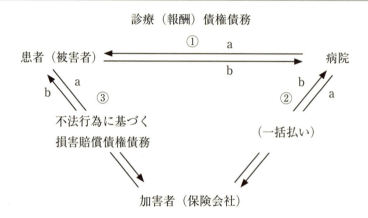

① a 病院から患者に対する診療報酬請求訴訟の中で、「高額であること（＝事故で負った傷害と相当因果関係のないこと。以下、同じ）」を理由に、患者側が請求を否認する。
  b 患者が診療報酬を支払った場合、「高額であること」を理由に、不当利得返還請求訴訟を提起する（実務上は、下記②となる）。
② a 病院が加害者（保険会社）に対し、被害者の加害者に対する損害賠償請求権（保険会社に対する直接請求権）を代位行使する訴訟の中で、「高額であること」を理由に、加害者（保険会社）側が請求を否認する。
  b 加害者（保険会社）が、被害者に代わって、診療報酬を支払った場合、「高額であること」を理由に、（被害者が病院に対して有する）不当利得返還請求権に基づいて、返還訴訟を提起する（10円判決）。
③ a 被害者から加害者に対する損害賠償請求訴訟の中で、「高額であること」を理由に、請求を否認する。
  b 加害者が、「高額であること」を理由に、被害者に対して、債務不存在確認請求訴訟を提起する。

5

第三者行為手続の
問題点

日本医師会総合政策研究機構
坂口一樹・水谷 渉・森 宏一郎

第1 2つの公的保険と問題の所在

1 2つの公的保険

　現在の日本では、自動車事故被害者の医療費負担をカバーするために、2つの公的保険が使用可能である[*1]。すなわち、自動車賠償損害責任保険（自賠責保険）と公的医療保険の2つである。

　ここで言う「公的保険」とは、法制度に基づき強制加入によって運営される保険のことを意味する。自賠責保険は自動車損害賠償保障法が、公的医療保険は健康保険法及び関連各法が、それぞれ根拠法であり、自賠責保険の場合は自動車保有者及び運転者が、公的医療保険の場合は市町村の住民（及びその世帯に属する者）又は被雇用者が、それぞれ被保険者となる。図表1は、2つの公的保険の概要を示したものである。

図表1 自賠責保険と公的医療保険の制度概要

	自賠責保険	公的医療保険
運営財源	保険料	保険料、税金、患者自己負担
財政規模	約8,075億円 （2013年度支払保険金ベース）	40兆610億円 （2013年度国民医療費）
保険者	民間損害保険会社及び共済協同組合	公的保険者（市町村国保、国保組合、協会けんぽ、組合健保、共済組合、後期高齢者医療制度等）
被保険者	自動車の保有者及び運転者	市町村の住民及びその世帯に属する者／被雇用者及びその扶養者
保険料	一車両ごとに支払い、保険料は、車種によって異なる	加入する保険者、被保険者の収入の多寡等によって異なる
保険給付	原則、現金給付（但し、被害者への医療提供に関しては事実上の現物給付となっているケースあり）	現物給付
医療サービスの価格	自由価格（但し、利害関係者による申し合わせ価格あり）[注]	公定価格

注）　自動車料率算定会（現損害保険料率算出機構）・民間保険業界団体・日本医師会の合意に基づく「自賠責保険診療費算定基準」（いわゆる"日医基準"）。

＊1：労働災害に類する自動車事故のケースでは労災保険が適用されるため、厳密にはもうひとつある。しかし、本章では「第三者行為手続に関わる問題」に焦点を絞って論を進めるため、シンプルに2つとする。

制度本来の趣旨からすれば、自動車事故の被害者の医療費は、自賠責保険（及び民間の自動車保険）によってカバーされるのが筋である。ただし実際は、被害者がいったん公的医療保険を使用することも制度的に可能となっている。その場合、事後的に公的医療保険の保険者から自賠責保険の保険者に求償行為がなされることによって、保険者間での財政調整がなされるという仕組みである。

2 第三者行為手続の問題

これら保険者間での財政調整のために必要なのが第三者行為手続である。手続開始には、自動車事故診療にいったん公的医療保険を使った被害者が、公的医療保険者に対し「第三者行為による傷病届」を提出することが必要である。

この第三者行為手続のプロセスに問題がある。現実には、「第三者行為による傷病届」が被害者によって出されないケースがあるためだ。それゆえに、本来費用負担しなくてもよいはずの公的医療保険者が最終的な費用負担をしてしまっているケースが存在する。

このような制度運用のもとでは、自賠責保険を管理運営する保険会社が自動車事故被害者の診療費負担において最初は自賠責保険を使わせず公的医療保険を利用させようとするインセンティブを持つことは避けられない。他方、これを具体的に阻止する手段は持たないものの、公的医療保険制度を守るという大きな視点から利害関係が一致する医療機関と公的医療保険者側としては、公的医療保険ではなく自賠責保険を適用してもらいたいと考えるようになる。

本章では、この第三者行為手続の問題点に焦点を当て、問題の大きさを推計し、その意味合いを考える。あわせて、実施されようとしている制度の運用変更の動きについても批判的検討を加える。

第2 問題の大きさの試算とその意味合い

まず、具体的な数値に置き換えることで問題の大きさを把握してみよう。

ここでは「本来ならば自賠責保険と任意の自動車保険の財源でまかなうべきであるが、最終的に公的医療保険財政が負担している自動車事故被害者の医療費の金額」を具体的に公表データに基づいて試算し、かかる問題の大きさとして推計してみたい。あわせて、この試算金額を現行制度下で生じている問題の大きさとして把握し、その意味合いを複眼的に考察する。

1 問題の大きさの試算

▶(1) 自動車事故に関わる年間医療費

　試算にあたり、まず、自動車事故に関わる年間医療費の総額から把握しよう。損害保険料率算出機構『自動車保険の概況 平成24年度（平成23年度データ）』（2012年）によれば、自動車事故の1件当たり平均診療費は16.5万円、年間総被害者数は1,287,521人である。これらの数字をもとに自動車事故に関わる年間医療費を計算すると、下記の計算式のとおり、年間約2,124億円となる。

【自動車事故にかかる年間医療費】
2,124億円 ≒ 16.5万円[※1] × 1,287,521人[※2] ……1)
※1．1件当たり平均診療費。
※2．年間総被害者数（傷害・後遺障害・死亡者数の合計）。

▶(2) 自動車事故に関わる年間医療費のうち、公的医療保険を使用している金額

　次に、1)のうち、公的医療保険を使用している金額を試算する。損害保険料率算出機構（2012年）によれば、自動車事故被害者の入院率は5.5％である 。また、日本医師会『交通事故診療に係る健保使用問題に関するアンケート調査』（2012年）によれば、入院の場合の公的医療保険の使用率は58.1％、外来の場合の同使用率は17.2％である 。これらの数字をもとに公的医療保険を使用している年間の金額を計算すると、下記の計算式のとおり、年間約413億円となる。

【自動車事故にかかる年間医療費のうち、公的医療保険を使用している金額】
（入院分）68億円 ≒ 2,124億円 × 5.5％[※1] × 58.1％[※2]
（外来分）345億円 ≒ 2,124億円 × 94.5％[※1] × 17.2％[※3]
（合　計）413億円 ≒ 68億円 + 345億円 ……2)
※1．自動車事故被害者の入院率（件数ベース）。
※2．入院での公的医療保険使用率。
※3．外来での公的医療保険使用率。

▶(3) 「第三者行為による傷病届」未提出分

さらに、2)のうち、「第三者行為による傷病届」が提出されなかった分の金額を試算する。なお、「第三者行為による傷病届」の提出がなされなかった場合、公的医療保険者から自賠責保険及び任意の自動車保険に対する求償行為の手続が開始されない。求償行為がなされないと、本来ならば自賠責保険と任意の自動車保険の財源で費用負担すべき医療費を公的医療保険の財源で負担することになる。その場合、自賠責保険と任意の自動車保険の財源を管理している民間保険会社は、その分だけキャッシュに余裕を抱えることになる。「第三者行為による傷病届」が提出されなかった割合を直接示したデータは存在しないが、日本医師会（2012年）の調査によれば、医療機関窓口で同届出の提出を確認していない割合は28.6％であった。したがって、この数字をもとに「第三者行為による傷病届」が提出されなかった分の金額を試算すると、下記の計算式のとおり、年間約118億円となる。

【「第三者行為による傷病届」の未提出により、結果的に公的医療保険が負担している金額】
118億円 ≒ 413億円 × 28.6％[※1] ……3)
※1．医療機関窓口で「第三者行為による傷病届」提出を確認していない割合。

2 問題の大きさについての考察

ではこの試算をもとに、その意味合いについて考えてみたい。ポイントは、「第三者行為による傷病届」未提出分に相当する年間118億円という数字のインパクトをどのように見るかである。すなわち、「第三者行為による傷病届」が提出されないことによって、本来ならば自賠責保険と任意の自動車保険の財源から支払われるべき医療費が結果的に公的医療保険の財源から支払われており、その金額は推計で年間118億円である。この現状をどのように捉えるかということである。

▶(1) 年間118億円という金額のインパクトとその意味合い

年間118億円という金額から人々が受けるイメージは決して小さいものではないだろうが、公的医療保険の財政規模から見れば、その持続性を即座に脅かすほど深刻なものではないと考えることもできる。最新のデータによれば公的医療保険の財政規模は40兆610億円（2013年度）であり、問題の118億円はその約0.03％に過ぎない。試算のプロセスとの関係から

118億円という数字が「過小評価」である可能性を加味して、仮にそれが200億円だったとしても、さほどの違いがあるわけではない。

とはいえ、この118億円という数字が、公的医療保険の財政運営にとってどの程度のインパクトを持つのか、具体的イメージを掴み、その意味合いを考えておくことは有益だろう。一例として、ちょうど同じくらいの金額であるのが、全国健康保険協会（協会けんぽ）の年間の事務経費（一般管理費）の額である。直近の決算データによれば、2012年度の協会けんぽの一般管理費の額は約123億円となっている。つまり、この118億円という金額は、財政規模で見て日本最大の公的医療保険者である協会けんぽ（2012年度の事業収益：約9.26兆円）の1年間の事務経費に相当する金額というわけである。

さらに加えるならば、公的医療保険を将来にわたって持続可能にするために、消費増税に代表される国民負担の増加や財源確保の議論が活発になされている現在の情勢を鑑みると、保険財政の健全化に少しでも資する方向での政策選択をするべきというのは、妥当な判断と言えるだろう。昨今の日本では、世界に先駆けて超高齢化社会を迎えるにあたり、医療費負担の在り方や増税や健康保険料の値上げ等も含めた国民的議論がなされて久しい。そのような社会情勢の下では、公的医療保険の財源は一般の医療のために使い、自動車事故被害者の医療費は自賠責保険と任意の自動車保険の財源でまかなうという原理原則に立ち返り、それを徹底すべきだとの意見に、反論は難しいだろう。

▶(2) 118億円に含まれない自動車事故被害者の医療費

また、本来ならば自賠責保険と任意の自動車保険が財政負担すべき自動車事故被害者の医療費を公的医療保険が負担しているケースは、本稿の試算プロセスで想定したケース以外にも十分あり得ることについても付記しておきたい。それは、被害者が自動車事故に起因する症状が継続しているにもかかわらず、民間保険会社によって自賠責保険あるいは任意の自動車保険からの医療費給付が打ち切られ、仕方なく公的医療保険を使用するケースのことである

自賠責保険と任意の自動車保険の財政運営をあずかる民間保険会社とし

てみれば、被害者の倫理的に問題のある行動（詐病・保険金詐欺など）には十分に注意し、保険金支払いを適正に行うべく行動するのは至極当然の企業行動と言える。特に、例えばむち打ち症のように画像やデータ等で裏付けられる「他覚症状」がなく、被害者の「自覚症状」にのみ疾病の根拠が存在するようなものに対しては、彼らが慎重な組織的対応をとるであろうことは想像に難くない。

　しかし、民間保険会社のそういった企業行動が、ともすれば保険金支払い抑制の方向に過度に傾きがちなことは、わが国における過去の保険金不払い騒動や米国で問題になった民間医療保険会社の行き過ぎた営利追求の姿勢等の事例から考えても、可能性として十分にあり得る話である。だとすれば、彼らが本来負担すべき医療費の支払いを打ち切ったことにより、結果として自動車事故被害者の医療費を公的医療保険の財源でまかなうことになっているケースが存在することは否定できないだろう。

　現に筆者らが、今回の執筆に至る過程において複数回実施した医療関係者への複数のインタビュー調査においても、民間保険会社の過度の営利追求的な企業行動に対する疑念の声は大きかった。そういった声を集約すると、「自賠責も任意保険も財政運営は民間保険会社がコントロールしている。患者さんは症状があると言うのに、保険会社からの医療費の支払いが打ち切られるケースはめずらしいことではない。打ち切られたとしても症状があれば、当然、公的医療保険で診ることになる。特に、民間保険会社にとっては任意保険がドル箱であり、自賠責の範囲（筆者注：ケガの場合、医療費の他に慰謝料や休業補償を合わせて上限120万円）を超えると途端に医療費の支払いを打ち切るべく、法的手段も交えて交渉に来る。」といったものである。

第3 「第三者行為による傷病届」の運用変更について

　最後に、「第三者行為による傷病届」の運用変更に関する議論について取りあげておきたい。同届出が100％なされないことによって、本来自賠責保険（任意の自動車保険も含む。）で費用負担すべき被害者の医療費が

公的医療保険者の負担となっている現状があるのは、前述したとおりである（第1節を参照）。

この現状に対し、「民間保険会社が届出書を代行記入し、内容を被害者に確認・署名してもらい、民間保険会社が公的医療保険者に送付する」という方向での求償手続き合理化がすすめられた（合理化案の詳細は図表2、3を参照）。早い話が、被害者自らが記入・届出をしている現状の運用から、民間保険会社に記入・届出の代行をさせ、被害者はその確認・署名のみするという運用に変更すべく議論が進んでいるということである。健康保険組合連合会（けんぽれん）傘下の健康保険組合においては、2013年4月から、この案に則った求償手続の合理化策が進められている。

被害者個人ではなく、民間保険会社という同種の案件を多数扱う組織に記入・届出の代行をさせることで届出率のアップを企図した上記のアイデアは、一見、合理的に見える。しかし、現状の制度設計のもとで民間保険会社が有するインセンティブには留意すべきである。すなわち、民間保険会社は、任意の自動車保険の財源確保という動機から、被害者への医療費支払いにおいて、公的医療保険の利用を優先させたいというインセンティブを持つ。したがって、「第三者行為による傷病届」の記入・届出を彼らに代行させるという運用変更は、結果として、自動車事故診療における公的医療保険の利用を増やすことに繋がりかねない。

自動車事故診療における公的医療保険の利用が増えても、公的医療保険から自賠責保険への求償が100％なされれば問題ないという意見もあろう。しかし、公的医療保険と自賠責保険との間で診療価格に価格差が存在する（一般的に、自賠責保険の診療価格 ＞ 公的医療保険の診療価格）ことに注意しなければならない。現行の制度設計において、公的医療保険の利用が増えることは医療機関の収入減に繋がり、医療機関にのみ望ましくない結果を押し付けることになる。制度設計における全体最適を考えるならば、「第三者行為の傷病届が100％提出されていない」という問題とともに、「2つの公的保険の間に診療価格の差がある」という問題にも配慮しなければならない。

5 第三者行為手続の問題点

図表2　任意保険会社が関与する交通事故事案での健康保険利用の事務の流れ（全体像）

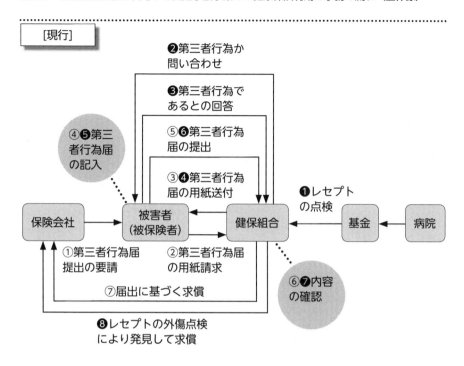

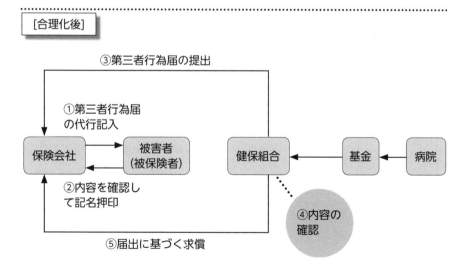

図表3　現状と合理化案の比較

	現状	合理化案
手　続	被害者（被保険者）が「第三者行為による傷病届」を取り寄せ、記入し、保険者に送付する。	保険会社が代行記入し、内容を被害者（被保険者）に確認してもらった上で署名又は記名押印をしてもらい、保険会社が健康保険組合に送付する。
記入内容	専門知識がない被害者（被保険者）が記入するため不備が多い。	保険会社が代行記入するので、内容が正確
被保険者の負担	記入項目が多く記入が大変、何を書いてよいかわからない人が多く被害者（被保険者）の負担が大きい（この段階で挫折して提出しない人もいる）。	内容を確認して3箇所に署名又は記名押印するだけなので、被害者（被保険者）の負担が少ない。
送　付	面倒だからと提出しない人がいる（一時的に被害者（被保険者）が送料を負担しなければならない）。	保険会社が責任をもって送付を行うので確実に提出される（送料も保険会社が負担）。
補　正	不備について連絡しても個人なので中々連絡が取れず補正に手間が掛かる。	保険会社なので、連絡が確実にとれ、また必要な情報についてもすぐに回答が得られる。
レセプトチェック	届出が確実にはなされていないため、レセプトでの外傷点検（第三者行為のチェック）が不可欠である。また個別に事情を聞かなければならないため手間が掛かる。	「第三者行為による傷病届」が確実になされるので、その分については、レセプトに基づく外傷点検（第三者行為のチェック）が不要になる。
事務負担	届出用紙の送付事務、記入方法の説明、送付費用が掛かる。記入項目や提出書類が多く内容もバラバラなので点検する事務負担が大きく不備も多いため補正にも手間がかかる。	記入項目や提出書類の合理化が図れ、内容も統一的に処理されるので、点検の負担が減少する。また、保険会社が作成するのでほとんど不備になることはない。

6
いわゆる健保使用一括払いの問題点

やました整形外科
山下仁司

第1 はじめに

　日本の公的保険制度には、「健康保険制度」「労災保険制度」「自賠責保険制度」があり、それぞれ財源が異なっている。
　交通事故診療においては、健康保険制度より自賠責保険制度が優先されるということは、長年日本医師会が主張してきたことであるが[*1]、近年、「交通事故診療にも健康保険が使える」、「健康保険を使った方が有利」などとする損保会社やマスコミの主張が目につくのが現状である[*2]。
　交通事故診療に健康保険を使用することについては、①交通事故患者の治療費を、一時的にせよ健康保険制度の財源を使用して行うという制度上・財源上の議論、並びに②交通事故診療の報酬を、健康保険の診療報酬体系を使用して計算するという診療価格の議論が内包しているのが現状である。

第2 交通事故患者の治療費を、健康保険制度の財源を使うという問題

　「健康保険」と「自賠責保険」は、それぞれが異なる財源で運営されている。保険料の負担は、「健康保険」では被用者と雇用者が折半で負担し、赤字部分については国や県からの公的な補てんがある。一方、交通事故被害者の治療費などの損害は、過失の範囲で加害者が負担するのが原則である。
　自動車の所有者に加入が義務付けられている自賠責保険は、運転者（自動車・自動二輪車）が保険料を負担することで、被害者（相手）の人的損害に対する補償の基本となる保険であり、独立した財源で運用されている。
　健康保険は組合員の相互扶助を目的とした、いわば「自分達のための保険」であるのに対し、自賠責保険は、交通事故被害者のために運転者が保険料を負担する、いわば「他人のための保険」であるといえる。この意味では、労働者の仕事上の事故に対して、雇用者も保険料を負担している労

[*1] 日本医師会労災・自賠責委員会答申（平成18年1月）16頁以下、資料編155頁参照。
[*2] 早川幸子「病院にはびこる都市伝説『交通事故は健康保険が使えない』は本当か」DIAMOND online（ダイヤモンド社）（http://diamond.jp/articles/-/13353）参照。

災保険と同じ性格を持つものといえるだろう。

　労災事故で健康保険を使えば「労災かくし」として犯罪となる（労衛100条・120条5号・122条、労衛則97条・98条）[*3]。これは、労災事故の患者の治療費を健康保険の財源で補うことを禁止していることでもあり、健康保険の財政を守る意味合いもある。一方、交通事故の場合、被害者の治療費は、自賠責保険でも健康保険でも被害者の選択によって使用できるということになっている[*4]。

　健康保険を使用する場合は、健康保険組合へ第三者行為の届を提出することが必要であり、これにより健康保険の治療費支払いシステムにより審査・支払いが行われ、最終的に被害者の保険組合が加害者・自賠責保険・損保会社への求償義務を負う。しかし、患者が第三者行為として届を提出しなければ、健康保険組合は交通事故であることの認識はできず求償漏れとなってしまうのである。また、求償事務の繁雑さ、求償しても全額回収できないなどの報告から、多くの求償漏れがある実態があることは、日本医師会の調査[*5]からも明らかであり、健康保険の財政を犯していることは間違いない。

　つまり、本来自賠責保険の財源や自動車保険の保険料で補うべき「他人の治療費」を、「自分達のための保険」である健康保険組合員が負担しているといえるだろう。

　制度面・財源面から考えれば、交通事故の被害者の治療費は、自賠責保険から優先して支払われるべきであり、健康保険の利用は例外的であるべきである。これは、労災保険と自賠責保険の関係においても同様のことが言え、同様の求償漏れが生じている可能性が高いのである。交通事故においては、労災保険より自賠責保険が優先されることは、国土交通省と金融庁との間で省庁間合意[*6]もなされている。

---

*3：労災かくしは、50万円以下の罰金に処せられる。
*4：昭和43年10月12日保険発106号、平成23年8月9日保発0809第3号・保国発0809第2号・保高発0809第3号。
*5：日本医師会労災・自賠責委員会答申（平成24年2月）61頁以下参照。
*6：昭和46年12月16日基発1305号、平成8年3月5日基発99号参照。

第3　交通事故診療を健康保険の診療報酬体系を使って計算するという診療価格の問題

　もう一つの議論として、交通事故で自由診療となれば、健康保険を使用するより治療費が高くなるために健康保険を使用するとの主張がある。これは、前述した財源の問題とは別の交通事故診療の診療価格の問題である。

　交通事故診療は、基本的には自由診療であり、裁判例で自由診療の1点単価について言及した裁判例をみても、健保基準で1点25円まで認めているものがある[*7]。最近では1点10円の判決[*8]も出てきており、特に東京地方裁判所では、健康保険法の診療報酬体系を一応の基準としている判例傾向があるが、東京地方裁判所以外では、労災準拠とする単価としている裁判例が多く出されている。

　昭和2年に施行された健康保険制度では、1点10円の算定基準とされ、当初は物価スライドで単価も変化する取り決めであったとされるが、以後1点単価は、国家財政への配慮もあり今まで変化したことはない。

　診療行為の単価は「医科診療報酬点数表」に基づいたものであるが、この点数のつけ方は残念ながら科学的根拠に基づいたものとは言い難く、モノと技術の分離ができていないなど、問題が多いことは周知のとおりである。特に技術料の評価が低いなど、現在の診療報酬体系は政策的意味合いの強い制限医療であるといえる。また、「自分達のための保険」である健康保険には、症状固定の概念や後遺障害補償、遺族補償もなく、休業補償額も労災保険や自賠責保険に比べて低額に抑えられている。

　昭和22年に始まった労災保険制度に用いられる「労災保険診療費算定基準」は健康保険準拠ではあるが、健康保険とは異なった特掲事項を設けるとともに1点12円での算定基準となっている。これは、仕事でケガをした人を早期に復帰させるための、いわば「他人のための保険」としての性格を加味し、健康保険診療と異なる労災保険診療の特殊性を持たしたも

[*7]：神戸地明石支判平成3年7月22日判例集未登載、神戸地判平成4年3月27日交民25巻2号443頁、神戸地判平成7年2月28日交民28巻1号297頁、東京地判平成9年8月29日交民30巻4号1221頁等。

[*8]：東京地判平成元年3月14日判時1301号21頁、大阪地判平成2年8月6日交民23巻4号955頁、東京地判平成23年5月31日交民44巻3号716頁等。

のとして定着している。

　交通事故の診療単価については「自賠責診療費算定基準（いわゆる「日医基準」とも「新基準」とも「基準案」ともいう）」が作成されている。これは、昭和59年12月の金融庁自賠責保険審議会における「三者協議による算定基準の早期制定」[*9]の具申を受けて、平成元年に、日本医師会、自動車保険料率算定会（当時）、日本損害保険協会の三者での申し合わせがなされたものである。これ以前は、交通事故の診療単価等をめぐる長い間の論争の歴史があり、その混乱を解決するための申し合わせが、自賠責診療費算定基準であった。

　これで交通事故診療単価の議論は解決したものとも思われた。しかし、近年の損保会社の対応をみれば、この申し合わせが周知徹底されているのかについては、甚だ疑問が残るのが現状である。自賠責診療費算定基準が、健康保険準拠ではなく、労災保険準拠となっていることは、前述した保険制度の成り立ちの意味からも、被害者である患者の早期社会復帰を目指す意味からも、合理性のあることと言える。

　この自賠責診療費算定基準は、平成2年に初めて栃木県で採用が決まって以来、各県医師会で採用が決まり、20年あまりの歳月の後に、平成24年10月に岡山県でも採用となった。未採用は山梨県のみとなっていた[*10]が、平成28年2月に山梨県でも採用されることとなった。都道府県単位での採用とはいえ、この基準を用いるかどうかは、医療機関ごとにまかされた「手あげ方式」であり、個別医療機関の実施率は、件数ベースで6割程度と報告されている[*11]。

　昭和59年の金融庁自賠責保険審議会では、「全国的に浸透し定着した段階での制度化を図る」とされており、昨年の国土交通省の「今後の自動車損害賠償制度のあり方に係る懇談会」においても、「山梨県の実施の実現に向けて協議を継続」との報告がなされている。

[*9]：昭和59年の金融庁自賠責保険審議会において、「自動車保険料率算定会および日本損害保険協会において、日本医師会の協力を得つつ医療費統計等を参考に責任保険についての診療報酬基準案を作成し、医療機関等の医療費請求および自動車保険料率算定会調査事務所等での医療費調査の基準とするなどの対策を講じること。」と答申された。

[*10]：平成26年1月29日第133回自賠責保険審議会議事録【堀委員発言】参照。

[*11]：平成23年1月14日第128回自賠責保険審議会議事録【中村委員発言】参照。

全国に浸透し、いずれ制度化されれば、1点単価をめぐる健康保険の使用の要求などの問題解決につながる。「一物二価」の批判を避けるためにも、「自賠責診療費算定基準」を採用することが望ましいと考えている。そのためにも、現在約6割とされる採用比率をさらに上げていかなければならないであろう。

第4 いわゆる健保使用一括払いの問題

交通事故診療においては、健康保険制度より自賠責保険制度が優先されるということは、前述したが、現時点では、交通事故における患者（被害者）の治療費は、自賠責保険でも健康保険でも患者の選択によって使用することができる。しかし、あくまでも健康保険の使用は、自賠責保険を使用することができない場合などの例外的な対応であり、患者が健康保険の使用の利点・欠点を理解した上で、患者の意思によって選択されるべきである。決して損保会社等の第三者の誘導が行われるべきでない。

健康保険診療は、第三者行為届を提出した場合も含めて健康保険法等の医療保険各法に基づく、保険者と保険医療機関との間の公法上の契約であり、保険診療のルールに従うことが求められる。

健康保険を使用した場合には、患者は、①保険証の提示、②診療の度に窓口における一部負担金の支払い、③第三者行為の届の提出などが求められている。

患者が健康保険の使用を選択した場合、損保会社が一部負担金を患者から受け取らず、損保会社へ請求するように要求してくることがある。このような対応は、「健保使用一括払い」とも呼ばれているが、これは、健康保険法74条[12]、国民健康保険法42条[13]に違反することになる。

---

[12]：健康保険法第74条「第63条第3項の規定により保険医療機関または保険薬局から療養の給付を受けるものは、その給付を受ける際、次の各号に掲げる場合の区分に応じ、当該給付につき第76条第2項又は第3項の規定により算定した額に当該各号に定める割合を乗じて得た額を、一部負担金として、当該保険医療機関又は保険薬局に支払わなければならない。」

[13]：国民健康保険法第42条「保健医療機関等について療養の給付を受ける者は、その給付を受ける際、〈中略〉一部負担金として、当該保健医療機関等に支払わなければならない」

健康保険や国民健康保険を使用した場合の一部負担金の支払いは、保険給付の法律上の要件であり、「健保使用一括払い」は、明らかに法律違反である。

　また、健保使用一括払いについて、損保会社や損保会社代理人弁護士の中には、「代理弁済が認められている」ことを根拠に、その正当性を主張してくる場合がある。しかし、「債権者の承諾が、代理弁済成立の要件である」ことは、民法499条[*14]で定められており、少なくとも債権者たる医療機関の承諾なくして、第三者弁済を強要することはできないはずである。

　そもそも、一括払い制度は、自賠責保険と任意対人賠償保険の二重制度の不便を解消するために、昭和48年から任意損保会社が自賠責保険と任意保険の支払い分も立て替えて一括して支払うことで始まった制度である。

　当初は、一括払いの申し出は、対人任意保険会社が申し出る「対人一括払い」であったが、平成10年に人身傷害補償保険が売り出されてからは、被害者側損保会社が人身傷害補償保険をもとに、一括払いを申し出るいわゆる「人傷一括払い」が加わるようになった。しかし、一括払い制度は、医療機関にとっては、加害者や損保会社の意向で、突然一括支払いの停止等の問題が多い制度である。平成元年5月12日の大阪高裁の判決において「損保会社が医療機関に支払請求権を与えたものではない」という裁判例が確定しているため[*15]、支払いがなされない場合でも、損保会社には法的な支払義務はないとされている。

　医療機関として、法的に治療費を請求できるのは、患者のみであり、患者から加害者、加害者から損保会社に請求するという流れが基本であることを常に念頭に置いた対応が必要となる。

　「健保使用一括払い」として、健康保険の使用で一部負担金を損保会社に請求すれば、突然の支払い停止などの一括払い制度に伴うトラブルを、

---

*14：民法第499条「債務者のために弁済をした者は、その弁済と同時に債権者の承諾を得て、債権者に代位することができる。」

*15：大阪高判平成元年5月12日判時1340号132頁は、「一括払の合意は、医療機関に対し、損保会社への治療費支払請求権を課したものでもなく、損保会社に対し、医療機関への被害者の治療費一般の支払義務を課すものでもない。」と判示した。

医療機関が負うことにつながることになる。健康保険の使用の場合は、医療機関は損保会社との関係はなくなるというスタンスが重要である。

また、健保使用一括払いには、課税上の問題も内包している。消費税は、国保・社保・労災・自賠責いずれも非課税であるが、事業税は、国保・社保は非課税扱いに対して、労災・自賠責収入には課税されるのである。

「健保使用一括払い」として、損保会社から一部負担金の支払いを受け取れば、損保会社から受け取った分は、自賠責収入として、事業税課税が生じる可能性が高い。場合によっては、健康保険の7割分も、自賠責診療であると判断される可能性も考えられ、税務処理の面でも誤解を生じやすくなるのである。

健康保険を使用した場合には、健康保険のルールでと徹底することが重要である。

第5 「現物給付型保険」の先兵隊

一応の妥結をみた環太平洋パートナーシップ（TTP）交渉の結果では、現時点（平成27年10月）において、医療分野には大きな影響が及ぶことは免れたかに見える。しかし、今後の具体的交渉や、新サービス貿易協定（TiSA）の交渉などで、今後「現物給付型保険」が導入される可能性も危惧される[*16]。「健保使用一括払い」は、一部負担金を直接医療機関に支払う「現物給付型保険」の形態ともいえ、将来の「現物給付型保険」導入の尖兵隊となる可能性がある。

金融庁は「現物給付型保険」に関して、保険会社からサービス提供者への保険金直接支払サービスは、保険受取人等の同意があれば特段禁止されるものではない、との認識を示し、これに対する地ならしを行っているふしがある[*17]。しかし、日本医師会は、民間の現物給付型保険については、「容

[*16]：坂口一樹等「米国政府 2014 版『通商政策アジェンダ』と TiSA：医療界は TPP に続く米国の"第二の矢"に備えよ」日医総研ワーキングペーパー No.316（2012 年 4 月 8 日）9 頁以下参照。
[*17]：前田由美子「民間第三分野保険における現物給付型保険と高額療養費制度および先進医療について」日医総研ワーキングペーパー No.283（2013 年 5 月 24 日）13 頁以下参照。

認する流れではない」とのスタンスであり、また、日本医師会常任理事の石川広巳氏は、2014年3月31日の第128回日本医師会定例代議員会において、日本における「現物給付」型の民間保険の登場について、「容認する流れになっていない」と述べ、差し迫って対応する必要はないとの考えを示している。

しかし、長年の外圧などを鑑みると、近い将来健康保険の一部負担金を直接医療機関に支払うことを約款にうたう保険が売り出される可能性も考えられ、今後も慎重に注視していくべき必要がある。

【参考文献】
日本医師会労災・自賠責委員会答申（平成18年1月）
日本医師会労災・自賠責委員会答申（平成24年2月）
坂口一樹ほか「米国政府2014版『通商政策アジェンダ』とTiSA：医療界はTPPに続く米国の"第二の矢"に備えよ」日医総研ワーキングペーパー No.316（2012年4月8日）
前田由美子「民間第三分野保険における現物給付型保険と高額療養費制度および先進医療について」日医総研ワーキングペーパー No.283（2013年5月24日）

7

人身傷害保険と過失相殺

弁護士
垣内惠子

第1 人身傷害保険とは

1 人身傷害保険の概要

人身傷害保険[*1]（以下、「人傷保険」という。）とは、自動車事故によって被保険者が死傷した場合に、被保険者の過失の有無、割合に関係なく、保険金額（保険支払限度額）の範囲内で、約款に規定された基準により算定された損害額（以下、「人傷基準損害額」という。）に基づいて被害者側が契約している保険会社から保険金が支払われる保険である。

人傷保険は、平成10年7月のいわゆる保険の自由化を受けて平成10年10月以降に販売されるようになった保険で、約款は保険会社ごとに若干異なっている。平成27年3月末現在の自動車保険契約における付帯率は、89.9％に及んでいる[*2]。

▶(1) 保険事故

人傷保険の保険事故（保険者（保険会社）の保険給付義務を具体化させる偶然な一定の事故）は、自動車又は原動機付自転車（以下、「自動車等」という。）の運行に起因する事故等の急激かつ偶然な外来の事故により被保険者が身体に傷害を被ることである。人傷保険では、被保険者が身体に傷害を被ることによって被保険者又はその父母、配偶者もしくは子に生じた損害に対して保険金が支払われる[*3]。

約款上、上記の「自動車等」は記名被保険自動車（保険契約の対象となっている契約自動車）に限られることが多い。

▶(2) 被保険者

被保険者については、記名被保険自動車に搭乗中の者、保有者及び運転者としている約款が多い。ただし極めて異常かつ危険な方法で被保険自動車に搭乗中の者及び業務として被保険自動車を受託している自動車取扱業者は含まない。

[*1]：以前は「人身傷害補償保険」との名称が多かったが、現在は「人身傷害保険」との名称が多い。
[*2]：保険毎日新聞2015.6.3号。
[*3]：「被保険者が身体に傷害を被ることによって…その父母、配偶者もしくは子に生じた損害」とは、父母、配偶者もしくは子の固有の精神的損害であり、これらの者は被保険者となるわけではないことから、「保険金請求権者」と表現されている。

▶(3) 特約による補償範囲の拡大

　特約で被保険者を、被保険自動車に搭乗中の者のみならず、記名被保険者（保険証券記載の被保険者）及びその一定の範囲の親族[*4]等として、補償範囲を拡大することできる（被保険者の範囲については、各社の約款ごとに若干異なる。）。

　この場合、上記の「自動車等」に被保険自動車以外の自動車等が含まれる[*5]。

　この特約をつけていれば、被保険自動車搭乗中の事故のみならず、他の自動車等に搭乗中の事故、又は歩行中もしくは自転車に乗車中であっても自動車等と衝突した事故であれば補償の対象となる。例えば、夫（父）が記名被保険者であれば、妻や同居の子、別居の未婚の子も被保険者となって補償の対象となる。

2　人傷保険の特徴

▶(1) ファーストパーティの保険

　自動車事故によって死傷した被害者の実損害をてん補する保険としては、加害者（賠償義務者）が加入しているサードパーティの自賠責保険及び対人賠償保険があるが、人傷保険は被害者側が加入しているファーストパーティの保険である。

▶(2) 被害者の過失の有無と保険金との関係

　被害者が加害者に対し損害賠償請求する場合には、被害者の過失が問題となり、過失相殺される（民722条）。これに対し、人傷保険では、被害者の過失の有無、割合に関係なく保険金が支払われ、発売当初からこの点が大きく宣伝された。

▶(3) 実損てん補の保険

ア　傷害疾病損害保険契約

　自動車事故によって死傷した被害者に支払われる被害者側加入の保険に

[*4]：この場面における一定の親族は、[*3]の保険金請求権者とは異なり、親族自身が身体に傷害を被った場合に被保険者として保険金が支払われる。
[*5]：ただし、記名被保険自動車以外の自動車等を含める場合でも、そこから「記名被保険者及びその一定の親族が所有する自動車等並びにこれらの者が常時使用する自動車」等は除外される（除外される自動車等については各社の約款ごとに若干異なる。）。

は、搭乗者傷害保険のような定額給付の傷害疾病定額保険契約（保険2条9号）もあるが、人傷保険は、被害者の実損害額に応じた保険金が支払われる実損てん補の傷害疾病損害保険契約（保険2条7号）である。そこで、加害者が存在する場合には、後述するとおり人傷保険と加害者に対する損害賠償請求権との関係が問題となる。

　イ　人傷基準損害額

　人傷保険は実損てん補の保険ではあるが、支払われる保険金はあくまでも約款による人傷基準損害額に基づくものであり、通常、同損害額は、加害者に対する損害賠償請求における裁判（訴訟）基準損害額（以下、単に「裁判基準損害額」という。）より低額に抑えられている。なお、裁判基準損害額は、いわゆる「赤い本」基準[6]や、いわゆる「青本」基準[7]等が、これを類型化しているといえよう。

　例えば、一家の支柱である被害者が死亡した場合の慰謝料額は、赤い本基準で2800万円、青本基準で2700万円〜3100万円であるが、人傷基準の精神的損害額は2000万円である[8]。また、被害者に常時介護を要する場合の介護費用は、損害賠償請求訴訟の場合、職業介護人のときは実額をベースに1日2万円程度認められることもあるが、人傷基準では月額16万円（日額5000円超程度）である。ただし、逸失利益については、裁判基準では原則として事故前の現実収入を基礎収入として算定するのに対し、人傷基準では、現実収入又は年齢別平均給与額のいずれか高い方を基礎収入とするため、収入が低い被害者の場合には、人傷基準損害額のほうが裁判基準損害額より高額になることも起こり得る。

　ウ　保険金額（保険支払限度額）

　対人賠償保険は保険金額無制限がほとんどであり、この場合、被害者の損害額が保険金として支払われるが、人傷保険では保険料を安く抑えるために保険金額が無制限であることは少なく、3000万円、5000万円といった保険金額で契約を締結することが多い。したがって、実際の支払保険金

---

[6]：（公財）日弁連交通事故相談センター東京支部「民事交通事故訴訟損害賠償算定基準」。
[7]：（公財）日弁連交通事故相談センター「交通事故損害額算定基準」。
[8]：具体的な人傷基準損害額は、各保険会社の約款ごとに若干異なる。

は、この点からも制限を受ける*9。

▶(4) 免責事由

人傷保険は傷害疾病損害保険契約であることから、傷害保険としての免責事由（保険事故が発生しても保険金が支払われない事由）が規定されている。

例えば、酒気帯び運転（道路交通法65条1項違反又はこれに相当する状態）、無免許運転等は免責事由となり、死傷した被害運転者に保険金は支払われない（ただし、免責規定は個別に適用されるため、運転者につき免責となる場合であっても、一緒に死傷した同乗者については免責とならず、同乗者には保険金が支払われる。）。

▶(5) 傷害の治療を受けるに際しての公的制度の利用

加害者加入の対人賠償保険から治療費の支払いを受ける場合、被害者は自由診療で治療を受けることも健康保険を利用して治療を受けることもできる。これに対し、人傷保険では、傷害の治療を受けるに際して、公的制度の利用等により費用の軽減に努めなければならないことが約款で規定されている。したがって、人傷保険会社からは、健康保険の利用を求められる。もっとも、実務上は、被害者が自由診療で治療を受けたとしても人傷保険会社から保険金支払いを拒絶されることまではないといわれている。

なお、人傷保険の上記約款規定の取扱いに関しては、「平成11年5月21日、日本医師会と東京海上火災保険株式会社（当時）は、『1．自賠責保険に関わる案件については従来と同様の取り扱いとする。』、『2．その旨の社内徹底を図る。』旨の文書を交わしたという経緯がある（その後、東京海上火災保険株式会社（当時）にならい、人身傷害補償保険を後発している主要保険会社（4社）についても、同様の確認をしている。）。」*10とのことであり、自賠責保険に関わる事故については、自由診療が認められることになる。

＊9：ただし、被保険者に一定の重度後遺障害が残った場合には、保険金額を保険証券記載金額の2倍の金額とする約款が多い。

＊10：髙野義則「第三者行為と保険求償に関する問題点―論点の提起と賠償実務の実態についての私見―」損保76巻1号143頁（2014年）。

第2　保険金の請求方法

1　人傷保険金請求先行の場合

▶(1)　全部請求

　被害者が人傷保険会社に対して、先に人傷保険金全額を請求して受領し、その後に加害者に損害賠償金残額を請求する場合である。

　人傷保険は損害保険であるところ、損害保険においては、被害者が保険給付と損害賠償金とを二重に利得することを防止し、また、保険給付により第三者が免責されることを防ぐために、法律上、請求権代位（保険者の保険給付義務の発生事由と同一の事由に基づき、被保険者が第三者に損害賠償請求権等の権利を取得したとき、保険者が、てん補した損害の額の限度において、その権利を取得するもの）が定められており（旧商662条、保険25条）、また、人傷保険の約款においても代位規定が存在する。そこで、被害者が加害者に対し、損害賠償請求した場合、加害者から、「請求権の一部が人傷保険会社に移転しており、その分、損害賠償請求債務は消滅している。」と主張されることとなるため、人傷保険金を支払った人傷保険会社が、被害者の加害者に対する損害賠償請求権に代位する範囲が問題となる。

▶(2)　自己過失分請求

　被害者が人傷保険会社に対して、人傷保険金のうち、自己過失に相当する分だけを請求して取得し、その後に加害者に損害賠償を請求する場合である。

　上記(1)とは異なり、約款上、人傷保険会社の請求権代位は否定されている。ただし、この請求がなされることはあまり多くなく、近時、自己過失分請求を規定していない約款もある。

2　損害賠償請求先行の場合

　被害者が加害者からの損害賠償金等を取得した後に、人傷保険会社に対して人傷保険金を請求する場合である。

　人傷保険の支払保険金算定についての約款では、給付決定がなされ又は

支払われた自賠責保険金、対人賠償保険金、損害賠償金、労災保険給付金等の額を支払保険金から控除することとなっており[*11]、その控除の範囲(被害者の最終的取得額が人傷保険金請求先行の場合と同額になるように考慮するのか。)が問題となる。

第3 人傷保険において過失相殺が問題となる理由

　前述のように、人傷保険は、被害者の過失の有無、割合に関係なく保険金が支払われる保険である。しかし、一方で、人傷基準損害額が裁判基準損害額より低額であり、他方で、被害者に過失がある場合に認められる加害者に対する損害賠償額は被害者の裁判基準による総損害額より少なくなることから、人傷保険と加害者に対する損害賠償額とを合算した被害者の最終的受領額がどうなるかについては、以下のとおり被害者の過失の有無が関係する。

1　被害者に過失がない場合

　まず、被害者に過失がなければ、人傷保険金請求先行の場合は、人傷保険金を支払った人傷保険会社は、人傷保険金全額に相当する損害賠償請求権を代位取得し、被害者は加害者に対する損害賠償請求訴訟において裁判基準損害額と人傷保険金との差額につき認容判決を得ることになる。

　また、損害賠償請求先行の場合は、加害者から裁判基準損害額の支払いを受けるのであるから、裁判基準損害額が人傷基準損害額より高額な通常の場合は、さらに人傷保険金の支払いを受ける余地はない。

2　被害者に過失がある場合

　上記に対し、被害者に過失があり、加害者に対する損害賠償請求において過失相殺される場合、被害者の加害者に対する損害賠償額は被害者の裁判基準による総損害額より低額となるため、人傷保険金請求先行の場合、

[*11]：自賠責保険金については、給付決定前であっても「支払われる金額」を控除するとしている約款もある。

人傷保険金を支払った人傷保険会社は、どの範囲で損害賠償請求権を代位取得するのかが問題となる。

　すなわち、平成22年4月1日の保険法施行前の請求権代位に関する約款は「保険金請求権者が他人に損害賠償の請求をすることができる場合には、保険者は、その損害に対して支払った保険金の額の範囲内で、かつ、保険金請求権者の権利を害さない範囲で、保険金請求権者がその他人に対して有する権利を取得する。」と規定されていたが、①人傷保険に類似する物保険についての一部保険（保険金額が保険価額に達しない場合）の場合には、保険者の代位の範囲について説が分かれていたこと、②請求権代位についての旧商法662条には記載のない「保険金請求権者の権利を害さない範囲で」という文言が人傷保険の約款に存在したこと、③人傷保険が「過失の有無・程度にかかわらず損害の全額が支払われる保険」との宣伝文句で販売された保険であることから、人傷保険会社は、支払った人傷保険金より少ない金額でしか損害賠償請求権を代位取得できないのではないかが問題となった。

　また、損害賠償請求先行の場合には、過失相殺によって裁判基準損害額より少ない損害賠償額しか受領できてないから、被害者としては、さらに人傷保険金を請求しようということになるが、同様にどの範囲で請求できるかが問題となる。

　この点、保険法施行、これに伴う約款改定及び請求権代位の範囲について最高裁判決が出たことで議論はほぼ収束しているが、問題点を明らかにするために、以下、保険法施行前の時点に遡り学説・判例を概観する。

第4　保険法施行前の学説・判例

　例えば、被害者の裁判基準による総損害額1億円、人傷基準損害額8000万円、人傷保険金額5000万円、被害者の過失割合30％で加害者に対する損害賠償額7000万円の事例を考える。

1 請求権代位の範囲についての学説

人傷保険金請求を先行し、人傷保険金を受領した被害者が、さらに加害者に対し損害賠償請求をした場合、人傷保険会社がどの範囲で請求権を代位取得するかが問題となる。

▶(1) 絶対説

	加害者過失部分	被害者過失部分
総損害額 1 億円	7,000万円	3,000万円
人傷保険金	5,000万円	
被害者の請求可能額		2,000万円
被害者の合計受領額		7,000万円

▨：人傷保険会社代位額

人傷保険会社は、人傷保険金全額に相当する損害賠償請求権を代位取得するとの説。事実上、人傷保険金は加害者過失部分の賠償額に優先的に充当されることとなる。被害者は最終的に 5000 万円 +（7000 万円 − 5000 万円）= 7000 万円しか受領できない。

▶(2) 比例配分説

	加害者過失部分	被害者過失部分
総損害額 1 億円	7,000万円	3,000万円
人傷保険金	3,500万円	1,500万円
被害者の請求可能額	3,500万円	
被害者の合計受領額	8,500万円	

▨：人傷保険会社代位額

人傷保険会社は、人傷保険金額のうち加害者の過失部分に対応する範囲で損害賠償請求権を代位取得するとの説。事実上、人傷保険金は、過失割合に応じて加害者過失部分と被害者過失部分にそれぞれ充当されることとなる。被害者は最終的に 5000 万円 +（7000 万円 − 5000 万円 × 0.7）= 8500 万円受領することとなる。

▶(3) 人傷基準差額説

	加害者過失部分	被害者過失部分
総損害額 1 億円	7,000万円	3,000万円
人傷基準損害額	8,000万円	
人傷保険金	4,000万円	1,000万円
被害者の請求可能額	3,000万円	
被害者の合計受領額	8,000万円	

▨：人傷保険会社代位額

人傷保険会社は、人傷保険金額と被害者の加害者に対する過失相殺後の

損害賠償請求額との合計額が人傷基準損害額を上回る場合に限り、その上回る部分に相当する損害賠償請求権を代位取得するとの説。被害者は最終的に5000万円＋{7000万円－(5000万円＋7000万円－8000万円)}＝8000万円受領することとなる。

▶(4) **裁判基準差額説**[*12]

	加害者過失部分		被害者過失部分
総損害額1億円	7,000万円		3,000万円
人傷保険金		2,000万円	3,000万円
被害者の請求可能額	5,000万円		

被害者の合計受験額　1億円

■：人傷保険会社代位額

　人傷保険会社は、人傷保険金額と過失相殺後の損害賠償請求額との合計額が裁判基準損害額を上回る場合に限り、その上回る部分に相当する損害賠償請求権を代位取得するとの説。事実上、人傷保険金は被害者過失部分の賠償額に優先的に充当されることとなる。被害者に最も有利な説で、被害者は最終的に5000万円＋{7000万円－(5000万円＋7000万円－1億円)}＝1億円受領することとなる。

2　損害賠償請求先行の場合との調整に関する学説の帰結

　損害賠償請求先行の場合には、被害者の過失割合に関係なく約款によって支払保険金が算定されることになっている。この約款どおりに支払保険金を算定すると、上記設例では人傷保険金は人傷基準損害額から損害賠償額を控除して、8000万円－7000万円＝1000万円となり、被害者の最終的な取得合計額は、7000万円＋1000万円＝8000万円であった。この金額は、人傷保険金請求を先行した場合の裁判基準差額説による最終的な取得合計額1億円と異なるものであった。

　人傷基準差額説は、請求方法の違いで被害者の最終的な取得額が異なるのはおかしく、同説であれば、人傷保険金請求先行の場合でも損害賠償請求先行の場合でも、被害者が最終的に受領する金額が同一になると主張し、これが人傷基準差額説の一番の根拠とされた。

[*12] 従前、「訴訟基準差額説」と表現されていたが、後述の最高裁判決に「裁判基準損害額」との表現があることから、「裁判基準差額説」と表現されることが増えてきた。

これに対し、裁判基準差額説からは、①約款によって支払保険金が決まる以上、請求方法の違いで最終的な被害者の取得額が異なるのもやむを得ないという説と、②訴訟になった場合には、約款の人傷基準損害額を裁判基準損害額に読み替えるべきとの読替え説が主張された。被害者の最終的取得額は①で8000万円、②で1億円である。

3　請求権代位の範囲についての判例

　当初、上記1(1)ないし(4)説をとる下級審判例はそれぞれ存在したが、その後、差額説の判例が多くなり[*13]、その中でも裁判基準差額説をとる判例が数多く出されるようになっていた。

　なお、最高裁第三小法廷平成20年10月7日判決[*14]は、人傷保険に関するものであるが、請求権代位の範囲を明らかにしたものではなかった。

第5　保険法施行後の学説・判例

1　請求権代位の範囲についての学説

　保険法は、請求権代位につき差額説を採用した。すなわち、保険者が代位する「被保険者債権の額」につき、「保険給付の額がてん補損害額に不足するときは、被保険者債権の額から当該不足額を控除した残額」として（保険25条1項2号）、これに反する特約で被保険者に不利なものは無効とする片面的強行規定を置いたことから（保険26条）、保険法施行後は、絶対説及び比例配分説をとる余地はなくなった。しかし、保険法の上記「てん補損害額」につき裁判基準によるべきか人傷基準によるべきか一義的に判明していないことから、保険法施行後も裁判基準差額説のみならず人傷基準差額説の採用も可能であると解されていた。

　人傷基準差額説からは、裁判基準差額説による場合、①人傷保険会社が人傷保険金請求先行で人傷保険金を支払った場合、加害者に対する損害賠

[*13] : 裁判基準差額説の判例として東京地判平成19年2月22日判タ1232号128頁等、人傷基準差額説の判例として大阪地判平成18年6月21日判タ1228号292頁等がある。
[*14] : 集民229号19頁、判時2033 3号119頁、判タ1288号57頁。

償請求訴訟が終了するまで代位請求額は確定せず、②人傷保険会社が損害賠償請求訴訟に補助参加しようとするとき、被保険者と加害者のいずれに補助参加すべきかを一義的に決められない（「被害者過失が小さいと損害賠償額が大きくなるので、被害者（原告）と利害が一致し、逆に損害額の減縮では加害者（被告）と利害が一致している」[*15]）等との訴訟実務における問題点が主張されていた。

2 請求権代位の範囲についての判例

保険法施行後も、裁判基準差額説の判例が多数であったが、人傷基準差額説の判例もわずかに存在した[*16]。

このような中で、最高裁は裁判基準差額説をとることを明言した。すなわち、最高裁第一小法廷平成24年2月20日判決[*17]（被害者から加害者に対する損害賠償請求事件。以下、「2月20日最判」という。）は、まず、「本件約款によれば、訴外保険会社は、交通事故等により被保険者が死傷した場合においては、被保険者に過失があるときでも、その過失割合を考慮することなく算定される額の保険金を支払うものとされているのであって、上記保険金は、被害者が被る損害に対して支払われる傷害保険金として、被害者が被る実損をその過失の有無、割合にかかわらず填補する趣旨・目的の下で支払われるものと解される。」とした。そして、「上記保険金が支払われる趣旨・目的に照らすと、本件代位条項にいう『保険金請求権者の権利を害さない範囲』との文言は、保険金請求権者が被保険者である被害者の過失の有無、割合にかかわらず、上記保険金の支払によって民法上認められるべき過失相殺前の損害額（以下、「裁判基準損害額」という。）を確保することができるように解することが合理的である。」とし、「そうすると、上記保険金を支払った訴外保険会社は、保険金請求権者に裁判基準損害額に相当する額が確保されるように、上記保険金の額と被害者の加害者に対する過失相殺後の損害賠償請求権の額との合計額が裁判基準損害額

[*15]：板東司朗「判批」損保70巻3号158頁（2008年）。
[*16]：広島高裁岡山支部平成22年7月16日判決自保ジャ1832号61頁。
[*17]：民集66巻2号742頁、判時2145号103頁、判タ1366号83頁。

を上回る場合に限り、その上回る部分に相当する額の範囲で保険金請求権者の加害者に対する損害賠償請求権を代位取得すると解するのが相当である。」と判示した[18]。

なお、宮川光治裁判官の補足意見は、①約款において損害や保険金を過失割合に応じて按分する考えを採っていないこと、②保険法が一部保険に関して差額説を採用したことに相応すること、③平均的保険契約者の理解に沿うと認められることを理由としてあげている。

また、裁判基準を「上回る」か否かの比較は、従前の多数の下級審判例と同様に、人傷保険によりてん補される損害項目ごとではなく、損害項目全部の積算額によって行われている[19]。

その後、最高裁第三小法廷平成24年5月29日判決[20](人傷保険会社から加害者に対する求償金請求事件。以下、「5月29日最判」という。)も2月20日最判を引用し裁判基準差額説を採用した。

なお、2月20日最判以前の裁判基準差額説をとる下級審判例においては、「損害額のうち被害者の過失割合に対応した額と人傷保険金の支払額とを対比して、後者が前者を上回るときにはじめて、保険会社はその上回る額についてのみ、被害者の加害者に対する損害賠償請求権を代位取得する」との表現がとられていたが、2月20日最判及び5月29日最判は同表現を使用していない。この表現に対しては、「この考え方は、実質的には人傷保険金を被害者過失部分と加害者過失部分に分けて考えることと同一であり、被保険者の過失の有無と無関係に支払われる人傷保険金の性質と

---

[18]:また、2月20日最判は、被害者が被る損害の元本に対する遅延損害金を支払う旨の定めがない人傷保険において、「上記保険金を支払った訴外保険会社は、その支払時に、上記保険金に相当する額の保険金請求権者の加害者に対する損害金元本の支払請求権を代位取得するものであって、損害金元本に対する遅延損害金の支払請求権を代位取得するものではないというべきである。」とも判示したが、事故日から人傷保険金支払日までの被害者の遅延損害金の支払請求は認容した(仮に、人傷保険会社が遅延損害金を代位取得する場合、その分だけ、人傷保険会社が代位取得する損害金元本は少なくなり、被害者がより多くの損害金元本を取得できることになるため、被害者側からこのような主張がなされた。)。

[19]:例えば、第1、2(3)イ記載の収入が低い被害者の逸失利益につき、人傷基準損害額が裁判基準損害額より高額になった場合には、損害項目ごとに比較した場合と損害項目の積算額によって比較した場合とでは代位金額が異なる現象が起こり得る。

[20]:判時2155号109頁、判タ1374号100頁。

合致しないのではないか。」[*21] との意見があったところである。

　2月20日最判は、約款解釈を理由に裁判基準差額説を導いたものである。約款解釈に当たっては、保険約款は、多数の契約を画一的に規律するという性格を持つことから、基本的に、約款を作成した保険者が約款により実現しようとしたその意思や理解を重視すべきではないこと、また、個々の顧客の意思や理解を基準に解釈するのでもなく、合理的・平均的な顧客がどのように理解するであろうかが基準とされるべきであることが考慮されたものと思われる[*22]。この点、被害者は、人傷保険金の受領だけでは満足できずに、別途、加害者に訴訟を提起するにもかかわらず、この場合でも、最終的に受領できる金額が、裁判で示される裁判基準損害額ではなく、人傷基準損害額に制限されることに、合理的・平均的な顧客が納得するとは思えず、裁判基準差額説が妥当である。

3　損害賠償請求先行の場合の支払保険金についての判例

　裁判基準差額説による場合、人傷保険金請求先行と損害賠償請求先行とで最終的に被害者が受領する金額が異なるのではないかとの問題が生じるが、損害賠償請求先行の場合について、2月20日最判及び5月29日最判の各補足意見が異なる見解を示している。

　まず、2月20日最判の宮川光治裁判官の補足意見は、賠償義務者から既に取得した損害賠償金の額等がある場合は、人傷保険金の額はそれらの合計額を差し引いた額とする約款を字義どおり解釈して適用すると、先に保険金を受領した場合と比較して不利となることがあるが、そうした事態は明らかに不合理であるので、上記約款を限定解釈し、差し引くことができる金額は裁判基準損害額を確保するという「保険金請求権者の権利を害さない範囲」のものとすべきというものである。

　これに対し、5月29日最判の田原睦夫裁判官の補足意見は、「保険会社が代位取得する損害賠償請求権の範囲は、裁判基準損害額を基準として算定すべきであると解した以上、保険金の支払と加害者からの損害賠償金の

[*21] 板東・前掲注15・153頁。
[*22] 榎本光宏・曹時66巻6号254頁（2014年）（2月20日最判についての調査官解説）。

支払との先後によって被害者が受領することができる金額が異ならないように、現行の保険約款についての見直しが速やかになされることを期待するものである。」というものであり、約款解釈上、人傷保険金請求先行の場合と損害賠償請求先行の場合とで被害者が受領する金額に違いが生じることもやむを得ないという前提に立っていると思われる。

この点、大阪高裁平成24年6月7日判決[23]は、被保険者が受領する保険金額を人傷保険金請求先行の場合と同様になるよう約款を限定解釈すべきとした原審(京都地裁平成23年6月3日判決[24])を変更して、約款の文言に従い、被害者が加害者に対する損害賠償請求訴訟で受領した和解金の全額を、人傷基準に従い算定される保険金額から控除するとした。同判決は上告・上告受理申立されたが、最高裁第三小法廷平成25年11月5日決定(公刊物不登載)は、理由を示すことなく定型文言で棄却・不受理とした[25]。後述のとおり、保険法施行に伴い約款が改定されていることからすると、改定前の約款について、今後、最高裁の判断が出る可能性は少ないと思われる。

4 求償請求権の消滅時効起算点についての判例

裁判基準差額説をとる場合、被害者・加害者間での損害賠償請求訴訟において被害者の総損害額と過失割合が確定しないと具体的に人傷保険会社負担部分と代位取得部分が判明しないことになる。そこで、人傷保険会社の求償債権の消滅時効の起算点は、被害者の加害者に対する損害賠償請求権における起算点より遅れるのかが問題となる。

この点、東京地裁平成23年9月20日判決[26]は、人傷保険会社による損害賠償請求権の代位取得は、人傷保険金支払時に、権利の同一性を保ったまま、損害賠償請求権が人傷保険会社に移転するものであり、代位が生じたことによって、損害賠償請求権の消滅時効の起算点が左右されるものではないとし、被害者の加害者に対する損害賠償請求権の消滅時効は、被

---

[23]：判時2156号126頁、判タ1389号259頁。
[24]：交民44巻3号751頁。
[25]：榎本・前掲注22・257頁。
[26]：判時2138号75頁。

害者がその損害及び加害者を知った時から進行するのであって、権利の同一性を維持したまま人傷保険会社に移転した損害賠償請求権について、被害者側が締結した保険契約に基づく人傷保険金の支払いという加害者が何ら関与していない事情によって、その消滅時効の起算点がこれより遅れると解すべき理由は見当たらないとした（控訴審の東京高裁平成24年3月14日判決[27]も同旨。上告審の最高裁（三小）平成25年4月9日決定（公刊物不登載）は、理由を示すことなく定型文言で棄却・不受理とした[28]）。

第6 保険法施行に伴う約款の改定

1 請求権代位規定

保険法施行を踏まえて各約款は、保険法の差額説に従った内容に改定され「被保険者または保険金請求権者が取得した債権の額（損害賠償請求権の額）から、保険金が支払われていない損害の額を差し引いた額が人傷保険会社に移転する」旨（保険法の内容と同旨）規定した。また、2月20日最判が出たことを受けて、「賠償義務者があり、かつ、判決または裁判上の和解において、賠償義務者が負担すべき損害賠償額が算出された場合であって、その算出された額[29]が社会通念上妥当であると認められるときは、その算出された額を損害の額とみなす。」等と規定しているものが多い。

2 支払保険金規定

保険法施行後は、人傷保険金請求先行でも損害賠償請求先行でも被害者の最終的な取得金額が同一になるように支払保険金規定も改定される傾向であったが、2月20日最判及び5月29日最判が出た後は、確認する限りすべての約款で改定がされている。その改定約款としては2種類あり、判

---

[27]：金判1390号15頁。
[28]：榎本・前掲注22・258頁。
[29]：訴訟費用、弁護士報酬、その他権利の保全もしくは行使に必要な手続をするために要した費用及び遅延損害金を含まない。

決または裁判上の和解の場合には、人傷基準損害額を裁判基準損害額[30]に読替える約款と、支払保険金から控除する金額の算出過程において裁判基準損害額を考慮する約款とがある[31]。

いずれにしても、5月29日最判の田原睦夫裁判官の補足意見に沿った内容といえよう。

第7 残された問題

1 保険法施行に伴い改定された約款における請求権代位の範囲

請求権代位の範囲に関する2月20日最判及び5月29日最判は、保険法施行前の「保険金請求権者の権利を害さない範囲」との記載がある約款について、約款解釈を理由として裁判基準差額説を採用したものである。したがって、保険法施行後の約款について判示されたものではない。しかし、保険法施行によって差額説が明言され、従前に比べて被保険者保護が図られていることからすると、現行の約款についても同様の解釈がなされるものと考えられる。

2 素因による減額の場合の判例理論の適用

加害者に対する損害賠償請求において、被害者の素因（体質的素因、心因的素因）を理由に賠償額を減額する場合、判例は過失相殺規定を類推適用している（心因的素因につき最高裁第一小法廷昭和63年4月21日判決[32]、体質的素因につき最高裁平成4年6月25日判決[33]）。そこで、素因減額の場合も過失相殺の場合と同様に裁判基準差額説を適用することがで

---

[30]：社会通念上妥当と認められるものであって、訴訟費用、弁護士報酬、その他権利の保全もしくは行使に必要な手続をするために要した費用及び遅延損害金を含まない。

[31]：後者は、「人傷基準損害額と支払われる人傷保険金との差額」を「自己負担額」として、「既に受領した損害賠償額等が自己負担額を超える場合に、その超過額を支払保険金から控除する」と規定し、かつ、「自己負担額」を決定するための損害額の算出にあたり、判決又は裁判上の和解の場合に人傷基準損害額を裁判基準損害額に読替えている（「支払われる人傷保険金」とは、保険金額（保険支払限度額）と人傷基準損害額を比べて、低い方の金額である。）。

[32]：民集42巻4号243頁、判時1276号44頁、判タ667号99頁。

[33]：民集46巻4号400頁、判時1454号93頁、判タ813号198頁。

きるのかが問題となる。

　この点、「約款に素因減額の分についての限定支払条項があったとしても、代位の場面では、被害者が被る実損をその過失の有無、割合にかかわらず填補するものという人傷保険の趣旨・目的に照らし、本判決（筆者注：2月20日最判）の示した法理が適用されてよいと思われる。」とする見解もある[34]。上記「限定支払条項」とは、被保険者が傷害を被ったときに、既に存在していた身体障害または疾病が影響したことにより傷害が重大となった場合は、その事由がなかったときに相当する額を損害の額とする旨の規定であるが、上記見解と異なり、「開発当初から、素因減額は、傷害事故と因果関係が認められず給付の対象にならないと解されており、他の傷害保険と同様に、実務的には、むしろ素因を斟酌する具体的方法、減額割合などが問題となっている。」との見解もある[35]。

　この点、2月20日最判は、「本件約款によれば、訴外保険会社は、交通事故等により被保険者が死傷した場合においては、被保険者に過失があるときでも、その過失割合を考慮することなく算定される額の保険金を支払うものとされている」ことから約款解釈を展開しているのであり、この考えを限定支払条項につき明確に規定している素因による減額にまで及ぼすのは難しいのではなかろうか。

　加害者に対する損害賠償請求において人傷保険金を素因減額による減額部分に充当することを否定した判決として、大阪地裁平成24年9月19日判決[36]、大阪地裁平成25年11月21日判決[37]がある。また、2月20日最判の趣旨から人傷保険金請求において訴因減額をすることはできないとの被害者の主張を否定した判例として、大阪高裁平成26年8月21日判決[38]がある。

---

[34]：榎本・前掲注22・261頁。
[35]：古笛恵子「人身傷害保険をめぐる実務上の問題点―裁判基準差額説のその後―」保険学雑誌618号237頁（2012年）。
[36]：交民45巻5号1164頁。
[37]：交民46巻6号1479頁。
[38]：自保ジャ1929号18頁。

8

柔道整復師問題

相原整形外科
相原忠彦

第1　はじめに

　近年、自賠責保険における柔道整復の施術費の増加は著しく増加している（自賠責表、図表1～7）。
　また、医業類似行為の中でも「接骨院（柔道整復施術所）」が最も自賠責保険と深い関係にある。
　柔道整復師法では、「柔道整復師」は、厚生労働大臣の免許を受けて、柔道整復を業とする者をいい、また、「施術所」とは、柔道整復師が柔道整復の業務を行う場所となっているが、その業務の具体的記載はない。施術そのものは、主にマッサージとSSP等の電気療法であり、すべて整形外科外傷学保存療法のコピーと言っても過言ではない。つまり、施術そのものに柔道と関係する特別なものは何もないのである。実際に多くの「柔道整復師」は柔道をしたことがないのが現状である。
　自賠責保険における柔道整復費用の算定は、次のように定められている。
　「健康保険、労災保険などの社会保険による場合は、当該保険に基づく料金とする。自由診療による場合は、労災保険に準じて必要かつ妥当な実費とする。現状では労災保険の1.2倍程度の請求が多い。」
　自賠責保険は、交通事故における損害を填補するための強制保険であるが、近年医療機関に比較して、柔整施術費用が急増して医療費の約2割を占めるに至っているのが現状である。
　1件（1患者）あたりの平均請求額も、平成25年では、医療機関が23万7,038円であるのに対して、柔道整復では31万1,168円であり、治療（施術）期間と診療（施術）実日数も、医療機関では68.9日と20.0日であるのに対し、柔道整復がそれぞれ108.4日と52.9日となっており、医療機関より頻回で長期にわたる施術が行われ、高額の請求がなされていることが明らかになっている（図表8、自賠責柔整資料、財務省平成27年予算執行資料「総括調査票」）。
　何故これほどに柔道整復施術費が増加し続けているのだろうか。その原因を明らかにすることが向後の自賠責保険における適正な施術に向けて参考になるものと思われる。

そもそも、自賠責保険における交通事故患者の治療に関して柔道整復師が関与するのは何故なのだろうか。疑問を持つ自賠責保険の関係者は多い。柔道整復師が交通事故治療（自賠責保険）に関与することが可能な理由は、「柔道整復師法」の存在にある。柔道整復師法によって柔道整復師が健康保険及び労災保険が取り扱えている事実が自賠責保険取り扱いの要件そのものなのである。

自賠責保険の関係者であっても患者が柔整施術所（接骨院）について医療機関と同様の制度と誤解している理由や経緯について説明できる人は少ない。

「柔道整復師」（以後、「柔整師」という）とはどのような資格で、どのような経緯で、どのような法律の基にあるのであろうか。

その正しい理解が自賠責保険における診療にも必要である。

第2　柔道整復師の歴史的変遷

日本国政府が明治以降に医業類似行為者（特に接骨師）にどのように対応してきたかを知ることは現在の柔整師の置かれた立場を理解するのには重要である。

1　江戸時代から明治時代へ[*1]

江戸時代には、明確な医師の資格はなく、各藩においてもその扱いは異なっていた。骨関節疾患を扱うものを「整骨科」「接骨師」と呼称し、柔術家が多く、明治維新後も継続して骨関節外傷を取り扱っていた。明治政府は、医療の西洋化を目指し、明治7年に「医制」を公布した。当面の対応として江戸時代からの整骨科医・接骨師に試験が行われ、その合格者は「整骨科」として単科の開業が認められたのである。

しかし、明治16年に新たな医術開業試験が布告され、明治18年には医術開業試験に合格しなければ、整骨科医業も新規に開業ができなくなった

---

*1：酒井シヅ「骨関節疾患治療の歴史及び医業類似行為の変遷」『整形外科医療の周辺問題資料集 vol.3.』779〜795頁（2011年、日本臨床整形外科学会）。

のである。従来の試験で開業していた「整骨科」標榜の者は、「従前接骨業」として暫定的に業務を行うことが許された。

その後、東京大学医学部を始め多くの医学校から外科医師が育ち[*2]、非医師である大多数の「整骨医・接骨師」は医術開業免状を得られず、医師と区別された営業法での扱いを受けることになった。つまり、多くの接骨師は医師の資格を得ることができず、社会的地位や営業そのものが、不安定となったのである。

2 講道館柔道から柔道整復術の誕生

明治後期に嘉納治五郎が「柔道」を創始し、それ以後、柔道は急速に普及し、警察・軍隊などに取り込まれた。その結果、柔道家の数が増え、第一線を退いた柔道家による「接骨師」としての医業類似行為を定着させるべく、大正2年に接骨師新規開業制度の法律化を目指した「柔道接骨術公認期成会」が発足した。

大正3年1月22日の大審院判決で「医術開業試験を経たものでなければ、接骨を業となすことを得ず」との判決により、接骨師の新規開業がほぼ不可能になったために「柔道接骨術公認期成会」の活動が本格化した。新聞社による広報活動をしつつ、帝国議会に警視総監、嘉納治五郎、大隈重信、原 敬、犬養毅、後藤新平等による「柔道接骨術公認に関する請願書」を大正3・4・5年と継続的に提出し、公認運動を加速した。その結果、法律採択は不可であったものの、内務省令として「柔道接骨術」を「柔道整復術」に変更する条件で「柔道整復師」の存続が決定した。つまり、内務省令第10号「按摩営業取締規則」を改正し、「本令の規定は柔道の教授をなす者において打撲、捻挫、脱臼、および骨折に対して行なう柔道整復術にこれを準用す」との項を追加し、「公認」営業許可となったのである。

大正9年4月には全国で約3,000人の柔道整復師が「接骨師」として復権した。当時の医療体制は、大学の整形外科学講座も少なく、整形外科専門の学会もなく、地方には外科医も少ない社会状況であり、『医制八十年史（厚生省）』には、公認に関して「これは当時の社会情勢の下で、柔道

[*2]：蒲原宏「日本整形外科前史」『整骨・整形外科典籍大系13』644-645頁(1984年、オリエント出版)。

家の生活が不安であったのに対してとられた救済策の意味を多分にもっていたもののようである」との記載が見られる。

しかし、大正9年に公認された非医師の「柔道整復師」が、看板には「接骨院」を標榜することが可能であったのに対し、改正医師法によって医師である外科医、整形外科医が「接骨・骨接ぎ」を標榜することができないなど、社会的にさまざまな混乱が生じることになった[*3]。

3　健康保険法と受領委任払い制度[*4]

大正11年に労働者及び被扶養者の健康保険制度を定めた「健康保険法（法律第70号）」が制定された。以後、柔道整復師は単独法獲得運動とともに健康保険の取扱獲得運動が行われ、昭和11年内務省通達 保発35号の発令で「保険者が、各都道府県で柔道整復師会と協定を締結し、柔整施術療養費の受領委任払い制度を認める」端緒となった。

4　敗戦後の混乱から柔道整復師法の成立へ

敗戦後、わが国の医療行政は連合軍総司令部（GHQ）の指導下に置かれることとなった。日本接骨師会は、接骨師法の制定を目指したが、GHQ公衆衛生局長（サムス准将）[*5]によって単独法は否定された。以後、懸命な政治的運動により、新憲法の下で昭和22年に「あんま、はり、きゅう、柔道整復術営業法」が日本整形外科学会の反対表明にもかかわらず制定公布されるに至ったのである。

また、昭和36年には国民皆保険制度が成立し、皆保険制度が開始された。適正な医療給付が受けられない事情のある場合には療養費として支給することになったが、柔整に限っては前述の受領委任払い制度によって、保険を用いて施術が行われていた。昭和39年には「あん摩 マッサージ指圧師、はり師、きゆう師、柔道整復師等に関する法律」となり、「営業免許」から「身分免許」に格上げされることとなった。しかし、柔整師団体は念願

＊3：浜松市編『浜松市史　新編史料編四』886-888頁（2006年）。
＊4：坂部昌明「民法の債権法改正と受領委任払いの危機①〜③」『整形外科医療の周辺問題資料集vol.3』871-875頁（2011年、日本臨床整形外科学会）。
＊5：C.F.サムス著／竹前栄治編訳『GHQサムス准将の改革』（2007年、桐書房）。

である単独法を目指して、議員活動を積極的に展開し、数度に及ぶ廃案を経ながらも昭和45年4月に議員立法としての「柔道整復師法」が成立し、同年7月から施行され、あん摩師、はり師、灸師とは別個に、単独法として他の医業類似行為者から独立することになった。政府立法でなく議員立法となったのは、政府が単独法の必要性を認めていなかった証左でもある。

5 国家資格の獲得と柔整師数の増加

　柔道整復師は、昭和63年に県知事による免許制から厚生大臣の免許制となり、国家資格を得ることとなった。そして平成元年、当時の自民党幹事長橋本龍太郎の支持もあり「柔道整復研修試験財団」が設立されたのである。

　平成10年には規制緩和の波に乗り、柔道整復師養成施設不指定処分取消請求事件[6]において福岡地裁平成10年8月27日判決で厚生省は敗訴し、養成校の新規開設が認められた。国は上告を断念し、以後監督官庁の規制は及ばず、それまで14施設（定員1,050名）に過ぎなかった養成校が、平成25年には全国107施設（定員8,760名）、柔道整復大学15校と爆発的に増加していったのである。当然、柔道整復師数も大幅に増加し、平成24年末には就業柔整師数は5万8,573名となったのである[7]。

　平成21年11月11日の行政刷新会議柔道整復師の療養費に対する国庫負担（事業仕分け）の議論でも、柔整師の増加は問題とされ、新設養成校に対する国の管理の必要性も指摘された。

　更に、平成24年5月11日第53回社会保障審議会医療保険部会で「中長期的な観点に立って療養費の在り方の見直しを行う」との方針が出され、検討会が発足した。平成24年10月19日に第1回社会保障審議会医療保険部会 柔道整復療養費検討専門委員会が開催された。以後、第2回（平成25年3月26日）、第3回（平成26年3月18日）に公開会議として開催されたが、改定のための委員会のみで未だに中長期的な見直しの議論は

＊6：拙著「柔道整復師養成施設不指定処分取消請求事件」『整形外科医療の周辺問題資料集 vol.2』404-419頁（2004年、日本臨床整形外科医会）.

＊7：杉山清「柔道整復労働の批判（上）（中）（下）」医療経済研究会報19号1-21頁（1980年）、20号10-25頁（1980年）、23号1-27頁（1982年）.

できていない。

6 まとめ

　歴史的には、明治政府は医師にのみ骨関節疾患を担当させる制度としたが、大正になり接骨師の復活運動が実り、その後なし崩し的に運動器の外傷を医師以外の柔道整復師が取り扱うことが公認された。戦後、GHQによって一時は医業類似行為そのものが消滅の危機にあったが、やはり政治家を巻き込み、数度の廃案にもかかわらず、単独法として「柔道整復師法」を成立させた。

　健康保険による医療給付は現物給付としての医療給付を原則として、現金給付としての療養費払いはこれを例外としている。その例外のなかでもさらに例外として医業類似行為者の中での特別な地位（受領委任払い制度）を確保し現在に至っている。

第3　交通事故診療における柔道整復師の問題点

1　柔道整復師の業務範囲

　柔道整復師法には「柔道整復師とは、厚生労働大臣の免許を受けて、柔道整復を業とする者をいう」があるのみである。つまり、社会的目的や医学的業務範囲の規定は全くないに等しい。ただ、昭和45年衆議院本会議での柔道整復師法提案理由説明における「施術の対象ももっぱら骨折、脱臼の非観血的徒手整復を含めた打撲、捻挫など新鮮なる負傷に限られているのであります」との発言によって、業務範囲が「新鮮外傷」と判断することができる。

　柔整療養費の支給対象の明確な定義のないまま、療養費支給が行われていたが、平成9年に突然に厚生省保険局通知「療養費の支給対象となる負傷は、急性又は亜急性の外傷性の骨折、脱臼、打撲及び捻挫であり、内科的原因による疾患は含まれないこと」が提出された。現在もこの通知が生きているが、外傷はすべて「急性」であり、「亜急性の外傷」は医学的にはあり得ず、この点が向後問題となるであろう。

自賠責保険における新鮮外傷に対する施術後の慢性期の取扱いについては、健康保険での本来の業務範囲を考慮すると慢性期の施術は不適当である。特に軽症例の施術期間長期化については、業務範囲外の問題と軽症例にも他疾患が混在している場合も多い。また、頚椎捻挫の長期化及び脳脊髄液減少症の診断、治療においても医師の診断のない施術は患者にとっても不利益である。患者保護の観点からも医療機関での正確な診断、治療の必要は必須であり、自賠責保険における医療制度の改善が望まれている。

2　違法広告の氾濫

　平成24年、独立行政法人国民生活センター[*8]は「手技による医業類似行為の危害」として柔道整復師による施術を受けて危害が発生したと思われる相談を受け、行政に対して健康被害が発生しないよう努めるとともに、法律に抵触するおそれのある広告については指導を徹底するよう要望することを広報した。

ア　法律に抵触するおそれのある広告

　医療機関と紛らわしい施術所名（「××治療院」等）がみられ、医療法に抵触するおそれがあった。
　適応症を広告することは認められていないが、広告を調査したところ、適応症に関する広告がみられ、法律に抵触するおそれがあった。

イ　消費者に誤認や過度な期待を与えるおそれのある広告

　施術所の広告、表示を調査したところ、法律上問題があると思われる広告や、消費者に誤認や過度な期待を与えるおそれがある広告がみられた。
　手技による医業類似行為のうち、法的な資格制度があるあん摩マッサージ指圧及び柔道整復の施術所については、法律で定められた事項以外の広告は認められていない。

> 平成25年度全国厚生労働関係部局長会議（医政局）
> 広告の指導について
> 　最近、「交通事故治療専門」や「むち打ち専門」といった広告違反が行われているとの情報が当課に多く寄せられており、また、独立行政法人国民

[*8]：独立行政法人国民生活センター発表情報「手技による医業類似行為の危害－整体、カイロプラクティック、マッサージ等」（2012年8月2日）。

生活センターが平成24年に報道発表した「手技による医業類似行為の危害」においても同様の報告がされており、公衆衛生上看過できない状況となっている。

　ついては、広告可能事項に該当しない「交通事故」といった文言や料金について、広告することは認められないことから、違法広告のある施術所の開設者に対する指導の徹底を図られたい。

　前記の如く行政も違法広告に対して注意喚起をしているが、巷で氾濫している柔整師法違反の広告「各種保険取扱」「労災取扱」「交通事故取扱」などや、「神経痛、肩凝り、腰痛」等の表示は増加の一途である。特に交通事故関連の違法広告は著しく悪質である。特にネット上の柔整師のウエブサイトには、交通事故患者への謝金や紹介料の提示など、常識を超えた患者の争奪戦が見られる。国民は広告を違法とは認識せず、整体と接骨院・整骨院の区別すらつかない。違反広告の氾濫は真剣に取り締まりをしない行政の不作為であると考えられる。

　交通事故患者を接骨院へ誘導する違法広告増加の背景となっているのは、
① 柔道整復師（以下柔整）の異常な増加による競争の激化
② 柔整療養費の異常な増加に対する社会の問題意識の高まり
③ 健康保険における柔整療養費適正化の動き
等であり、違法広告の放置が問題であることは論を待たない。

　柔道整復師法第6章雑則
　（広告の制限）
　第24条　柔道整復の業務又は施術所に関しては、何人も、文書その他いかなる方法によるを問わず、次に掲げる事項を除くほか、広告をしてはならない。
　(1)　柔道整復師である旨並びにその氏名及び住所
　(2)　施術所の名称、電話番号及び所在の場所を表示する事項
　(3)　施術日又は施術時間
　(4)　その他厚生労働大臣が指定する事項
　2　前項第1号及び第2号に掲げる事項について広告をする場合においても、その内容は、柔道整復師の技能、施術方法又は経歴に関する事項に

わたってはならない。
(1)及び(2)に掲げる事項について広告する場合においても、その内容は柔道整復師の技能、施術方法又は経歴に関する事項にわたってはならない。（柔道整復師法第24条第２項）したがって、「腰痛によく効く」「○○大学病院で研修」「○○式除痛法」などは広告することは出来ない。
(2)その他の事項として「各種保険取扱」「健康保険取扱」などは広告することは出来ない。

3　医療機関と柔道整復施術所の併給

　健康保険制度における療養費は、医療機関と同一傷病での併給は禁止されている。

　交通事故診療は自由診療であるとしても、同一負傷名での同一日の医療機関の診察治療と柔整師の施術は認められないはずだが、現実には損保会社によって取扱いは様々である。療養費の取扱いからは本来はすべての併給は認められないとも考えられる。

　医療機関と接骨院等の受診形態には、次の４種類（山下分類）[*9]があるが、決して医療機関と柔整師の連携が計られているとは言えない点が交通事故患者にとって、後々問題となってくるのである。

① 　経過後初診：受傷後先ず接骨院等に行き、時期を経過して医療機関を受診するケース。後遺障害診断書のみの交付を求めて受診する場合が特に問題となる。

② 　なか飛ばし：最初だけ医療機関を受診し、その後接骨院等に行き、また最後に医療機関を再受診するケースで、最初と最後の医療機関が異なることもある。接骨院等がまず医療機関への受診を薦める場合もある。

③ 　並行受診（療）：医療機関に時々通院しながら、接骨院等でも施術を受けるケース。医療機関に無断で通所する場合が特に問題となる。

＊９：羽成守監修・日本臨床整形外科学会編集『Q&Aハンドブック 交通事故診療（全訂新版）』228頁以下（2015年、創耕舎）。

④　中止後受療：医療機関における治療が終わり中止となった後に接骨院等にかかるケース。損保会社の代理店が絡んだ通院慰謝料の増額を目的とすることが考えられる場合もある。

いずれにしても、後遺症診断書の記載は医師にしか認められないものであり、また、頸椎捻挫の症例のなかには正確な診断と治療を要する「低髄液圧症候群」「PTSD（Post Traumatic Stress Disorder：心的外傷後ストレス障害）」なども含まれ、安易に柔整師が施術することで長期化する場合もあり、交通事故診療における主治医制度も考慮されるべきであろう。

4　柔整施術部位数

損害保険料率算出機構が平成21年度に実施した「柔整実態調査」による一次診医科の傷病名数とその後に受診した柔整における施術部位数（負傷名数）の比較調査結果では、柔整において1～2つの負傷名が追加されるケースが全体の63.5%を占めていた。柔整初検時における施術部位数は、3部位が一番多く、全体の43%を占め、3部位以上で全体の約65%を占めた。

平成21年に日本臨床整形外科学会が実施した「外傷比率全国調査」によると、一度の外傷（労災、交通事故を含む）による傷病名数は「1.22部位」であり、標準偏差値は「0.365」だった。

宮城県医師国保組合では、平成3年4月1日より平成12年3月31日の間に医療機関と柔整施術所との重複受療した被保険者を調査対象として、レセプト1件当たりの治療日数の推移を調査した。

重複受療の柔整施術所の1件当たり日数は、医療機関の1件当たり日数より常に多いとの結果であった。

以上により、自賠責保険のみならず健康保険でも明らかに医療機関の傷病名数より柔整の負傷名数の方が多く、加療日数も多い。その原因は、医療機関とは異なり、柔整施術所では施術部位数に応じた施術費の請求が可能なためである。

5　柔道整復師の急増

　前述の如く平成10年の柔道整復師養成施設不指定処分取消請求事件（福岡地判平成10年8月27日）で国の敗訴後、事実上厚労省の養成校設立規制がなくなった。資本主義における市場競争の原理によって柔道整復師養成校は急増し、それに伴い当然柔道整復師数も大幅に増加したのである。そもそも「新鮮外傷」に対する施設及び職種としての適正数はどの程度なのであろうか。

　日本における医師国家試験合格者は、2000年以降年平均7,273名である。運動器の治療を担当する整形外科専門医試験合格者数は、現在の専門医制度に移行した2001年以降年平均528名となっている。主に打撲・捻挫等を対象とする柔道整復師は受験者が6,000名以上になった平成19年以降の国家試験合格者数は年平均4,939名となり、5,000名を超える年も多く見られる。

　整形外科は骨・関節などの骨格系とそれを取り囲む筋肉やそれらを支配する神経系からなる「運動器」の治療をする科で、背骨と骨盤という体の土台と、四肢の外傷や慢性疾患を主な治療対象としている。その専門医数が年間500名程度しか認められないのに対し、主に打撲・捻挫等（骨折・脱臼は0.6％）の保存療法しか行えない柔道整復師数がその10倍も排出されることは明らかに異常である。

　医療従事者で開業権があるのは医師、歯科医師、薬剤師、助産師、あはき師、そして柔道整復師のみである。

　交通事故診療で医師、歯科医師以外に医師の同意書なしに施療を受けられるのは柔道整復師の施術所（整骨院・接骨院）のみであり、その数の増加は当然自賠責保険における医療費の増加に直結する。

　適正な柔道整復師数の管理が放置された状態のままでは、将来的にも自賠責保険における医療費に大きな影響を及ぼすことは自明の理である。損害保険料率算出機構のみでは解決が難しいが、金融庁、厚労省と協議し解決すべき問題である。

第4　まとめ

　自賠責保険における著しい柔道整復施術費の増大の誘因は様々挙げられるが、健康保険に比べて規制が緩やかな自賠責保険が柔道整復師の急増と相まったことがその最も大きな要因である。しかし、そのすべての解決策の中心は厚生労働省の医療政策である。歴史的経緯を考慮し、現在の社会環境に適した「医療提供形態」を再構築すべきである。現行の健康保険制度が労災保険の基となり、さらに労災保険が自賠責保険の基となっている。このドミノ倒しの悪影響を止めることができるのは厚生労働省のみである。当事者以外に公益代表として学識経験者を含めて平場で論議する「社会保障審議会医療保険部会 柔道整復療養費検討専門委員会」において、適正な療養費として国民に利益をもたらす結果を得ることが自賠責保険の改善にも繋がる。

　自動車の安全装置の改善や違反運転の罰則強化による交通事故患者の軽傷化と柔道整復師など医業類似行為の施術施設に被害者が誘導される社会現象が問題視されている。その背景には、慰謝料、休業補償の支払い基準が、治療期間に比例することが、施術期間の長期化を招いている現状がある。

　交通事故診療は、まず医療機関で、正確な診断と治療方針が示され、その上で、自賠責保険を活用し、患者が安心して治療に専念し、早期に社会復帰となる環境の整備を行う努力が医療機関をはじめ関係者に求められている。

第5　受領委任払い制度

　柔道整復師のみに認められた特例としての「受領委任払い制度」(図表9)が挙げられる。

　前述の如く昭和11年内務省通達保発35号の発令で「受領委任払い制度」が始まったとされるが、この制度の最大の恩典は当時の一般庶民であった。

　外科医、整形外科医が不足するなか、打撲、捻挫、骨折などの緊急処置を柔整師が取り扱うことは当時の医療環境では必要であった。しかし、全

国津々浦々に整形外科医が充足した現在、本当に必要な制度かどうかは疑問が残る。また、柔道整復師が対応する外傷の「骨折、脱臼、打撲及び捻挫」の中でも実際に柔道整復師が対応した骨折、脱臼は 0.6％に過ぎず、緊急処置としての役割自体にも疑問がある。この点を裁判例「鍼灸師マッサージ師差別国家賠償等請求事件（千葉地裁平成 16 年 1 月 16 日判決）」で検証する。

　訴訟は、鍼灸マッサージの保険治療に受領委任が認められないことを不服として、国や千葉県、健康保険組合などを相手に起こしたものである。判決のなかで裁判官は、「本件取扱いは、かつては合理性を有していたとしても、その後、整形外科医が増加していることなどがうかがわれる現在、果たしてその合理性があるかについては疑義がないではない。」と述べている。

　さらに平成 7 年医療保険審議会柔道整復等療養費部会では平成 5 年の会計検査院「柔道整復師の施術に係る療養費の支給について（5 検第 480 号）」の是正改善の処置の要求を受けて、受領委任払いについては以下の結論を出した。

　特例的に受領委任払いが認められてきた理由は、施術を行うことのできる疾患は外傷性のもので、発生原因が明確であることから、他疾患との関連が問題となることが少ないことである。また、施術の内容や額等の患者による確認がないまま施術者から請求が行われていることや現在の仕組みが、審査や指導・監査の実効性の確保が困難であること等を考慮しても、これまでの実績からも今後もこの取扱いを継続することはやむを得ないものと考えられる。

　一方、健康保険組合は平成 20 年日本郵船健康保険組合が健康保険法第 87 条の「保険者は、保険者がやむを得ないものと認めるときは、療養の給付等に代えて、療養費を支給することができる」の解釈の下、やむを得ない理由のない場合には柔整療養費を不支給とした。柔整師団体は被保険者の選択権妨害として厚労省に処理を要望した。平成 21 年厚労省は医療課長通知で柔道整復施術療養費の支給決定の取扱いに関し、他と異なる扱いを行うのは、国民が平等に給付を受けることができる健康保険制度の目

的等から適切ではないとして、対応を求めた。結果、日本郵船健康保険組合は他の保険者と同様に「受領委任払い制度」を存続せざるを得なかった。

以後、柔道整復師の特権とされる「受領委任払い制度」は継続維持されている。

「受領委任払い制度」が最も問題とされるのは、国民目線で医療機関（現物支給）と施術所（療養費）の制度の違いがわかりにくい点である。ほとんどの国民は「受領委任払い制度」自身を理解していないと言うより知らないと言った方が正しい。また、制度（柔道整復師法）そのものが不備なために業務範囲が行政の恣意的解釈となり、柔整師が療養費として扱えるのは「新鮮外傷のみ」であることが周知徹底され難く、国民の健康被害が生じ易く、慰安行為の横行などが是正されないのが現状である。

図表１

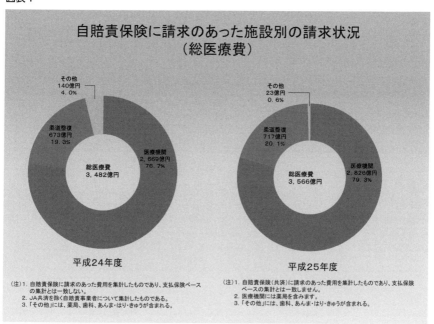

図表2

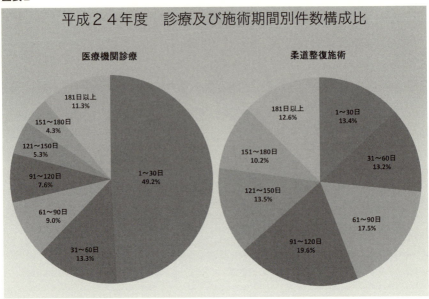

図表3

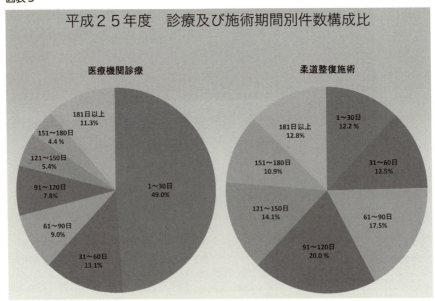

8 柔道整復師問題

図表4

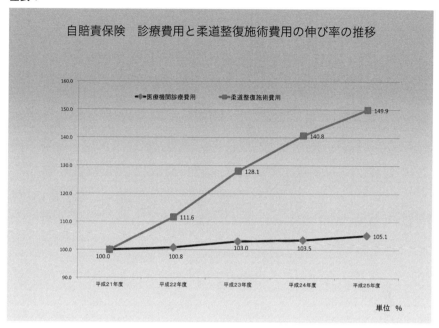

図表5

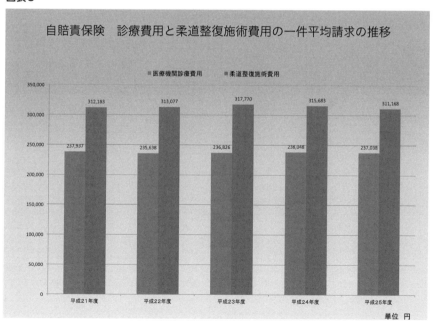

図表6

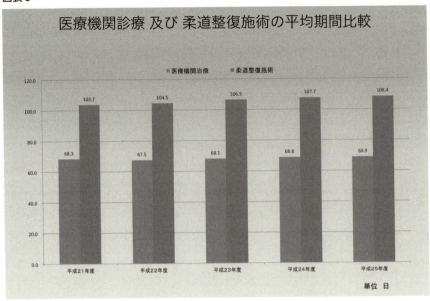

図表7

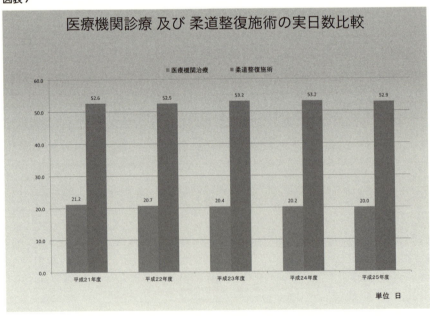

8 柔道整復師問題

図表8-1

総 括 調 査 票

事案名	(23) 柔道整復療養費	調査対象予算額	会計	平成26年度：9,166,691百万円の内数 平成25年度：8,888,028百万円の内数	調査区分	本省調査
所管	厚生労働省	組織	厚生労働本省	一般会計	取りまとめ財務局	―

①調査事案の概要

1. 支給対象

柔道整復の対象疾患は、急性又は亜急性の外傷性の骨折、脱臼、打撲、捻挫、肉ばなれ等であり、各保険者は、施術に係る療養費の算定基準に基づき支給額を決定。
なお、骨折及び脱臼の施術は医師の同意が必要であり、肩こり、筋肉疲労などに対する施術は保険対象外となっていることから、このような症状で施術を受けた場合は、全額自己負担となる。

2. 支給方法（受領委任払い）

療養費は、本来患者が費用の全額を支払った後、保険者へ請求をおこない支給を受ける償還払いが原則であるが、柔道整復については、例外的な取扱いとして、保険者等からの委任を受けた地方厚生（支）局長及び都道府県知事と柔道整復師が協定（契約）を結び、患者が自己負担分相当額を施術者に支払い、施術者が療養費を保険者に請求する受領委任形式により支給。（昭和11年から実施）

3. 請求件数等（平成23年度）

件数 約5,099万件
金額 約4,085億円
（対前年度伸び率 0.4％ 国民医療費に占める割合 1.06％）

4. 負傷種類別支給額割合（平成24年10月サンプル調査）

骨折及び脱臼 0.6％
打撲 29.9％
捻挫 69.5％

5. 柔道整復師数及び施術所数の推移

(単位：万)

就業柔道整復師数

施術所数

昭和61年 63年 平成2年 4年 6年 8年 10年 12年 14年 16年 18年 20年 22年 24年

6. 柔道整復療養費に係る保険給付の仕組み

患者 — 施術者 — 保険者

患者→施術者：施術、①受領・請求行為委任、②自己負担支払

施術者→保険者：③請求、④受領

保険者→団体協定（社団法人）／個人契約（社団法人以外の個人柔整師）

⑤受領金返還債務と残金請求権を相殺

125

図表8-2

事案名 (23) 柔道整復療養費

総括調査票

② 調査の視点

1. 平成21年11月行政刷新会議の「事業仕分け」の指摘事項である「請求部位数の地域差に係る適正化」について、平成22年6月に見直し内容が講じられたが、差の縮小につながるものとなっているか、また、大幅に増加している柔道整復師数及び施術所数の増加に伴う療養費の増加について、必要かつ適切な提供体制になっているか。

③ 調査結果及びその分析

1. 請求部位数の地域差等

(1) 平成22年6月の請求部位数の適正化により、3部位以上の請求割合は全体では減少傾向にある一方で、3部位請求の地域差は約4倍（平成22年10月）から約7倍（平成24年10月）に拡大していた（表1）。
また、日本臨床整形外科学会による全国調査（平成21年6月）では負傷箇所の平均部位数は1.22部位となっており、3部位請求の平均部位数を算定される柔道整復療養費に比べかなり少ないものとなっていた。

(2) 柔道整復の1カ月あたりの施術日数・各医療保険通算での入院外受診動向に比べ、施術期間が4カ月以上という長期にわたる治療が約16%となる傾向にあり（図1）、施術期間の入院外受診動向に比べ長期にわたる名治療において、1カ月位の施術回数が13回以上の割合が約16%となっていた。

[表1] 3部位以上の請求割合推移

	最少				全国平均	最多			
	9.4%	岩手県 18.8%			12.4%	大阪府 50.8%			
H21年	8.2%	岩手県 15.6%			12.2%	大阪府 46.8%			
H22年	8.2%	山形県 12.2%			10.9%	大阪府 63.0%			
H23年	8.2%	山形県 34.6%				大阪府 54.6%			
H24年									

[図1] 1カ月当たりの受診動向の比較

[図2] 施術期間区分ごとの頻度

2. 柔道整復師及び施術所数と療養費の関係等

(1) 近年、柔道整復師数は大幅に増加しており、特に柔道整復師の65歳以上の人口、医療費を大きく上回る伸びを示しており、近年の1学年定員の増加から、施術所数についても3万所、1.8倍（平成10年）から4.2万所（平成24年）に増加していると思われる（調査事業の概要を参照）。

(2) 施術所数と療養費の関係について都道府県別に調査したところ、人口10万人当たりの施術所数が多い都道府県ほど、被保険者1人当たりの療養費が高額となっており、施術所数と療養費には相関関係が見られる状況（図4）。

(3) 過去5年間において、柔道整復の療養費が増加している中にあっても、療養費の取扱いは減少しており（図3）、医療費全体に占める割合は最も多く1部位請求が全国で128件となっているが、3部位請求が多く全国で6割を占めている状況にある。また、大阪府は76件と一定の多部位請求と不正請求の相関外が見られている。

[図3] H10年を100とした場合の伸び率及び準成所定員推移

[図4] 都道府県別の施術所数と療養費

④ 今後の改善点・検討の方向性

1. 請求の見直し

左の調査結果を踏まえ、過剰受診による不適切な請求を是正するため、部位に関係なく施術1回あたりの料金を定額とするため、算定方法に見直すことや、また、公的保険の対象をより必要なコースに限定しており、受領委任払い及び施術回数の上限設定及び施術可能な施術所がすぐことなどについて検討すべきである。

2. 療養費の抑制

柔道整復師数が、今後も著しく増加することが見込まれ、過剰な提供体制となり、国民医療の更なる増加につながる可能性があることから、柔道整復師数の急増を抑制するための施術所数の検討を開始する必要がある。

[表2] 近年の柔道整復療養費と主たる医科診療科医療費の比較

	柔道整復費	小児科	産婦人科	皮膚科	耳鼻科
H21年度	4,023億円	3,422億円	2,448億円	2,938億円	3,761億円
H22年度	4,068億円	3,508億円	2,467億円	3,000億円	3,998億円
H23年度	4,085億円	3,576億円	2,459億円	3,075億円	3,974億円

図表9

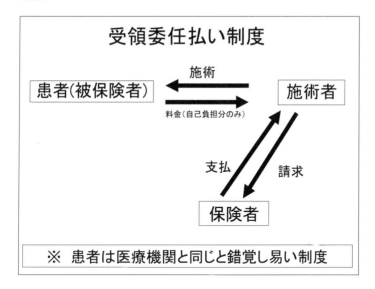

【参考文献】

酒井シヅ「骨関節疾患治療の歴史及び医業類似行為の変遷」『整形外科医療の周辺問題資料集 vol.3』779〜795頁（2011年、日本臨床整形外科学会）

蒲原宏「日本整形外科前史」『整骨・整形外科典籍大系13』644-645頁（1984年、オリエント出版）

浜松市編『浜松市史　新編史料編四』886-888頁（2006年）

坂部昌明「民法の債権法改正と受領委任払いの危機①〜③」『整形外科医療の周辺問題資料集 vol.3』871-875頁（2011年、日本臨床整形外科学会）

C.F.サムス著／竹前栄治編訳『GHQサムス准将の改革』（2007年、桐書房）

相原忠彦「柔道整復師養成施設不指定処分取消請求事件」『整形外科医療の周辺問題資料集 vol.2』404-419頁（2004年、日本臨床整形外科医会）

杉山清「柔道整復労働の批判（上）（中）（下）」医療経済研究会報19号1-21頁（1980年）、20号10-25頁（1980年）、23号1-27頁（1982年）

独立行政法人 国民生活センター 発表情報「手技による医業類似行為の危害－整体、カイロプラクティック、マッサージ等」（2012年8月2日）

羽成守監修・日本臨床整形外科学会編集『Q&Aハンドブック 交通事故診療（全訂新版）』（2015年、創耕舎）

全般にわたり下記文献を参考にした。
厚生省『医制八十年史』225 頁（1955 年、印刷局朝陽会）
蒲原宏「日本の近代整形外科が生れるまで」整形外科 13 号（1962 年）
蒲原宏「日本整形外科の歴史」日整会誌 40 号 505-525 頁（1966 年）
日本整形外科学会 60 年の歩み『第 60 回日本整形外科学会記念』2-24 頁（1987 年）
自動車保険料率算定会『自動車保険料率算定会 30 年史』（1996 年）
社団法人柔道整復師会『柔道整復白書』（2003 年）
日整会 Historian 委員会編『日本整形外科学会 80 年史』5-33 頁（2006 年）
全国柔道整復学校協会・教科書委員会編『柔道整復学―理論編』（2012 年、南江堂）

9

新型後遺障害
―CRPS―

弁護士
松居英二

第1　本稿の目的

本稿では、交通事故（不法行為）によりCRPSが発症したと主張する被害者に対する損害賠償について検討する。CRPSを巡る医学的な論争を解説し批評することを目的とするものではなく、「未解明な点の多い疾患」を巡る損害賠償上の問題点を整理するものであるから、CRPSに関する詳細は医学文献により確認されたい。

第2　CRPSの病態

1　CRPSとは

CRPS（complex regional pain syndrome：複合性局所疼痛症候群）は、骨折などの外傷や神経損傷の後に、原因となる外傷に比べて不釣り合いな焼け付くような激しい痛みが遷延する症候群である。

CRPSがいかなる疾患であるかを説明することは、容易ではない。その原因や発症のメカニズム等がいまだ未解明であることに加え、CRPSという疾患概念自体が、かつて、カウザルギーあるいはRSDなど様々な名称で呼ばれていた"特異な疼痛"を総称するものとして、1994年に国際疼痛学会（International Association for Study of Pain：以下「IASP」という。）が定めた包括的な概念だからである。

2　疾患概念の歴史

▶(1)　CRPSへの名称統一まで

アメリカの南北戦争時、神経損傷を負った兵士の四肢に生じた焼け付くような痛みを「カウザルギー」（Causalgia）と名付けたことに、CRPSの歴史は始まるとされる。第一次世界大戦後に、神経損傷のない痛みに対しても交感神経が影響する慢性疼痛が生じるという考えが拡がり、痛み以外に自律神経症状（浮腫、発汗異常、皮膚変化、萎縮性変化等）を伴うことからRSD（reflex sympathetic dystrophy　反射性交感神経性ジストロフィー）と呼ばれ、1980年代中頃まで"交感神経の過緊張状態を伴った

主に四肢に起こる持続性疼痛"であるとの考えが有力であった。しかしその後、爪や皮膚、骨などのジストロフィー変化（萎縮等）が存在するとは限らないことが明らかとなり、また、プラセボ（偽薬）を用いた研究により交感神経の関与は小さいことが指摘されるようになった[*1]。また、RSDを治療しない場合の特徴的な症状により、発症から慢性期までを3分類する手法（ステージ分類）も提唱されたが、今日ではこのような分類に否定的な見解が有力だとのことである[*2]。

1994年、IASPは従来、RSD、カウザルギーなど様々な名称で呼ばれていた特異な慢性疼痛を「CRPS」の名称に統一すると共に、それまでRSDと呼ばれていたもの（主要な末梢神経損傷がないもの）をTYPE Ⅰ、カウザルギーと呼ばれていたもの（主要な末梢神経損傷のあるもの）をTYPE Ⅱと分類した[*3]。このとき示されたCRPSの診断基準（以下「IASP基準（1994年）という。）は、次のとおりである（図表1）。

図表1　IASP基準（1994年）

- 外傷の既往があるかもしくは（ギブス固定などの）動かさなかった原因がある
- 不釣合いな持続性疼痛、aliodynia、痛覚過敏（hyperalgesfa）がある
- 疼痛部位に浮腫、皮膚温の左右差（1.1℃以上）、発汗異常が病期のいずれかの時期に存在する
- 病態を説明する他の疾患を除外できる

（出典：柴田政彦・阪上学・住谷昌彦・眞下節「CRPSの診断基準について」慢性疼痛26巻1号119頁（2007年））

このIASP基準（1994年）に対しては、項目が少なく簡便だが、患者の訴えに依存する内容になっている（自覚症状と他覚所見の区別がない。）ため、感度は高いが特異度が低いという指摘があった。

[*1]：柴田政彦「CRPSの歴史」眞下節・柴田政彦編『複合性局所疼痛症候群　CRPS』13頁（2010年・真興交易㈱医書出版部）。
　　有田英子「痛みとは　〜痛みのメカニズムとその種類〜」㈶日弁連交通事故相談センター東京支部「民事交通事故訴訟　損害賠償額算定基準」（以下「赤い本」という。）2007年版下巻247頁（以下「有田講演」という。）。
[*2]：有田英子「CRPSの分類」前掲眞下・柴田編20頁。
[*3]：柴田政彦「CRPSの診断（判定指標）」前掲眞下・柴田編65頁。

図表2　IASP基準（2005年）

1　感覚系の異常
　Ⅰ　自発痛
　Ⅱ　痛覚過敏（機械的刺激、熱刺激、深部の機械的刺激）
2　血管の異常
　Ⅰ　血管拡張
　Ⅱ　血管収縮
　Ⅲ　皮膚温の左右差
　Ⅳ　皮膚色の変化
3　浮腫、発汗異常
　Ⅰ　浮腫
　Ⅱ　発汗過多
　Ⅲ　発汗減少
4　運動萎縮性変化
　Ⅰ　筋力低下
　Ⅱ　振戦
　Ⅲ　ジストニア
　Ⅳ　協調運動障害
　Ⅴ　爪毛の変化
　Ⅵ　皮膚の萎縮
　Ⅶ　関節拘縮
　Ⅷ　軟部組織の変化

※臨床用基準
　上記4項目のいずれか3項目以上のそれぞれについて1個以上の自発的徴候（symptom）を含み、かつ、いずれか2項目以上に1個以上の他覚的所見（sign）を含む。
※研究用診断基準
　上記4項目すべてについて1個以上の自覚的徴候（symptom）を含み、かつ、いずれか2項目以上に1個以上の他覚的所見（sign）を含む。
　（出典：柴田政彦・阪上学・住谷昌彦・眞下節「CRPSの診断基準について」慢性疼痛26巻1号119頁（2007年））

▶(2) IASP基準(2005年)

　IASP基準（1994年）を基に、アメリカのペインセンターが中心となり、頭痛や精神疾患のように組織病理学的異常を評価できない疾患の診断基準を作成する際に用いる統計学的手法を用いて自覚的徴候と他覚的症状とを分けて解析し作成された判定指標（図表２）が、2005年にIASPから提唱されたが（以下「IASP基準（2005年）」という。）、そこではCRPS TYPE Ⅰ及びⅡの分類も、症状のステージングもされていない[*4]。

3　我が国におけるCRPS

▶(1)　我が国の臨床で用いられてきた診断基準等

　CRPSと総称される特異な慢性疼痛疾患に関して、我が国で用いられてきた代表的な診断基準として、整形外科領域で多く用いられてきたLankfordの分類、麻酔科医を中心に広く知られるGibbonsのRSDスコア、Kozinの基準、Veldmanの基準などがある[*5]。これらは、事故と症状との相当因果関係や特異な疼痛であることの認定を巡り、過去の裁判例でその該当性が争点となり、裁判所の判断が示されてきたものであるが、ここでは紙数の関係から具体的内容までは示さない[*6]。なお、これらの基準等に対しては今日、「全く妥当性が検証されていない個人の考えや観察に基づいて作成された判定指標や分類」であるとの批判もあるので注意を要する[*7]。

▶(2)　厚労省CRPS研究班の判定指標(2008年)

　異なる文化背景や医療システムなどによってCRPSの発症が影響を受けることを示唆する研究報告があり、個々の医療文化圏（医療システム）に応じた判定指標が必要だとされている[*8]。我が国では、2005年から2008

[*4]：前掲有田講演254頁。
[*5]：前掲柴田「CRPSの診断（判定指標）」67頁。これらの診断基準を巡る裁判例の検討について、藤村和夫「RSDあるいはCRPSの認定・評価について」筑波ロー・ジャーナル5号153頁(2009年)。
[*6]：これらの概要を整理したものとして、前掲有田「CRPSの分類」、同柴田「CRPSの診断（判定指標）」。
[*7]：前掲柴田「CRPSの診断（判定指標）」69頁。
　　　住谷昌彦・柴田政彦・眞下節・山田芳嗣「被害者に発症したCRPSのジレンマ：誰のための補償か？」賠償科学39号34頁（2013年）。
[*8]：住谷昌彦・柴田政彦・眞下節・山田芳嗣・厚生労働省CRPS研究班「本邦のCRPS判定指標」前掲眞下・柴田編71頁。

図表3　厚労省研究班判定指標

本邦における CRPS 判定指標（臨床用）
A．病期のいずれかの時期に、以下の自覚症状のうち2項目以上該当すること。ただし、それぞれの項目内のいずれかの症状を満たせばよい。
　1．皮膚・爪・毛のうちいずれかに萎縮性変化
　2．関節可動域制限
　3．持続性ないしは不釣合いな痛み、しびれたような針で刺すような痛み（患者が自発的に述べる）、知覚過敏
　4．発汗の亢進ないしは低下
　5．浮腫
B．診察時において、以下の他覚所見の項目を2項目以上該当すること。
　1．皮膚・爪・毛のうちいずれかに萎縮性変化
　2．関節可動域制限
　3．アロディニア（触刺激ないしは熱刺激による）ないしは痛覚過敏（ピンプリック）
　4．発汗の亢進ないしは低下
　5．浮腫

本邦における CRPS 判定指標（研究用）
A．病期のいずれかの時期に、以下の自覚症状のうち3項目以上該当すること。ただし、それぞれの項目内のいずれかの症状を満たせばよい。
　1．皮膚・爪・毛のうちいずれかに萎縮性変化
　2．関節可動域制限
　3．持続性ないしは不釣合いな痛み、しびれたような針で刺すような痛み（患者が自発的に述べる）、知覚過敏
　4．発汗の亢進ないしは低下
　5．浮腫
B．診察時において、以下の他覚所見の項目を3項目以上該当すること。
　1．皮膚・爪・毛のうちいずれかに萎縮性変化
　2．関節可動域制限
　3．アロディニア（触刺激ないしは熱刺激による）ないしは痛覚過敏（ピンプリック）
　4．発汗の亢進ないしは低下
　5．浮腫

※但し書き1：1994年のIASP（国際疼痛学会）のCRPS診断基準を満たし、複数の専門医がCRPSと分類することを妥当と判断した患者群と四肢の痛みを有するCRPS以外の患者とを弁別する指標である。臨床用判定指標を用いることにより感度82.6％、特異度78.8％で判定でき、研究用判定指標により感度59％、特異度91.8％で判定できる。
※但し書き2：臨床用判定指標は、治療方針の決定、専門施設への紹介判断などに使用されることを目的として作成した。治療法の有効性の評価など、均一な患者群を対象とすることが望まれる場合には、研究用判定指標を採用されたい。
外傷歴がある患者の遷延する症状がCRPSによるものであるかを判断する状況（補償や訴訟など）で使用するべきでない。
また、重症度・後遺障害の有無の判定指標ではない。
（出典：眞下節・柴田政彦編「複合性局所疼痛症候群　CRPS」（2010年・真興交易㈱医書出版部）
　柴田政彦「CRPSの診断（判定指標）」68頁）

年にかけ、厚生労働省によって、我が国におけるCRPSの疾患概念を確立することを目的としたCRPS研究班が組織され、臨床及び研究という目的別のCRPS判定指標（図表３）（以下「厚労省研究班判定指標」という。）が公表された[*9]。

同指標は、研究班の調査・分析の結果に基づき、①CRPSの判定に限っていえば、神経損傷の有無を問う必要はないこと（神経損傷の有無にかかわらず浮腫などの特徴的な症状／徴候は起こり得るという理解）と、②少なくとも本邦におけるCRPS患者では罹病期間が長くなればCRPS症状／徴候が多彩になるわけではないこと、を前提に作成されている[*10]。

なお、損害賠償との関係では、「本指標は治療方針の決定や予後予測、専門医への紹介基準など臨床的な使用目的のためのものであり、補償や訴訟のために用いるべきではない」とされ、また、「重症度や後遺障害の有無の判定指標ではないことに留意すること」とのただし書きが付されている。

4　労働者災害補償保険におけるCRPSの扱い
▶(1) 認定基準

労働者災害補償保険における障害等級の認定基準（以下「労災認定基準」という。）では、疼痛及びそれ以外の感覚障害は「神経系統の機能又は精神」の障害とされ、末梢神経の障害による疼痛のうち「通常の労務に服することはできるが、時には強度の疼痛のため、ある程度差支えがあるもの」を12級、「通常の労務に服することはできるが、受傷部位にほとんど常時疼痛を残すもの」を14級とする[*11]。ただし、「特殊な性状の疼痛」（外傷後疼痛が治ゆ後も消退せず疼痛の性質、強さなどついて病的な状態を呈するもの）に該当すれば12級、9級又は7級を認定することが可能となる。この「特殊な性状の疼痛」は、①カウザルギーと②RSDとに分類され、それぞれに認定基準が設けられている。

[*9]：指標作成に至る経緯については、前掲住谷ほか「本邦のCRPS判定指標」。
[*10]：前掲住谷ほか「本邦におけるCRPS判定指標」73頁。
[*11]：実際の認定実務は、疼痛の原因が他覚的に証明されるものは12級、医学的に説明できるものは14級を認定している。

ア　カウザルギー

末梢神経の不完全損傷によって生ずる灼熱痛であって、血管運動性症状、発汗の異常、軟部組織の栄養状態の異常、骨の変化（ズデック萎縮）などを伴う強度の疼痛である。「疼痛の部位、性状、疼痛発作の頻度、疼痛の強度と持続時間及び日内変動並びに疼痛の原因となる他覚的所見などにより、疼痛の労働能力に及ぼす影響を判断して」等級を認定する。

イ　反射性交感性ジストロフィー（RSD）

主要な末梢神経損傷がなくても、微細な末梢神経の損傷が生じ外傷部位にカウザルギーと同様の疼痛が起こるものである。①関節拘縮、②骨の萎縮、③皮膚の変化（皮膚温の変化、皮膚の萎縮）という慢性期の主要な3つのいずれの症状も健側と比較して明らかに認められる場合に限り、カウザルギーと同様の等級評価を行う[*12]。

▶(2)　労災認定基準が定められた経緯

上記の労災認定基準は、平成15年（2003年）10月1日に改訂されたものである。改訂前からカウザルギーに関する認定基準は存在したが、この改訂で明確な記述のなかったRSDについての基準が追加された。

改訂に先立つ平成15年（2003年）6月、改訂に至る過程を報告する「精神・神経の障害認定に関する専門検討会報告書」が公表されている（なお、参考文献⑤59頁～にもRSDに関する記述の一部が紹介されている。）。RSDの基準をカウザルギーと別に規定することについては、「RSDについては、その定義が一義的に確立しているとはいえないものの、そのような病態が存在することについて争いがない。RSDは明確な末梢神経の損傷のない病態として、カウザルギーは明確な末梢神経の損傷がある病態として整理すべき」とし、KozinやGibbonzら等による診断基準は急性期の症状（浮腫など）を含むからそのまま用いず、「障害認定実務上は、症状固定時においてRSDの慢性期の主要な症状とされている3つの症状（①関節拘縮、②骨の萎縮、③皮膚の変化（皮膚温の変化、皮膚の萎縮）について明らかな所見を有するものに限り、RSDとして取り扱うことが適当」だとする（前記報告書42頁）。

---

*12：（一財）労災サポートセンター『労災補償障害認定必携・第15版』159頁（2011年）。

改訂作業当時、既に存在したIASP基準（1994年）では要件とされていない骨萎縮が要件とされたのは、「①カウザルギーと異なって末梢神経の損傷という明瞭な診断根拠がないこと、②疼痛自体の客観的な尺度がないことから、障害認定実務上、RSDと診断するに足る客観的な所見を必要と」したためであると、報告書は述べている。

第3 損害賠償における実務上の問題

1 後遺症損害の認定を巡る問題

▶(1) CRPSの発症

現在の人身損害賠償実務においては、裁判上及び裁判外の双方で、自賠責保険における後遺障害等級認定の考え方（手法）を参考にした後遺症損害の算定が行われている[*13]。自賠責保険における後遺障害の等級認定は、原則として労災認定基準に準じて行われるが（支払基準：金融庁・国土交通省告示第1号）、前述のとおり、平成15年の労災認定基準改訂では、意図的にIASP基準（1994年）にない骨萎縮の要件を加えたのであるから、同診断基準でCRPSとされたが労災認定基準ではRSDとされないものが出てくる。他の医学的な基準（厚労省研究班基準など）でも、同様の問題がある。このような認定基準と診断基準との"ズレ"を損害賠償においてどう扱うかは、裁判官の自由な判断によるが、裁判例を分類すると次のようになる。

① 労災認定基準に該当するもののみをCRPS（RSD）とするもの。
② 医学的な診断基準でCRPS（RSD）の発症を判断するもの。
③ 労災基準及び各種の診断基準への該当性を総合的に検討し、CRPS（RSD）の発症を判断するもの[*14]。

[*13]：高野真人編著『後遺障害等級認定と裁判実務』（平成20年・新日本法規出版）13頁。
[*14]：高取真理子「RSD（反射性交感神経性ジストロフィー）について」赤い本2006年版下巻53頁（2006年）。「一応は、Kozin、Gibbons、IASPの診断基準を用いて診断を試みる必要があ」り、「特に、骨萎縮は単純X線や骨シンチグラフィーで、筋萎縮はMRIやCTで、神経障害・筋肉の活動状態は筋電図で、皮膚の変化は目視やサーモグラフィーで異常が判断できるのであるから、補助診断ではありますが、客観的な診断基準としてはこれらを目安とできるのではない」かとする（同63頁）。

④ CRPS（RSD）該当性の判断は必ずしも必要ではないとするもの。

▶(2) 後遺障害等級(重症度)

　CRPS（RSD）の発症が認定されても、直ちに後遺障害等級が決定するものではない。労災認定基準では前述のとおり、カウザルギーの場合には疼痛の部位、性状、疼痛発作の頻度等を総合的に判断して、その労働能力に及ぼす影響を判断するとしている。

　CRPSの診断基準等が求める要件にどれだけ該当するか（例えばGibonnsスコアの点数）によって症状の重症度が検討されることがあるが、それは本来の診断基準等が目的とする用い方とは全く異なるものであること、そもそも当該診断基準等によっては、それが提唱者の経験や主観に基づくものに過ぎないという批判があることに注意する必要がある[15]。厚労省研究班判定指標があえて"注記"したのがこの点である（第2・3(2)）。

2　CRPSが検討される実質的な意義

　前述のとおり、労災認定基準では、末梢神経の障害による疼痛等に対し、原則として「局部の神経症状」の14級又は12級を認定するが、これが「特殊な疼痛」（カウザルギー・RSD）である場合は7級までの評価が可能となる。また、現在の損害賠償実務では、むち打ち受傷後の神経症状だと認定されると傷害慰謝料を控えめに算定し[16]、後遺症逸失利益の発生期間を一般的に認定される期間より制限する扱い[17]が定着しているが、むち打ちを契機とする疼痛でもCRPSだと認定されれば「むち打ち後の症状」

　　有冨正剛「CRPS（RSD）の後遺症による損害の額の算定について」赤い本2013年版下巻23頁（2013年）。「RSDの発症の有無を判断する基準として、自賠責保険の等級認定基準と医療分野における診断基準のいずれが適切か、といった二者択一の問題の立て方をするのではなく、逸失利益、慰謝料といった損害の項目ごとに、判例上形成されてきた損害の額の算定の枠組みの中に自賠責保険の等級認定基準や医療分野の診断基準を適切に位置づける必要がある」とする（同25頁）。

*15：前掲高取34頁。
*16：赤い本2015年版上巻83頁、同センター本部「交通事故損害賠償額算定基準」(以下「青本」という。)24訂版（2014年）154頁。
*17：赤い本2015年版上巻83頁、青本24訂版114頁。

と異なる扱いをされ得る。なお、裁判例には、CRPSと認定して関節機能障害としての評価をするものがある（裁判例一覧表【25】）。CRPSが原因の可動域制限には永続性が認められると判断されたものと理解できる。

なお、「むち打ち症の遷延事例」か「CRPS発症事例」かが争われる事例では、CRPSが「受傷内容に見合わない疼痛の遷延」を本質とすることから、必要な治療の範囲や症状固定時期が争点となりやすい。

3　素因減額

最高裁は、事故と被害者の素因の双方が損害発生・拡大に寄与し、発生した損害の全てを加害者の責任とすることが損害の公平な分担に反する場合に、当該素因の寄与を理由とする減額（素因減額）を認めることから[18]、「受傷内容に見合わない疼痛の遷延」を本質とするCRPSにおいては、受傷と不釣り合いな症状から発生した損害の全てを加害者の責任としてよいかという形で素因減額が問題となる。

CRPS（RSD）には患者の様々な因子がその発症に影響しているのではないかという見解があり、交感神経の関与が大きな疾患と理解されていた時代にはそれを体質的素因として減額の理由とできるかという形での問題提起もされていた[19]。しかしながら、近時は、医学的にも原因や発症のメカニズムに不明な点が多いとされる疾患について、減額の理由となる素因の存在と寄与を証明できるのかという観点からも、認定する損害額が「損害の公平な分担」に反しない範囲であれば素因減額の必要はないという観点からも、CRPSの発症という事実のみを理由とした素因減額には、裁判例は否定的であると思われる[20]。

---

[18]：最一小判昭和63年4月21日民集42巻4号243頁（心因的要因の寄与を理由とする減額：積極）、最一小判平成4年6月24日民集46巻4号400頁（既往の疾患を理由とする減額：積極）、最三小判平成8年10月29日民集50巻9号2474頁（身体的特徴を理由とする減額：消極）。
[19]：前掲高取65頁。
[20]：前掲有冨27頁。

第4 裁判例の傾向

1 裁判例一覧表と分析表

　本稿に添付した裁判例一覧表は、平成22年から平成26年7月末までに判決が出された、CRPS（RSD）の発症が争点となった裁判例28件である[21]。この一覧表の裁判例は、東京地裁民事27部（民事交通事故専門部）に在籍した裁判官の講演録（平成17年の高取真理子裁判官[22]、平成24年の有冨正剛裁判官[23]）に添付された裁判例一覧表に掲載されたものを併せて、平成26年～平成22年（分析表1）、平成21年～平成17年（分析表2）、平成26年～平成17年（分析表3）、平成16年～平成11年（分析表4）の4つに整理してみた。

2 裁判例一覧表、分析表1

▶(1) **裁判所が検討した診断基準等**

　裁判所が発症の有無を検討する際に用いる診断基準等は様々であり、複数の基準への該当性が検討されているものも多い。最も多く参考とされていたのが労災認定基準であり、判決理由からそれが確認できるもので17あった（総合判断で事実上検討したと思われるものを含めるとこれより多い。）。同様に判決理由から発症を認定する参考としたことがうかがえるものは数の多い順に、厚労省研究班判定指標9、ギボンズスコア8、IASP基準（1994年）7、IASP基準（2005年）5、Kozann 3、Lankford 1であった。判決理由で参考とした基準等を示さないもの、あるいは総合判断するとしているものが7あった。

▶(2) **発症肯定**

　発症を認めたものは7件あり、認定された等級は7級から12級までに分布している。10級を認定した裁判例【25】は、RSDの発症を認定し、それを原因とする関節機能障害として10級を認定したものである。発症

---

[21]：平成27年1月末までに交通民集及び自保ジャーナルに掲載された裁判例を対象としている。
[22]：前掲高取71頁。
[23]：前掲有冨34頁。

を認めたもののうち「骨萎縮」の発生が認定されていないものが3件あり、7級を認定した裁判例も含まれていた。また、発症を認めたもので労働能力喪失期間を（67歳までから）制限したものはなかった。

発症を認定して素因減額を行ったものは1件であり（裁判例【24】）、心因的要因の寄与を理由に2割減額されている。RSDの病態や機序について不明なことが指摘されており、裁判官の本音に確率心証的な面があったことをうかがわせる。

▶(3) **発症否定**

発症を否定したものは18件あり、裁判所が認定した後遺障害等級は非該当から11級まで分布する。なお、11級を認定した裁判例【16】は胸椎圧迫骨折後の疼痛に関する争いであり、脊柱の変形障害として11級が認定され、骨折部の疼痛はこれに含まれるとされたものである。

発症を否定する理由は様々であるが、いずれも労災認定基準の3要件が備わっておらず、特異な疼痛が存在しないとされたもの（裁判例【7】、【8】、【17】）もあった。

労災保険で「異常な疼痛」の発症が認定され9級とされたが、判決で否定されているのは2例である。労災がカウザルギーの認定をした神経損傷を否定し、骨萎縮がないこと等からカウザルギー及びRSDの発症を否定したが、上腕骨骨折後の左肩運動制限として併合11級を認定した裁判例【8】、RSDの3要件がいずれも認められないとして神経症状14級に変更した裁判例【19】である。

発症を否定して後遺障害等級を認定した16件のうち、労働能力喪失期間（逸失利益算定期間）を否定ないし制限したものは10件であった。ただし、後遺障害14級と認定した11件のうち4件が7年、1件が10年と、むち打ち症事案での一般的な喪失期間（5年程度）より若干長く認定されていた。

▶(4) **発症の有無を判断しないもの**

発症の有無について判断を示さないものは3件、いずれも後遺障害が残存したとされ、14級、喪失率10％の後遺症・喪失期間10年（ただし、喪失率を5年で半減）、12級をそれぞれ認定している。

特徴的なものとして裁判例【13】は、損害賠償の認定においてCRPSの発症それ自体を判断することに積極的な意義はないとし、その症状に照らして損害評価するとして、その症状は12級より重いが、骨萎縮等の物理的な廃用性がないことから永続性に疑問が残るとして、結論として12級とし、労働能力喪失期間は固定日から12年と制限した。損害認定において、その心証に従って検討した過程が理由中で詳細に述べられている。

3　分析表2及び3

　有冨裁判官の講演録に添付された一覧表掲載の裁判例（以下「【有冨（　）】」と示す。）から、本稿の一覧表と重なる裁判例6件を除いた、平成21年から平成17年の間の18件について整理したのが分析表2、これを本稿の一覧表と併せて近時約10年間で見た場合の傾向を確認する目的で分析表1及び2を合算した件数のみ示したものが分析表3である。

▶(1)　**発症肯定**

　近時10年で見ると40件のうち、CRPS（RSD）が発症したと認定するものが15件あり、認定等級は労災認定基準の定める等級である12級から7級に分布している。神経症状として9級としたものが5件、7級が4件であるから、発症を認定することにより特異な疼痛として9級以上を認定していることがうかがわれる。

　発症を認定した裁判例には、労働能力喪失期間を制限したものはなかった。

　素因減額を行う4件のうち、2件が12級（【有冨（14）】【有冨（18）】）、9級（裁判例【24】）及び7級（【有冨（15）】）が各1件であった。これらのうち【有冨（18）】は事故当事者の恋愛トラブルによる心因的要因が寄与したことを理由とする特殊事案であり、【同（14）】は頸肩腕症候群の治療歴や頸椎椎間板ヘルニアという後遺症の中心症状と重なるものが事故前から存在した事案である。「性格及び心因性の反応を引き起こしやすい素因」を理由に減額しているが、併せて事故後に発生した第2事故、第3事故の寄与も考慮していることに注意を要する。

近時10年間を見る限り、裁判例【24】がRSD発症の機序等が不明なことも含めて心因減額を行っている以外に、CRPS（RSD）発症に被害者の素因が寄与しているという理由のみで減額した裁判例は見当たらない。

▶(2) **発症否定**

発症を否定した22件のうち、等級判断がされていない1件を除けば非該当とされたのは、被害者の訴える左手指の疼痛を「身体表現性障害の疑い」あるものとした1件（一覧表【21】）だけであり、その他は何らかの後遺障害の残存を認定していた。労働能力喪失期間の認定と併せて整理すると、14級を認定した13件のうち10件、12級を認定した6件のうち3件で期間制限をしている。これは、紛争の実態が「むち打ち遷延事例」か「CRPS発症事例」かという争いとなることが少なくないこととも関連しているように思われる。

素因減額を行うものは2件、いずれも12級を認定された事案である。うち【有冨（12）】は既存障害がRSDであり既存障害を考慮した素因減額がされている事例、【有冨（17）】は被害者の性格等を理由に心因減額をした事例である。裁判所が後遺症損害の認定を行う場合には、等級認定において相当な損害を認定したと考えれば、通常は素因減額を行う必要がないことになる。発症否定事例で素因減額を行うものがほとんどないのは、そのためであると思われる。

▶(3) **等級認定せず**

一覧表及び分析表1で述べたとおりである。

4　分析表4

ここでは、高取裁判官の講演録に添付された一覧表に掲載された裁判例（以下「【高取○】」と示す。）を整理している。ここで注意すべきは、この一覧表は労災認定基準にRSDの基準が明記される前（平成15年の認定基準改訂前）に出された判決が大部分を占めるということである。我が国ではRSDという診断名すら一般には知られていない時期に、現在では消極的な評価もされている診断基準やステージ分類を参考として判断されているものも含まれている。

25件のうち、発症肯定が13件、認定された等級は14級から喪失率90％の後遺症とするものまで多彩である。9級以上を認定した6件の全てで心因的要因の寄与又はRSD発症の素因を理由として素因減額がされており、50％以上の減額率とするものが半数である。労働能力喪失期間を制限したものが6件あり、素因減額と期間制限の双方をするものも2件ある。

　高取裁判官はその講演で、発症を肯定する「ほとんどの裁判例において、何らかの素因減額がなされている」と裁判例を分析していた[*24]。これは、正体不明の疾患の損害評価について、被害者の現実の症状を捉えて上位の等級を認定し、事故受傷との著しく乖離すると裁判官が判断した程度に応じて素因減額ないし労働能力喪失期間の認定で調整したのではないだろうか。

　近時10年（分析表3）、あるいは約5年（分析表1）での裁判例の傾向と、分析表3から見て取れる傾向とは異なっていると考えられる。現在では、過去にはこのような判断もあったという参考として位置付けるべきものかと思われる。

第5　分析と考察

1　現状

　第4で検討した裁判例では、現在、CRPSの発症をいずれの基準で判断すべきという確定的なものがあるとは思えず、訴訟において当事者が主張した複数の基準等への該当性が検討されるものが多いと思われる。ただし、紛争が後遺障害等級評価を巡るものとなるためか、労災認定基準への該当性が検討されることが多い。損害賠償の場面で行う必要があるのは、被害（症状・障害）の発生とその損害評価であることを端的に指摘し、意識して労災認定基準への該当性を検討しようとせず、認定事実を総合的に検討したとして障害等級等を認定するものもある。認定される等級評価は、労災認定基準が予定する等級の範囲内（神経系統の障害としての12級、9級、

[*24]：前掲高取65頁。

7級、機能障害の等級）で評価する傾向にあるように思える。また、「CRPSが発症したこと」のみを理由とする素因減額は、近時の裁判例では消極的である。

2 考察

受傷内容に見合わない激しい疼痛がその本質にある CRPS では、これまでの損害賠償実務において伝統的に行われてきた「事故による受傷の内容や程度を検討し、その受傷内容と整合する症状・障害が発症しているか」、「事故直後の症状が最も重く、時間の経過に従って回復するという一般的な症状の経過をたどっているか」という検討がそのまま当てはまらないことに、当該疾患を損害評価するにあたっての困難さがある[*25]。もとより疼痛（痛み）は客観的に捉えにくいものであるが、重症度を本人の訴えの大小のみによって判断するのでは「損害の公平な分担」を実現したとは言い難い。特異な疼痛であることを何をもって裏付け、また重症度を何をもって判断し、損害賠償額を適正に認定するかを、不法行為の当事者間の公平（加害者に対する十分な説得）と、同種の事案相互間の公平の双方から検討すべきものと考える。

CRPS を認定することの損害賠償上の実質的意義が、被害者の疼痛等を「局部の神経症状」12 級以上の後遺障害等級を認定すること、特に「異常な疼痛」と評価される場合には 9 級以上の等級認定を行う理由となることにあると理解し、かつ、素因減額の主張・立証責任を厳格に考え、安易な素因減額を行うべきでないという私見によるなら、次のように整理できるのではないかと考えている。

▶(1) CRPS発症の検討

CRPS が発症したか否かは、それが「特異な疼痛」であるか否かの判断である。発症の原因やメカニズムにつき未解明な点が多い同疾患は、これを定義するために CRPS 患者が備える共通の症状を拾い出し、最大公約数的な診断基準を定めるしかないのが現状であると思われる。したがって、

[*25]：前掲高取 65 頁。

「特異な疼痛」であることをまず判断し、その上で重症度の判断を別に検討することが相当であろう。

そのようなアプローチでこの疾患に関する損害賠償の問題を整理するとき、我が国における最大公約数的な要件を定めた厚労省研究班CRPS判定指標が、検討の入口に置かれるべき基準となるのではないだろうか。

これまで臨床の現場で一般的に用いられてきた様々な診断基準等は、その根拠や客観性に対する批判があるが、それらが「特異な疼痛を訴える患者としての対応を必要とする対象を選別するものとして臨床の現場で尊重されてきた事実は、疼痛の損害評価という法律判断の場面においては疼痛の程度を認定する参考とすることは許されるのではないだろうか。その意味で、これら基準等にどの程度該当するかも、事故とその訴える症状との相当因果関係及び「特異な疼痛」であると認定する参考とされ得ると思われる。

もとより、事故後の後遺症を損害評価するために疾患名の認定は必ずしも必要でなく、ここで検討しているのは損害評価の対象である被害者の訴える疼痛が事故により発症したことと、それが「異常な疼痛」として評価されるべき対象か否かである。「異常な疼痛」とまで言えなくても、それが事故と相当因果関係なる疼痛であると判断された場合には、その疼痛にふさわしい損害評価を検討することは当然である。

▶(2) **重症度の判定**

CRPSの発症が認定されると、それが臨床上「異常な疼痛」と扱われる疼痛であることは判断されるが、これにより直ちに損害評価は決まらない。損害評価には、疼痛の種類だけでなく、それが生活や就労に与える影響、すなわち重症度の判断が必要である。

損害賠償の認定において、裁判所が後遺障害等級を認定する必然はないが、事案相互間の公平という観点から後遺症の重症度を等級で表現する現在の実務の扱いは、特に慰謝料算定においては一応の合理性があると思われる。等級認定という観点から検討されるべきは、①一般的に12級以下で評価される疼痛等とは区別すべき「特異な疼痛」と評価できるかと、②重症度（等級）をどのように判断するかである。

①の検討では、カウザルギー（CRPS　TYPE Ⅱ）とRSD（同　TYPE Ⅰ）との「明確な末梢神経損傷が確認されるか否か」の差異は無視できないと思われる。損害賠償実務において、前者から発症し原因の証明される疼痛は、「特異な疼痛」でなくても12級と評価されるべきものだからである。

②の検討では、診断基準等を充足する程度（複数の項目のいずれかに該当すればよいという場合に、いくつの項目を充足したか）を参考にすることがあったと思われるが（例えば、Gibbonzスコアの点数）、そもそも基準自体の信頼性の検討が十分なのかという問題があるほか、CRPS患者に共通する症状を拾い上げて作成された基準では、そのいくつに該当するかと日常生活や就労への影響の大小とは必ずしも一致しないのではないかという問題もある。厚労省研究班CRPS判定指標が重症度を判定する指標ではない旨を注記したのも、CRPS発症の有無と重症度とは別の観点から検討されるべきことを示唆している。

骨萎縮のように画像で確認できる事実を重視することは、訴えの裏付けに客観性を持たせるという意味で便利であり、加害者に対する説得力も増すように思える。しかしながら、骨萎縮等がなぜ生じるのかという点で未解明な点が残されているということであり、それがCRPS患者に必ず発症するとまでは言えないものとしてIASPや厚労省研究班の作成した診断基準から除外されたことも踏まえると、それがないから重症ではないと即断することも相当でないと思われる。今後、客観的な症状に関して、CRPSとの関連が医学的に解明されることを期待しつつ、法律判断としての等級評価を行わざるを得ない。

近時の裁判例が、労災等級認定がCRPSの評価として予定する7級から12級の範囲で後遺障害等級を認定する傾向にあるのは、労災認定基準の全てを満たすかどうかは別として、特異な疼痛の評価を労災認定基準の範囲内にとどめることで損害の公平な分担へ配慮し、次に検討する素因減額を行わない等級を認定することで、不明な点の多い疾患であることへ配慮しているのではないだろうか。

▶(3) **素因減額**

素因減額（損害賠償の割合的処理）は、損害賠償におけるオール・オア・

ナッシングの判断がもたらす限界、ないしは不公平を克服するための解決手法として実務に現れ、定着してきたものである。割合的認定が必要とされる一つの場面が、医学・科学の未解明からくる証明の限界（通常求められる証明度では確信に至らない未解明場面）を全て不法行為の被害者に負わせてよいのかという悩みであった。CRPSは、「特異な疼痛」が受傷後（受傷と因果関係があるものとして）に発症すること自体は一致した医学的な知見として確立しているが、その原因やメカニズムに未解明なところが多いという疾患であるから、まさに割合的認定が親しむ場面であろう。他方で、素因減額を行うためには、減額の対象となる素因の存在と寄与の事実について、減額を主張する側で具体的に証明することが求められるのであるから、原因等が未解明であることを理由とする減額を安易に行うことは許されるべきでない。未解明であることをふまえて、相当な等級を認定すべきである。ただし、等級認定にこだわるあまり、相当因果関係のある損害の認定をおざなりにしてはならない。

第6　残された課題等

　未解明な点の多い疾患であるが故に、損害賠償において特別視されるCRPSであるが、近時、厚労省CRPS研究班の医師らにより、CRPSを特別視することへ批判を含む論述が発表されている[*26]。そこでは、痛みというものへの対処には患者本人の意識が重要であることが指摘され、CRPSを特別扱いすることがかえって痛みの遷延化因子として働き、患者にとって不利益となっていないかという問題提起がなされている。とはいえ、不法行為の被害者に対する救済（損害の回復）という損害賠償の場面において、激しい痛みを訴える者を、そうでない者と同一に扱うことは困難である。損害の公平な分担という不法行為法の目的を実現するために、加害者への説得力ある事実認定と損害評価が不可欠であり、今後の医学的な研究の発展と共に、疼痛の損害評価のあり方も変化していくと思われる。

[*26]：前掲住谷ほか「被害者に発症したCRPSのジレンマ：誰のための補償か？」。

9 新型後遺障害 —CRPS—

〔追記〕
　一覧表作成後、平成27年7月末までに交通民集及び自動車保険ジャーナルに掲載されたCRPS関連裁判例を参考のために列記する。

- 名古屋地裁 H26.1.28（交民47-1-140p）　男・固定時39歳・会社員　発症部位＝左下肢のRSD　裁判所認定＝7級（ほかの後遺障害と併合6級）　被害者主張＝7級（ほかの後遺障害と併合5級）　加害者主張＝自賠責と同じ　自賠責認定＝右下肢関節可動域制限9級に含まれる派生症状（ほかの後遺障害と併合9級）
　※RSD発症に争いのない事実。

- 名古屋地裁 H26.9.10（自保ジャ1935-55p）　男・44歳・会社員　発症部位＝右下肢のCRPS（RSD）　裁判所認定＝非該当　被害者主張＝7級　加害者主張＝非該当　自賠責認定＝14級9号
　※主治医が、因果関係は判然としないとし、また、人が見ていないと歩き方が変わることが指摘されている。

- 高松高裁 H26.11.6（自保ジャ1940-70p）　男・36歳・鍛鉄工芸職人　発症部位＝右手甲のRSD　裁判所認定＝12級12号（ほかの後遺障害と併合11級）　被害者主張＝9級（ほかの後遺障害と併合8級）　加害者主張＝14級　自賠責認定＝14級（ほかの後遺障害と併合11級）
　※客観的な所見を欠き、ギボンズのスコアも最低点にとどまることを考慮し、一定程度の心因的素因の影響を推認するとして、素因減額1割。

- 東京地裁 H26.11.17（自保ジャ1940-104p）　女・54歳・有職主婦　発症部位＝左足関節のRSD　裁判所認定＝12級13号（RSDは否定）　被害者主張＝8級7号（ほかの後遺障害と併合7級）　加害者主張＝12級　自賠責認定＝12級
　※RSDの認定には関節拘縮、骨萎縮、皮膚温変化が必要だが骨萎縮なしとする。

- 名古屋地裁 H26.12.19（自保ジャ1941-54p）　女・44歳・主婦　発症部位＝右下肢のCRPS　裁判所認定＝7級 RSD肯定（RSD発症に争いなし）（ほかの障害と併合7級）　被害者主張＝左下肢全廃5級（※第1〜第3事故の後遺障害全体で併合4級）　加害者主張＝7級（ほかの後遺障害と併合）　自賠責認定＝7級4号（カウザルギー）
　※3つの交通事故に遭った被害者の事案。上記後遺障害は第1事故に関するもの
　※労災保険はRSDによる左下肢全廃として5級認定

裁判例一覧表

番号	判決年月日・出典		被害者	事故態様(被害者・加害者・態様)	当初受傷	CRPSが発症した部位	主治医等の診断	裁判所が参考とした診断基準等	CRPS発症の有無	灼熱痛・アロディニア
1	自保ジャ1931-15p	大阪地裁 26.7.25	男・45歳(事故日)・自営業(土木工事)	四輪対四輪逆突	右肩捻挫、頚椎捻挫	右上肢	CRPS TYPEI	労災認定基準 厚労省研究班判定指標	肯定	○
2	自保ジャ1930-68p	名古屋地裁 26.5.21	男・38歳(事故時)・理容師	四輪対四輪追突	頭部・頚部・腰部挫傷、外傷後左上肢麻痺神経痛、外傷後頭痛、外傷後左下肢筋力低下	左上肢左下肢	RSD	労災認定基準	否定	△(頚部痛、腰部痛)
3	自保ジャ1928-31p 交民47-3-636p	京都地裁 26.5.20	男・38歳(事故時)・調理師	二輪対四輪直進被害車と路外侵入加害車の衝突	全身打撲、頚椎捻挫、右膝関節血腫	右膝	CRPS疑い	労災認定基準 厚労省研究班判定指標	肯定	○
4	自保ジャ1925-1p	横浜地裁 26.4.22	男・46歳(事故時)・会社員	四輪対四輪追突	頚部捻挫	右上下肢	CRPS TYPEI	労災認定基準 ギボンズIASP基準(2005年)厚労省研究班判定指標 ※これらの指標を参考に独自判断	肯定	○
5	自保ジャ1923-73p	名古屋地裁 26.3.27	男・51歳(固定時)・会社員(大工)	四輪対四輪右直衝突(被害車は直進)	頚部挫傷、左手・左肩挫傷	左上肢	RSD可能性	示さず	否定	-
6	自保ジャ1927-32p	東京地裁 26.3.18	男・(固定時)35歳・会社員	四輪対四輪追突	外傷性頚部症候群	左上肢	RSD CRPS type 1	ギボンズIASP基準(1994年)IASP基準(2005年)厚労省研究班判定指標 労災認定基準	否定	○(左上肢激痛、左胸部交感神経節切除術施行。脊髄刺激装置埋め込み)
7	自保ジャ1925-154p	東京地裁 26.3.12	女・60歳(事故時)・給与所得者	自転車対自転車 衝突	両膝打撲、右膝擦過傷	右膝	CRPS	ギボンズ	否定	×
8	自保ジャ1919-61p	京都地裁 26.1.17	男・27歳(事故時)・会社員	二輪対四輪右直事故(被害車が直進)	外傷性くも膜下出血、眼窩骨折、左上腕骨骨折、右膝関節挫傷	左上肢	CRPS (RSD)	労災認定基準	否定	×(肩部の鈍痛)
9	自保ジャ1913-38p	東京高裁 25.10.31	女・46歳(固定時)・主婦	同乗者四輪対四輪交差点での出会い頭事故	左肘打撲	左上肢	CRPS TYPEI	労災認定基準	否定	△(左上肢全体の痛み)

9 新型後遺障害 －CRPS－

表の記号　　○ 認定　　×否定　　△どちらともとれる　　－ 認定なし

裁判所の認定			逸失利益算定期間	裁判所認定	素因減額	備考	被害者主張	加害者主張	自賠責
関節拘縮	骨萎縮	皮膚の変化(皮膚温、皮膚萎縮)							
○(右肩関節拘縮、右手指関節可動域制限)	○(軽度)	○	67歳まで	9級10号(右肩の機能障害含む、頚部神経症状14級と併合9級)	否定(右肩に加齢性の変性があったと認める証拠なし)		併合6級(右肩CRPS7級、右肩機能障害10級、頚部症状14級)	争う	併合10級(右肩関節機能障害10級、頚部神経症状14級)
×	×	×	7年	頚部、腰部とも14級9号	－	既存障害 今回事故の約5年2ヶ月前の交通事故による後遺症あり(自賠責 併合12級 左膝関節疼痛12級、左前腕瘢痕14級、左膝・左下腿瘢痕14級)、身体障害4級(左肩麻痺による上肢機能の障害)	併合5級(左上肢RSD7級、左肩関節機能障害12級、左下肢RSD7級、ほか)	14級	併合14級(頚部痛、左上肢痛14級、腰痛14級。左下肢は既存障害12級の加重に至らず)
△(腱板損傷による可動域制限)	－	－	67歳まで	12級13号(左肩の12級13号とで併合11級)	否定(事故後のうつ病発症や治療態度を理由とする減額はしない)		併合8級(右膝9級、左上肢12級)	14級	併合14級(右膝、左上肢に各14級9号)
×	×	○	67歳まで	7級4号(骨萎縮、関節拘縮はないので、右上肢は用廃にはなっていない)	－	将来介護費日額3000円	併合2級(神経系統2級3号、右上肢2級) ※原告の主張のまま	14級	7級4号
－	－	－	67歳まで	14級9号	－		併合6級(左手関節機能障害10級10号、左手指機能障害7級7号)	14級	14級9号
×(健常者と異ならない生活をしている)	×	×(左右差は感覚神経切除による)	－	等級判断せず	－	別件訴訟で、事故当事者間にRSD発症に争いがなく7級前提に判決　健保からの求償に対して、加害者本人はCRPS発症を認め、加害者の保険会社は争った	7級	CRPSを争う	12級12号(RSD 関節拘縮なし、骨萎縮あり、皮膚温左右差なし、皮膚の異常所見あり)
－	－	△(皮膚温・左28～29℃、右27～28℃)皮膚萎縮なし	逸失利益発生なし	14級	－		慰謝料75万円の後遺症	非	?
－	△(軽度、疑い)	?(右前腕29℃超、左前腕29℃未満)	67歳まで	併合11級(左肩の運動制限12級6号、左手指運動制限12級6号)	否定(妄想性障害の既往症は考慮しない)	労災9級(カウザルギー)	併合6級(左手関節機能障害10級10号、左手指機能障害7級7号、左上肢CRPS7級7号、左肩運動制限12級6号)	併合12(左肩関節機能障害12級、左上肢疼痛等14級)	?
×	×	×	10年	14級	－		5級		14級9号	?

151

番号	判決年月日・出典		被害者	事故態様（被害者・加害者・態様）	当初受傷	CRPSが発症した部位	主治医等の診断	裁判所が参考とした診断基準等	CRPS発症の有無	灼熱痛・アロディニア
10	自保ジャ 1918-151p	名古屋地裁岡崎支部	25.10.10	男・38歳（固定時）・無職	歩行者対自転車 衝突	右足関節内果骨折	右足関節	RSDの可能性	労災認定基準	判断せず	△（右足関節疼痛）
11	自保ジャ 1922-91p	神戸地裁	25.10.10	女・30歳（固定時）・病院勤務	二輪車の同乗者 二輪対四輪 ドア開放	右膝打撲・挫創、右大腿打撲、頸椎捻挫、腰椎捻挫	右膝	不明（判決文から明らかでない）	示さず	判断せず	△（右膝の痛みのため立ち仕事や階段の上り下りに困難）
12	自保ジャ 1913-49p	大阪地裁	25.9.24	男・42歳（固定時）・自営業	四輪対四輪右直事故（被害車が直進）	膝関節打撲傷、左腓骨筋脱臼、頸椎捻挫、胸腹部打撲傷、手関節打撲等	右手拇指	RSD	労災認定基準 ギボンズ	否定	△（右手拇指疼痛）
13	交民46-4-895p 自保ジャ 1912-38p	大阪地裁	25.7.11	男・51歳（事故時）・自営業（解体業）	二輪対四輪路外へ右折する加害車と衝突	左鎖骨骨折等	左肩	RSD	労災認定基準 ギボンズ IASP基準（2005年） 厚労省研究班判定指標 ※基準を紹介するが、損害賠償においてCRPSか否かを判断する意味はないとした	△（CRPSか否かを判断することに意味はない。後遺症損害の評価で検討）	○
14	自保ジャ 1901-84p	名古屋地裁	25.4.12	男・39歳（事故時）・会社員	自転車対四輪衝突	右大腿挫傷、右肘挫創、右肘挫傷、両手関節挫傷	両上肢	CRPS TYPE II RSD	IASP基準（2005年） 厚労省研究班判定指標	否定	△（両上肢特に手指、手関節、手首の疼痛）
15	自保ジャ 1901-69p	東京高裁	25.4.11	女・52歳（固定時）・主婦	歩行者対四輪衝突	左前腕挫傷、腰部打撲、頸部捻挫、背部挫傷	全身痛（特に後頸部から両肩、両上肢、肩ほう骨下、腰部、両下肢）	RSD（CRPS TYPE Iとする医師意見書あり）	Kozin ギボンズ Lankfprd IASP基準（1994） IASP基準（2005）	否定	○
16	自保ジャ 1895-86p	神戸地裁	25.1.28	男・32歳（事故時）・公務員	歩行者対四輪衝突	第11胸椎圧迫骨折、後頭部打撲	背部	RSD	労災認定基準	否定	△（強い腰痛）
17	自保ジャ 1895-101p 交民46-1-78p	東京地裁	25.1.22	女・57歳（固定時）・飲食店勤務兼業主婦	自転車対四輪ドア開放事故	頸椎捻挫、全身挫傷	左上下肢	RSD CRPS TYPE1	Kozin ギボンズ IASP基準（1994）	否定	×（手の痛み、手に力が入りにくい）

9 新型後遺障害 —CRPS—

表の記号　　○ 認定　×否定　△どちらともとれる　－ 認定なし

裁判所の認定			逸失利益算定期間	裁判所認定	素因減額	備考	被害者主張	加害者主張	自賠責
関節拘縮	骨萎縮	皮膚の変化(皮膚温、皮膚萎縮)							
-	-	-	10年(当初5年10%、以降5年5%)	12級(に近い。後遺症慰謝料200万円)	-		12級	非	?
-	-	-	67歳まで	14級	-		14級	14級	14級9号
△(明らかでない)	△(明白でない)	○	67歳まで	併合11級(右拇指の疼痛等12級13号、頚部痛14級9号、左足関節痛12級13号)	否定(うつ病等の発症や、喫煙・飲酒を続けたことが損害を拡大させていない)		併合5級(右手拇指CRPS7級、右拇指関節絹傷害10級、右足関節機能障害8級、脊柱奇形11級、頚部神経症状12級)	併合12級(頚部神経症状14級、左足の障害12級)	併12級(頚部痛14級、左足関節の神経症状等12級)
○(器質性の廃用性変化までは至っていない)	△(明確には生じていない)	○	12年間(喪失率14%)	12級(より高い)	-		4級(右上肢全廃5級、右足12級12号)	12級	12級
-	-	○	5年	併合14級(両腕・両手指の疼痛、各14級)	否定(アルコール依存症やうつ病の既往症が、損害拡大に寄与した証拠なし)		9級10号	非	非
×	×	×	7年	14級9号	判断せず(RSD発症に関する素因を主張していたが、RSDが否定されたため)	脊髄症として症状が説明できる	3級3号	14級9号	14級9号
○(可動域制限あり)	×	×(皮膚が蒼白で皮膚温が低下していない)	67歳まで	11級7号(疼痛は、脊柱変形に含まれる)	-		併合5級(RSD7級4号、脊柱運動障害8級2号)	11級7号	11級7号
△(関節可動域制限が疼痛のためであったかは判然としない)	△(同年代平均の65%。ただし、健側との比較なし)	×	7年	14級9号	否定(前方固定が治療の長期化に寄与したとは認められない。うつ病等が治療の長期化、後遺症の残存に寄与したとは認められない)		7級	14級9号	14級9号

番号	判決年月日・出典			被害者	事故態様(被害者・加害者・態様)	当初受傷	CRPSが発症した部位	主治医等の診断	裁判所が参考とした診断基準等	CRPS発症の有無	灼熱痛・アロディニア
18	自保ジャ1892-88p	那覇地裁	25.1.16	女・36歳(固定時)・会社員	四輪対四輪出会い頭衝突(被害車は横転)	頸椎捻挫	右上肢右肩甲背部	CRPS TYPE I	明確には示さない(3兆候や病期のことが検討されている)	否定	○
19	自保ジャ1891-40p	東京地裁	24.11.27	男・64歳(事故時)・タクシー運転手	四輪対四輪追突	頸椎捻挫、外傷性頸椎症性神経根症、右肩腱板損傷	右上肢	CRPS TYPE1	労災認定基準	否定	△(右上肢しびれ・疼痛、巧緻運動障害)
20	自保ジャ1883-101p	横浜地裁	24.8.31	女・56歳(事故時)・タクシー乗務員	四輪対四輪追突	むち打ち損傷	左上肢	RSD	労災認定基準	否定	○(強い麻痺、痛み・しびれ)
21	自保ジャ1879-112p	神戸地裁	24.7.20	男・62歳(事故時)・自営業(運送業)	同乗者四輪対四輪交差点での出会い頭事故	左第4指基節骨骨折、頭部打撲、頸椎捻挫、右肩打撲、右大腿部打撲	左手指(環指)	CRPS	特に示さず	否定	△(左手環指の疼痛)
22	自保ジャ1880-46p	さいたま地裁	24.6.21	男・34歳(事故時)・団体職員	四輪対四輪追突	腰椎捻挫、頸椎捻挫、末梢神経障害、頸椎圧迫骨折	左上肢	RSD	特に示さず(3兆候のあてはめはしている)	否定	△(左上肢、左手指のしびれ、痛み)
23	交民45-2-405p 自保ジャ1873-54p	東京地裁	24.3.27	男・51歳(固定時)・大学非常勤講師	四輪対四輪右直事故(被害車が直進)	頸椎捻挫、右肩打撲、頭部・胸部打撲	右上肢	RSD又はCRPS TYPE II	労災認定基準厚労省判定指標	否定	○(右上肢の疼痛、感覚異常、しびれ)
24	自保ジャ1863-1p	東京高裁	23.10.26	女・29歳(事故時)・会社員	自転車対四輪交差点での右直事故(被害車が直進)	全身打撲、頭部外傷、左下腿皮下血腫、頸椎捻挫	左上肢左下肢	RSD	IASP基準(1994年)ギボンズKozin	肯定(左下肢について)	△(左下肢)
25	交民43-6-1587p 自保ジャ1848-98p	神戸地裁	22.12.7	女・29歳(固定時)・兼業主婦	自転車対四輪横断歩道横断中の自転車に右折加害車が衝突	頸椎捻挫(頸椎捻挫)、左肩・左手打撲、腰部打撲、肋骨骨折(疑)、左側胸部打撲等	左上肢	RSD	IASP基準(1994年)厚労省研究班判定指標労災認定基準	肯定	○
26	交民43-6-1512p	大阪地裁	22.11.25	女・23歳(固定時)・専業主婦	自転車対人車の陰から出てきた加害者が被害自転車と衝突	後頭部打撲、頸部捻挫	両下肢(足関節から末梢)	RSD CRPS TYPE I IASP基準(1994年)	厚労省研究班判定指標労災認定基準	否定(労災認定基準の要件みたさず)	○
27	自保ジャ1841-14p	大阪地裁	22.6.21	男・37歳(事故時)・自営業(解体業)	歩行者対四輪横断歩道以外での横断歩行者	右脛骨・腓骨・踵部骨折、頭部・右耳・右前腕・右肘部裂創、顔面擦過傷、頸部打撲	右下肢	RSD	労災認定基準IASP基準(1994年)	肯定	○
28	自保ジャ1842-99p	大阪地裁	22.1.28	女・38歳(事故時)・給与所得者	四輪対四輪追突(高速道路渋滞末尾)	頸椎捻挫、頭部打撲、外傷性頸肩腕症候群	右上肢	RSD	明確には示さない(病期、病態が示されている)	肯定	○

9 新型後遺障害 －CRPS－

表の記号　　○ 認定　　×否定　　△どちらともとれる　　－ 認定なし

裁判所の認定									
関節拘縮	骨萎縮	皮膚の変化(皮膚温、皮膚萎縮)	逸失利益算定期間	裁判所認定	素因減額	備考	被害者主張	加害者主張	自賠責
-	×	○(発汗テスト、サーモテスト)	7年	14級9号	-		12級13号	14級9号	14級9号
×	×	×(サーモ検査で有意な結果なし)	5年	14級9号	-	労災9級認定(RSD)	7級4号	非	14級9号
△	×	×	10年	14級9号	-	労災12級認定(脊髄神経根症として)	12級	非	非
×	×	×		非			14級	非	非
×	○(中等度)	×	5年	14級	-		12級	非	非
△(可動域制限は不可逆的とはいえない)	×	×(治療の中で改善)	10年	12級(腱板損傷に由来する症状)	否定(腱板損傷は外傷性のものであるから、素因減額しない)		併合9級(右肩関節機能障害10級、右肩から右手への神経症状12級)	14級	併合14級(頚部痛、右肩痛、各14級9号)
○(右上肢)	○(左下肢)	×(右上肢)	67歳まで	9級10号(左下肢と右上肢の症状を総合して)	2割(心因的・精神的素因ないし性格的素因の寄与)	身体障害者3級2種	3級3号	12級12号	併合12級(右上肢RSD12級、左下肢神経症状14級)
×(他動では正常の関節可動域)	×	○	67歳まで	10級(関節機能障害、疼痛も考慮して)	否定(疼痛が心身に影響を与えていることも考えられること等から)		9級	12級13号	12級13号
×	×	○	67歳まで	12級			9級10号	争う	?
○(可動域制限あり)	○	○	67歳まで	併合8級(右下肢RSD9級10号、腓骨偽関節、外貌醜状14級)※喪失率35%	-	今回事故の2年前の労災事故で左下肢にRSDを発症したが、負傷後約1年で建築解体作業に従事できるほど回復している。	併合8級(自賠責と同じ)	争う(RSD発症は否認)	併合8級(右下肢灼熱痛等9級10号(RSD)、腓骨偽関節12級8号、外貌醜状14級10号)
○	○(右上腕骨頭内側に萎縮、壊死)	○	67歳まで	9級10号	否定(RSD発症に関する心因的要因の寄与についての立証なし)	骨萎縮の有無が争点	9級10号	14級	14級10号(神経症状)

10

新型後遺障害
―脳脊髄液減少症の法的意義―

弁護士
羽成　守

第1 緒論

1 むち打ち症患者の救済

　いわゆるむち打ち症の難治性患者については、損害賠償分野において、従来から激しい議論がなされてきた。

　多彩な症状を訴え、治療も長期化していながら、医学的には、画像を含む他覚所見に乏しく、また、示談が完了すると極端に通院が少なくなり、その面から「詐病」を疑われることがあるなど、被害者対加害者の敵対する構図として捉えられてきた。

　その解決のため、実車衝突実験等を行って被害者の症状を医学・工学的に解明することがなされたり[1]したが、全体として、難治性の患者は、加害者側の対応のまずさなどに対する心因的なことが主因とされる傾向が強くなっていたことは否定できない[2]。

　そのような風潮の中、2001年（平成13年）、篠永正道医師（当時平塚共済病院神経外科部長。その後、国際医療福祉大学熱海病院脳神経外科教授。以下、「篠永教授」という。）は、交通事故後の難治性の多彩な症状が、脳脊髄液の漏れにより、髄液圧が低下することによって生ずることを発表した[3]。

　これまで、難治性のむち打ち症患者は、その原因を心因性に求められたり、詐病とまでいわれてきたところ、篠永説はまさに福音とも言えるものであった。

　そして、篠永説の発表から4年後、軽微な外傷でも低髄液圧症候群が発症することがあるとする判決が出現した（福岡地行橋支判平成17年2月22日交民38巻1号258頁。詳細は後掲）。この判決は、篠永教授が鑑定人として証言しており、篠永説をそのまま採用したものといえる。

---

[1]：社団法人日本損害保険協会の委託により「事故解析研究会」を組織し、人間を乗せて実車および台車実験を行い、その成果をまとめたものが『検証むち打ち損傷』（羽成守・藤村和夫共著。ぎょうせい、1993年）である。

[2]：交通事故損害賠償のバイブルといわれる「民事交通訴訟損害賠償額算定基準」（日弁連交通事故相談センター東京支部）でも、後遺症の逸失利益の算定に際し、むち打ち症を他の後遺障害と区別し、労働能力喪失期間を「12級で10年程度、14級で5年程度」とすることを是認している。

[3]：「頚椎捻挫後に続発した低髄液圧症候群」篠永正道ほか（脊髄外科15、2001年）。

この判決を受け、悲惨な生活を送っているむち打ち症の難治性患者を対象としたマスコミ報道がなされるようになり、特に毎日新聞は、平成17年5月17日に「むち打ち症、実は脳の髄液漏れ」との記事をはじめ、約半年で9回もの記事を掲載した。
　その後、国や学会も検討を開始し、後掲のような診断基準が複数発表されている。
　また、2006年（平成18年）には、国会で脳脊髄液減少症に健康保険を適用するかの検討が始まり、2010年（平成22年）から、脳脊髄液減少症の検査が健保適用となった。
　現在、脳脊髄液減少症は、正式な病名として認知されたといってよい。

2　脳脊髄液減少症（新診断名）

　脳脊髄液が減少することにより、本来髄液中に浮かんでいるような脳実質が、頭蓋底に接触することによる頭痛、多くは起立時に発生するため起立性頭痛といわれるが、これはドイツの神経内科医Schaltenbrandが報告した。この段階では髄液減少については全くふれられていないため、低髄液圧症候群と呼称されてきた。
　低髄液圧症候群は、麻酔等のための腰椎直接穿刺後に起立性頭痛が発生することから、一般に知られた症状名である。
　しかし、交通事故の被害者の中には、髄液圧が正常であるのに、多彩な症状を示す者も多いことから、必ずしも低髄液圧が原因ではないことが指摘され、2004年（平成16年）に、篠永教授らが脳脊髄液減少症と命名した。まさに、新しい診断名である。

第2　脳脊髄液減少症の歴史

1　低髄液圧症候群（spontaneous intracranial hypotension）

　1938年（昭和13年）にSchaltenbrandは、髄液が漏出以外の理由（吸収亢進など）で減少し、髄液圧が低下することにより起立性頭痛が生ずることを明らかにした。

その後、注射針による麻酔、特に脊髄穿刺による麻酔後に穿刺部分から髄液が漏出して頭蓋内、脊椎腔内の髄液圧が低下することによって、それまで浮力で脳脊髄の自重を減少させたり、神経根の緊張を和らげるなどしていた機能が失われ、脳の位置がずれたり、痛みを感じる血管組織等が牽引されたり圧迫されて頭痛をはじめとする多彩な症状が発現すると考えられてきた。

篠永教授らも、これをもとに2003年（平成15年）2月、「低髄液圧症候群研究会」を発足させた。

しかし、研究会のメンバーである脳神経外科医等から、患者の頭蓋内の髄液圧が正常であるものも多く、必ずしも低髄液圧が原因ではないことが指摘され、これをうけて2004年（平成16年）に、研究会を「脳脊髄液減少症研究会」に改称した。

1990年（平成2年）頃、MRI診断ができるようになり、これにより、起立性頭痛を訴える患者の多くが、髄液圧は60mm水柱以下、起立性頭痛、脳MRIでびまん性硬膜肥厚があることがわかり、この3徴候があれば特発性低髄液圧症候群と診断されることとなった。

2 脳脊髄液減少症(cerebrospinal fluid hypovolemia)

米国メイヨークリニックのMokri教授は、低髄液圧を示さないのに、多彩な症状を訴える患者がいることを発表し、1999年（平成11年）脳脊髄液減少症の名称を提唱した[*4]。

日本でも、篠永教授らが2004年（平成16年）に脳脊髄液減少症を使用し始めたのは上述した。2007年（平成19年）に篠永教授が中心となって作成した脳脊髄液減少症研究会作成のガイドラインによれば、脳脊髄液減少症とは、「脳脊髄から脳脊髄液（髄液）が持続的ないし断続的に漏出することによって脳脊髄液が減少し、頭痛、頸部痛、めまい、耳鳴り、視機能障害、倦怠などさまざまな症状を呈する疾患である」とされる[*5]。

*4：Mokri教授は、髄液量減少が疾患の本態であるとして脳脊髄液減少症、英文では、cerebrospinal fluid hypovolemiaとしていたが、hypovolemiaは血液量の減少の意味があるため、誤解を避け、これをvolume depletionとした。

*5：脳脊髄液減少症研究会ガイドライン作成委員会「脳脊髄液減少症ガイドライン2007」。

3 診断基準

　脳脊髄液減少症については、各学会間においても否定説、肯定説があり、医学界として統一された診断基準はない。

　しかし、脳脊髄液減少症の提唱者である篠永教授のグループをはじめ、いくつかの団体、機関から発表されたものがあるので、概観してみよう。これは、後掲の裁判例でも判断の基準としているものがあるので、必要な限り詳細に説明する。

　これまでに発表された基準で、裁判例にあらわれているものは以下のとおりである。

▶(1) 国際頭痛分類第2版(ICHD－Ⅱ)基準(2004年)

　国際頭痛学会が発表したもので、国際頭痛分類第2版（ICHD－Ⅱ）を基準とする。

A　頭部全体及び、又は鈍い頭痛で、座位又は立位をとると15分以内に増悪し、以下のうち少なくとも1項目を有し、かつ、Dを満たす。
　1　項部硬直
　2　耳鳴
　3　聴力低下
　4　光過敏
　5　悪心
B　少なくとも以下の1項目を満たす。
　1　低髄液圧の証拠をMRIで認める（硬膜の増強など）
　2　髄液漏出の証拠を通常の脊髄造影、CT脊髄造影、又は脳槽造影で認める
　3　座位髄液初圧は60mm水柱未満
C　硬膜穿刺その他髄液漏の原因となる既往がない
D　ブラッドパッチ後、72時間以内に頭痛が消失する

▶(2) 竹下岩男基準(2005年)

　労働者健康福祉機構九州労災病院脳神経外科医師である竹下岩男医師（以下、「竹下医師」という。）の提唱した基準である。

> 画像的に髄液漏出部位が明らかでない例において、RI 残存率が 5 時間後で 80％以下、あるいは 24 時間で 40％以下を示す例は低髄液圧症候群といえる。

しかし、竹下医師は、次の(3)のガイドライン作成にも関与しており、そこでは、24 時間後の RI 残存率が 30％以下であることを基準としているのであって、この点において竹下岩男基準は矛盾するとして、否定されている（東京地判平成 24 年 1 月 23 日自保ジャ 1867 号 36 頁）。

▶(3) **脳脊髄液減少症ガイドライン2007基準**

脳脊髄液減少症研究会ガイドライン策定委員会の作成によるもので、篠永教授、竹下医師らがメンバーとなっている。

これは、髄液量の減少が神経系の機能を低下させることからさまざまな症状を起こすのは当然であり、頭痛は中心症状のひとつであるが、慢性化すると、必ずしも体位性の変化を伴わない、頭痛のない例も決して稀ではない、とする[*6]。その上で、早期膀胱内 RI 集積、脳脊髄液漏出像、RI クリアランスの亢進のいずれか 1 つがあれば、髄液漏出と診断するというものである。

また、それらの所見がなくとも、硬膜外生理食塩水を注入し、1 時間以内に症状が改善すれば、髄液漏出の可能性が高いと診断するものであって、容易に脳脊髄液減少症を認定する方法といえよう。

この基準は、裁判例で厳しい批判にさらされることになるので、画像診断チャートを示す。

この基準については、裁判例でも強い批判がある。

まず、髄液漏出の診断基準としての「早期膀胱内 RI 集積」につき、何ら科学的根拠はないとの指摘があること、RI 脳槽シンチグラフィー検査の画像単独では髄液漏出を確定的に診断することはできないとの指摘がなされていることなどをあげ[*7]、RI 脳槽シンチグラフィー検査の結果のみによって髄液漏出を認めるのは相当でないとする判決がある（東京地判平

＊6：守山英二編集『脳脊髄液減少症の診断と治療』（金芳堂、2010 年）2 頁。
＊7：同旨、吉本智信『低髄液圧症候群』（自保ジャーナル 2006 年）96 頁以下。

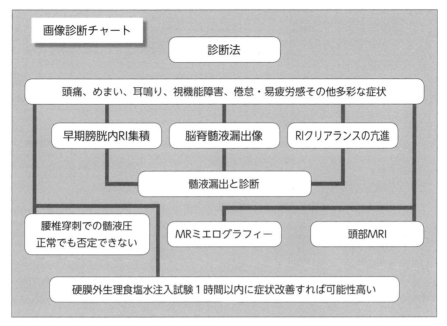

成23年3月3日判時2119号58頁)。また、この基準については、「専門家の間から、多様な症状を含むがゆえに不定愁訴を訴えるほとんどの人が該当する基準となっていることや、診断手法等につき、否定的な見解や疑問が示されている」として批判した判決がある（東京地判平成24年2月7日自保ジャ1871号67頁)。

▶(4) **日本神経外傷学会基準(2007年)**

日本神経外傷学会は、いち早く、低髄液圧症候群に対する診断基準を発表した。自賠責保険実務も、具体的診断基準がない状態で、この基準を使用することとした。現在は、次の(5)の厚生労働省中間報告基準をも含め、総合的に判断しているようである。

I　低髄液圧症候群の診断基準
　（前提基準）＋（大基準1項目以上）で低髄液圧症候群と診断する。
　前提基準
　　(1)起立性頭痛（国際頭痛分類の特発性低髄液圧性頭痛に倣い、起立性頭痛とは、頭部全体及び又は鈍い頭痛で、座位又は立位をとると15分以内に増悪する頭痛である。)

(2)体位による症状の変化（国際頭痛分類に示される頭痛以外の症状として挙げられる，①項部硬直，②耳鳴，③聴力低下，④光過敏，⑤悪心を指す）

　大基準

　　(1)造影 MRI でびまん性の硬膜肥厚増強
　　(2)腰椎穿刺にて低髄液圧（60mm水柱以下）の証明
　　(3)髄液漏出を示す画像所見（脊髄 MRI、CT 脊髄造影、RI 脳槽造影のいずれかにより、髄液漏出部位が特定されたものを指す。）

Ⅱ 「外傷に伴う」と診断するための条件

　外傷後 30 日以内に発症し、外傷以外の原因が否定的（医原性は除く。）

▶(5) 厚生労働省中間報告基準（2011年）

　厚生労働省は、2011 年（平成 24 年） 4 月、「脳脊髄液減少症の診断、治療法の確立に関する研究班」による脳脊髄液減少症の診断フローチャートを発表した。この班は、日本脳神経外科学会、日本整形外科学会、日本神経学会、日本頭痛学会、日本神経外傷学会、日本脊髄外科学会、日本脊椎脊髄病学会、日本脊髄障害医学会、放射線医学、疫学・統計学の専門家をメンバーとしており、学際的な判断基準といえよう。

　なお、ここでは脳脊髄液減少症という名称を使用せず、診断基準では「低髄液圧症」、後に発表した画像診断基準では「脳脊髄液漏出症」の名称を使用していることに留意しなければならない。

低髄液圧症の診断基準

- 起立性頭痛を前提に、びまん性の硬膜造影所見との 60mmH$_2$O 以下の髄液圧（仰臥位・側臥位）があれば、低髄液圧症「確定」とする。
- 起立性頭痛を前提に、びまん性の硬膜造影所見との 60mmH$_2$O 以下の髄液圧（仰臥位・側臥位）のいずれか 1 つあれば、低髄液圧症「確実」とする。
- 複数の「参考」所見があった場合には、低髄液圧症「疑」とする。

※脳 MRI におけるびまん性硬膜造影所見のみを「強疑」所見とする。
※発症直後にびまん性硬膜造影所見（硬膜肥厚）が認められない場合があるため、数週間の期間を置いて複数検査することが推奨される。
※硬膜外静脈叢の拡張、小脳扁桃の下垂、脳幹の扁平化、下垂体前葉の腫大（上に凸）等については、正常所見との境界を明確に規定することができないため低髄液圧症の「参考」所見とする。

この基準については、「関係各学会の了承承認を受けた基準であるから、日本国内における脳脊髄液漏出症の診断基準としては、確立した医学的な知見に基づくものとして、現時点において最も重要な基準であるということができる。そこで当裁判所としては、主として厚労省研究班基準に従って判断をしてゆくこととする」と採用を明確にした判決もある（広島地判平成25年3月6日判例秘書ID06850102）。

▶(6) **国際頭痛分類第3版（ICHD-Ⅲ　beta）基準（2013年）**

国際頭痛学会は、2013年（平成25年）7月、ICHD-Ⅲのbeta版を公開した。まだ完成版ではない（beta）が、第2版の診断基準を大幅改訂したものとして、医療分野では使用が進んでいる。

特発性頭蓋内圧低下性頭痛
　〈解説〉
　　特発性の低髄液（CSF）圧による起立性頭痛。通常は、項部硬直や主観的な聴覚症状を伴っている。髄液圧の正常化に伴い寛解する。
　〈診断基準（下記AないしDの条件を充たすことにより特発性頭蓋内圧低下性頭痛と診断）〉
　　A　基準Cを満たす全ての頭痛
　　B　低髄液圧（60mm水柱未満）かつ／又は画像で髄液漏の証拠
　　C　低髄液圧又は髄液漏と時間的に関連して始まった頭痛、又は、頭痛によりそれ（低髄液圧又は髄液漏）が発見された
　　D　その他の新基準の診断で、より適切に説明されない

この基準をもとに、脳脊髄液減少症を主張する者は、診断基準が単なる「頭痛」に改められており、起立性頭痛であることを要しないとも主張したが、「特発性の低髄液（CSF）圧による起立性頭痛」と解説されていることから、ICHD-Ⅱの基準と変わらず、起立性頭痛を要素としているとして、起立性頭痛の認められなかった被害者に、脳脊髄液減少症の発症を否定した判決がある(東京高判平成25年10月30日自保ジャ1907号1頁、東京高判平成26年1月15日自保ジャ1912号1頁、福島地いわき支判平成26年1月17日自保ジャ1919号31頁)。

第3 裁判例

1 肯定例

　低髄液圧症候群ないし脳脊髄液減少症に関する裁判例は、昭和62年の広島地判を嚆矢とする。以後、肯定したもの、否定したものが多数あるが、その一覧表が別表である（以下、裁判例を判例一覧表記載の番号で表わす）。

　(1)　判例1（広島地裁昭和62年6月25日）は、頭痛とだけ記載し、起立性頭痛の語を使用していない。

　ただ、従来から症状名としてあった低髄液圧症候群が、腰椎穿刺後に発症することを前提として、「低髄液圧症候群とは、諸種の原因によって髄液圧が低下し、腰椎穿刺圧がおおむね100ないし80ミリメートル水柱となり、これに原因すると考えられる頭痛、吐気、めまい等の諸症状を伴うものをいう」と定義し、「髄液圧を上昇させる輸液治療により症状が軽減している」ことと併せて低髄液圧症候群を認めた。

　ここでは、腰椎穿刺後に発生する症状を基礎として低髄液圧症候群を認めており、いわば従来の医学的判断と異なるところはない。

　(2)　判例1から約19年間、交通外傷を原因とした低髄液圧症候群の裁判例はなかったところ、判例2（福岡地裁行橋支部平成17年2月22日）が出現した。判例2は、「軽微な外傷でも低髄液圧症候群等が発症すること、外傷から発症まで一定の期間が経過する場合もあること、頚椎捻挫と併発した低髄液圧症候群は、停車中の追突事故による例が多数占めていることを総合」して、追突による低髄液圧症候群の発症を認めた。

　この判決に至る過程で、前記竹下医師や篠永教授が証人等として関与している。

　判例2には、後に脳脊髄液減少症研究会を立ち上げたメンバーのほとんど（篠永教授、竹下医師、鈴木伸一医師、高里良男医師）が関与しており、ほとんど同メンバーの学説をもとにして判断されたものといえる。

(3) 判例3（鳥取地裁平成18年1月11日）は、判例2と同じ篠永教授が治療と鑑定を引き受けており、外傷性脳脊髄液減少症を認定した。ただ、逸失利益については、症状固定に至っていないとして、認容しなかった。

(4) 判例4（福岡地裁小倉支部平成18年12月12日）は、原告が前記竹下医師の治療を受けたもので、外傷性脊髄液減少症を認めた。この判決は、髄液漏があっても低髄液圧でないことがあることを認め、さらに原告の訴える多彩な症状（きつい、だるい、頭痛、背部痛、右上肢痛、手足のしびれ、めまい、記憶力低下、集中力低下、耳鳴り、腰痛、まぶしさ等）のうち、どこまでが脊髄液減少症によるものかは明らかではないが、原告に右肘捻挫や頸椎捻挫もあることから、「これらを全体として考慮し、脊髄液減少症は、これらの他覚的な裏付けと位置づけるのが相当である」とした。

(5) 判例11（横浜地裁平成20年1月10日）は、前記鈴木伸一医師が治療にあたっており、事故後約半年経過した後に髄液減少症が顕著になったと認定した。認定の根拠として、同判決は、「頭部MRIの検査結果において、硬膜下腔拡大や造影増強等髄液漏れを疑わせる所見が認められた」ことと「腰部ブラッドパッチ療法を受けたところ、頭痛が直ちに軽減し、数時間後に消失したこと」をあげている。

(6) 判例12（東京高裁平成20年7月31日）は、起立性頭痛が認められること、腰部にブラッドパッチを受けるまで頭痛が続いていたことから脳脊髄液減少症を認定した。

(7) 判例14（横浜地裁平成21年5月15日）は、脳脊髄液減少症研究会ガイドラインを採用し、低髄液圧症候群を認定した。ただ、判例14は、RIクリアランスについての基準は不明確としながらも、診断根拠として誤りとまではいえないとしている。

(8)　判例27（名古屋高裁平成23年3月18日）は、篠永教授の治療を受けた原告が、ブラッドパッチ治療を受け、その度毎に頭痛等の症状がなくなり完治したこと、脳脊髄液減少症研究会ガラインをもとにした検査結果から外傷性脳脊髄液減少症の発生を認めた。ただし、頭痛等が完治したことにより、後遺症逸失利益を否定している。

(9)　判例31（大阪高裁平成23年7月22日）は、ICHD－Ⅱ、日本神経外傷学会、脳脊髄液減少症研究会ガイドラインおよび厚生労働省の中間報告書の基準をそれぞれ検討し、ICHD－Ⅱは厳格にすぎるとし、日本神経外傷学会基準をもとに脳脊髄液減少症を認定した。

(10)　判例37（鹿児島地裁平成23年11月22日）は、交通事故ではないが、高校生がバスケットボールの試合中、相手に顔面を蹴り上げられて脳脊髄液減少症を負ったとするケースである。判決では脳脊髄液減少症による長時間の規律保持不能、体力低下、倦怠感、頭痛および記銘力障害の状態で症状固定したことを認め、労働能力喪失率を30%とし、9級35%、10級27%の中間の喪失率を認定した。ただし、この裁判では、脳脊髄液減少症について被告側が争っておらず、医師の診断通りに認容されている。

(11)　判例51（横浜地裁平成24年7月31日）は、肯定例とはいいながら、極めてあいまいな判断といえる。すなわち、厚労省中間報告基準をもとに、①起立性頭痛があること、②厚労省中間報告基準における参考所見が複数見られること、③ブラッドパッチが一定程度効果があったことからすると、「脳脊髄液減少症の疑いが相当程度ある」とした。しかし、「仮にそうでないとしても、原告の現在の神経症状が上記のとおり重たいものであることは明らか」であるとして、神経系統の機能又は精神に障害を残し、服することができる労務が相当な程度に制限されるもの」として9級10号を認定した。

(12)　判例53（名古屋地裁半田支部平成24年9月26日）は、原告が頭痛、

悪心、全身倦怠感、記銘力低下、背部のしびれ、活動性低下、視異常（遠近感の欠如）等をあげ、ブラッドパッチを8回受けたにもかかわらず症状が悪化し、歩行困難にまで至っていることは、低髄液圧症候群によると判断した。

ただ、ICHD－Ⅱあるいは厚労省研究班の基準によると、「低髄液圧症候群にあてはまらないと考える余地も存するが、現に、原告に存在する症状について、他に説明できるものはない」とした。

この判決では、他に積極的に原告の症状を説明できる病名がないという消極的な理由で低髄液圧症候群を認定したことがわかる。

⒀　判例57（和歌山地裁平成25年4月16日）は平成14年（2002年）の労災事件である。建設現場作業中に、落下したケーブルにて首を負傷した原告が、徐々に手足が動かなくなり、4年後の平成18年、「外傷性脳脊髄液減少症に伴う四肢マヒ」の診断を受けた。労基署は「頑固な神経症状」として労災後遺障害等級12級を認定したが、それを不服とした原告が訴えを提起したケースである。国は、同症によって四肢マヒを生じた例がないとして争ったが、和歌山地裁は、報告例がないことのみをもって発症を否定できないとし、厚労省研究班の中間報告診断基準に従って髄液漏れを認定した。

以上のように、低髄液圧症候群ないし脳脊髄液減少症を認めた裁判例は少数に止まっている。

肯定例に特徴的なことは、まず傷病名が脳脊髄液減少症ないし脊髄液減少症、あるいは髄液減少症としていることである。

これは、篠永教授が主張するように、多彩な症状の原因は、髄液圧の低下ではなくして髄液漏れとしていることを認めたからにほかならない。したがって、複数ある診断基準のうち、ガイドラインを採用する裁判例がほとんどである。判例57の和歌山地裁のみが例外的に厚労省基準を採用しているが、これは労災事件であって、労働者保護の観点が前面に出たものと考えられる。

結局、発症を肯定した裁判例は、篠永教授らの唱えるガイドラインを採用しているのであって、これ以外の基準を採用する裁判例は、ほとんどが発症を否定していることがわかる。

2　否定例

　肯定例が、主にガイドラインを診断基準としていたために、否定例では、①ガイドラインそのものを批判するもの、②ガイドライン以外の他の診断基準を使用するもの、および③として①②を併用するものに分類される。

　(1)　ガイドラインそのものに従って判断したと解される福岡地裁行橋支部の判例2の控訴審である福岡高裁の判例5（福岡高裁平成19年2月13日）は、脳脊髄液減少症研究会の有力なメンバーである竹下医師の診断（これは後に発表されるガイドラインと同内容である。）に対し、詳細に批判を加えるとともに、脳脊髄液減少症という名称に対しても厳しく批判を行っている。

　すなわち、「髄液が漏出しても髄液圧が低下しない例もあり、また、その典型症状がなく、それ以外の症状が生じる場合があるところから、（従来の）定説では説明できない患者があるとして、この病気の範囲をより広くとらえようとする新たな学説（以下、便宜『新説』という）が提唱されるに至っている。新説に拠れば、病名も『脳脊髄液減少症』と称すべきであるとされるのである。しかしながら、従来の定説では説明できない患者が出てくるという意味において、同説に限界があるというのは確かであるが、他方、新説によると、脳脊髄液減少症の範囲を画することが極めて曖昧になり、その機序も説明が困難になるということは否定できない。」というものである。この考え方をそのまま踏襲したのが判例24（神戸地裁平成23年1月24日）である。

　否定例ではほとんどが「低髄液圧症候群」を使用しており、この点において、髄液圧の低下を認定のための基準としていることがわかる。否定例で、「脳脊髄液減少症」を使用しているものは、ガイドラインを批判ないし否定するためのものである。

(2) ガイドラインについては、「専門家の間から、多様な症状を含むがゆえに不定愁訴を訴えるほとんどの人が該当する基準となっていることや、診断手法等につき、否定的な見解か疑問が示されている」とした東京地裁平成23年9月30日の判例33をはじめ、一般的なコンセンサスが得られていない（判例23）などとして、否定例のほとんどが批判を加えている。

(3) いち早く、日本神経外傷学会基準を採用したのが判例6（東京地裁平成19年11月27日）である。

前述の判例2が出されて以来、篠永教授や竹下医師などに診療を受け、脳脊髄液減少症の病名が付された後遺障害が多発し、自賠責保険実務等が混乱していたときに発表された日本神経外傷学会基準は、損保料率算出機構が後遺障害等級認定に採用するなど、急速に普及しはじめた。

これは、当時、頭痛に関する診断基準として、いわば定説化していた国際頭痛学会の基準（ICHD－Ⅱ）は厳しすぎるとして、日本神経外傷学会が診断基準を定めたものであり（判例31は、このことを明言している）、直後に発表されたガイドラインとの対比においても、その後、否定例ではICHD－Ⅱと学会基準が併用されることが多くなった。

(4) 判例20（新潟地裁平成22年3月25日）は、学会基準をもとに判断したが、ICHD－Ⅱに加え、Mokri教授の1990年代に発表した①起立性頭痛、②低髄液圧、③MRI検査の際のガドニウム造影剤点滴後の硬膜の増強効果のうちの2つを満たせば低髄液圧症候群と診断されるとの基準も検討し、この診断基準も満たしていないとして、低髄液圧症候群を否定した。

(5) 判例56（東京高裁平成25年1月24日）は、主として厚労省基準をもとに脳脊髄液の漏出についての判断を行い、漏出の原因についての診断基準として学会基準を使用した[*8]。

＊8：この裁判例を、今後多大な影響を与えるであろうとして「リーディング判決」と評価する者もいる（杉田雅彦・自保ジャ1929号1頁）。

(6) 判例59（東京高裁平成25年10月30日）は、ICHD－Ⅲβにも言及しているが、吉本智信医師（当時、公立学校共済組合関東中央病院脳神経外科部長＝以下、「吉本医師」という。）の意見書中の「平成20年6月に行われた日本整形外科学会では髄液漏れではない人に、RI脳槽シンチを行ったところ、37.5パーセントの人に髄液漏れが発生したとの報告がなされたこと」の記載をもとに、RI脳槽シンチの結果を診断基準として認めず、ICHD－Ⅲβによって脳脊髄液減少症に罹患しているとは認められないとした。

さらに踏み込んでICHD－Ⅲβを診断基準としたのが判例63（東京高裁平成26年1月15日）である。

原告（控訴人）は、ICHD－Ⅲβ版（以下、「新基準」という。）が「起立性頭痛を診断基準からはずしていることと、RIクリアランスの亢進を理由に低髄液圧症候群の発症を主張したことに対し、判例63は、①新基準においても起立性頭痛は特異な頭痛であることが認められるところ、事故後受診した4ヵ所の医療機関でいずれも起立性頭痛の所見がないこと、②髄液圧は185mm水柱であったこと、③RIシンチグラフィーにてRIクリアランスの亢進があっても、これは新基準においても診断基準上重視されるものではないから、RIクリアランスの亢進から髄液漏出を認めることはできないとして、原告の低髄液圧症候群を認めなかった。

(7) 判例62（福島地いわき支部平成26年1月17日）は、起立性頭痛に関するICHD－Ⅲβにつき、詳細な判断を加えた。

「近時、国際頭痛分類第3版（ICHD－Ⅲ）が発表され、低髄液圧による頭痛の診断基準について、『通常起立性であるが、必ずしも起立性とは限らない。座位又は立位になるとすぐに著明に悪化し、臥位になると改善する頭痛は、低髄液圧によって起こるが、これは、必ずしも診断基準として守られるものではない』という趣旨のコメントが付され、特発性低髄液圧性頭痛の診断基準について、特発性低髄液圧性頭痛又は低髄液圧を有する患者の頭痛は、『体位による変化が遅延して起こることもあり、立位になり数分後又は数時間後に頭痛が悪化することもあり、臥位になって数分

後又は数時間経っても必ずしも改善しないこともある。特発性低髄液圧性頭痛の多くの例では明白な体位性要素がみられるが、硬膜穿刺後頭痛のように劇的又は瞬時に変化することはない。発症時の起立性頭痛については時間とともに明らかではなくなってくる傾向がある』という趣旨のコメントが付されたことが認められる。しかし、各頭痛の診断に当たり、頭痛の存在自体まで不要とするものではなく、頭痛の起立性や体位による変化に関する要件を緩和することにあることがうかがわれ、各診断基準とも頭痛が低髄液圧又は髄液漏出の時期に一致して出現するという項目があることに照らせば、国際頭痛分類第3版（ICHD－Ⅲ）によっても、平成18年1月15日までの原告の症状がその診断基準を満たすとは認め難いといわざるを得ない。」

　(8)　判例63（東京高裁平成26年1月15日）は、ICHD－Ⅲβ版に基づき、交通事故により発症した低髄液圧症候群は、「特発性頭蓋内圧低下性頭痛」にあたるところ、ICHD－Ⅲβ版においても、特発性頭蓋内圧低下性頭痛が起立性の頭痛であることが明記されていること、及び、RI脳槽シンチグラフィーは時代遅れの検査であり、他の画像検査様式（MRI、CT又はデジタル・サブトラクション・ミエログラフィ）に比べて著しく精度に欠けると記載されていることを理由にRIクリアランスの亢進という髄液漏出の所見を否定的に解した。

　(9)　判例64（大阪地裁平成26年1月31日）も、ICHD－Ⅲβを採用してICHD－Ⅲβは、「特発性頭蓋内圧低下による頭痛」につき、「特発性の低髄液圧による起立性頭痛。通常は項部硬直や主観的な聴覚症状を伴っている。髄液圧の正常化に伴い寛解する」と解されており、そこでも「起立性頭痛」であることが前提とされているとして、起立性頭痛は不可欠のものとした。

　(10)　判例65（東京高裁平成27年2月26日）は、判例51が、あいまいな形で脳脊髄液減少症を認めたことに対し、明確に否定した。

判例65は、ICHD－Ⅲβ版を採用するにあたり、「国際頭痛分類基準（筆者注：ICHD－Ⅱ）及び脳神経外科学会基準は、いずれも厚労省中間報告基準及び新国際頭痛分類基準（筆者注：ICHD－Ⅲβ版）より前に策定されたものであり、後者の方がより新しい医学的知見に基づき信頼性の高いものであると認められる」とした。

以上のように平成24年4月に厚労省研究班の中間報告基準が発表されて以降は、高裁で脳脊髄液減少症、低髄液圧症候群を認めたものはない。さらに、平成25年7月にICHD－Ⅲβ版が公表されて以降は、地裁レベルでも肯定するものはなく、却って、同基準を採用して否定する判決が続出している（判例62～65）。

第4　まとめ

1　低髄液圧症候群の診断の困難さ

　低髄液圧症候群は、従来、注射針による麻酔、特に脊髄穿刺による麻酔後に、穿刺部分から髄液が漏出して、頭蓋内、脊椎腔内の髄液圧が低下することにより、頭痛等の多彩な症状を出現させることが知られており、特段に珍しい症病ではなかった。しかし、最近、交通外傷や打撲による労働災害、激しい運動などによる外傷のほか、激しいせき、航空機搭乗による気圧の急激な変化、自宅でのしりもち、頸部・体幹のねじれなどが原因で髄液漏出が起きる可能性が指摘され、のみならず、髄液圧が低下しない場合でも、多彩な症状があらわれることが篠永教授らのグループによって発表されるに至った。

　同グループによれば、低髄液圧を必要としないから、病名を脳脊髄液減少症とせざるを得ないこととなったが、これに対しては、福岡高裁（判例5）をはじめ、厳しい批判がなされている。

　そして、何よりも、この症状に対する診断を困難にしているのが、発症の直接の原因となる髄液漏れの場所が明らかでないことである。これまでの裁判にあらわれた事例で、髄液漏れの場所が明示されたものは1件もない。

このことから、低髄液圧症候群については、出現している症状から、発症しているか否かを「診断」するという帰納的方法しかとれないこととなった。したがって、ある所見につき、篠永教授らのグループは、「脳脊髄液減少症」が発症していると診断し、否定論者は発病を否定することとなるのである。

しかし、専門の医師・研究者からも、脳脊髄液減少症の診断は極めて困難であることが指摘されている。

その理由は、次のとおりである。

① 医師による判断の困難性

患者の訴える多彩な症状だけで診断することはできず、問題は、どのようなときに症状が増悪したり軽減するかの確認である。日常生活の中での変化を、医師が適切に判断するのは困難である。

② 脳の沈下所見

MRIによる診断が、他覚的な判断に最も有効であるとされる。特に、低髄液圧症候群では「脳の沈下所見」が不可欠であるが、これらの所見が得られるのは、発症後数か月以内の急性期あるいは亜急性期の患者に多いものの、発症後6か月以上経過した慢性期には30％未満の患者にしか見られないというデータもある[*9]。

③ RI（radioisotope）脳槽シンチグラフィ

放射性同位元素（RI）を注入し、数時間後にその拡散の状態を調べて脳脊髄液の漏れを確認する方法である。漏れていれば、早期に膀胱等へ流れてゆき、画像として確認が可能とされる。しかし、漏出部位の確認は困難であり、また、漏出したことが、個人的な体質（脆弱性）によるものなのか、個人差による生理的な範囲内の集積であるのかは明らかとなっていない。

さらに、吉本医師によれば、「平成20年6月に行われた日本整形外科学会では、髄液漏れではない人にRI脳槽シンチを行ったところ、37.5％の人に髄液漏れが発生したとの報告がなされた」とのことであり[*10]、RI脳

---

* 9：喜多村孝幸・脊椎脊髄ジャーナル2006年5月号325頁。
* 10：判例59・東京高裁判決「当裁判所の判断」。

槽シンチは診断基準としては不適切であることが明らかにされた。

④　CTミエログラフィ

造影剤を注入し、数時間後の撮影での造影剤の漏出を確認する方法である。この方法では、漏出が少ない場合、診断が困難である。また、造影剤の注入後、どれ位経過した時点で、どの部分を撮影すればよいのか、といった方法が明らかとなっていない。漏出場所の特定が困難であることを理由とする。

このように、現在では、医療の最新技術によっても脳脊髄液減少症については、確定的な診断ができない状況にある。

2　立証責任

このように、現在では軽微な交通事故による低髄液圧症候群の発症を否定する裁判例が多数出されている。

これを訴訟法的に考えれば、脊髄への直接的かつ強度な外力、硬膜を損傷させるような外力が加わっていない事故態様によって低髄液圧症候群が発症したとする主張する者（原告）は、当該事故によって、厚労省基準ないしICHD－Ⅲβ基準に該当する損傷を受けた旨の立証が求められることになろう。ガイドラインに適合するだけでは、立証が不十分という判断がなされることになると思われる。

3　脳脊髄液減少症患者の特色

緒論でふれたように、難治性のむち打ち患者は、他覚所見の乏しさに比して症状が重く、正常な日常生活を送れないという状況下で、詐病を疑われ、そこに賠償問題が入るため、賠償金を増額するための長期療養などという批判を浴びることが多かった。

筆者が弁護士としてこのような被害者に接した体験によれば、多くの場合、加害者側（損害保険会社を含む。）が、被害者と誠実に対応しないための感情的なもつれが原因で、体調不良になるケースは決して少なくない。

ともかく示談が終了すれば、それまでの症状が軽快する例は珍しくないのである。

しかし、そこに気付かず、自らの体調不良を軽快するために、原因不明のまま医療機関を転々とした挙げ句に、「体調不良は、髄液漏れが原因」とする医療機関に出会う、という図式が浮かび上がる。

低髄液圧症候群ないし脳脊髄液減少症（以下、「低髄液圧症候群」という。）は、従来から存在した病名であるが、髄液が漏出するような脊髄への直接的な穿刺あるいは強い打撃に至らない軽度な衝撃で、はたして、脊髄を保護する膜が破れることがあるのかという、発症の機序すら不明である。

これまでに発表された名称の基準は、いずれも、患者の症状、検査結果から帰納的に低髄液圧症候群と診断する「診断基準」に止まっているのであって、髄液の漏出原因、部位を明確に指示できるものではない。

このことが、肯定論者にすれば、自ら一定の基準を定立し、それに合致すれば、低髄液圧症候群と認めようとすることとなり、基準の中味の正確性、正当性が改めて吟味されることになる。

患者は、自らの体調不良の原因を「医学的に」明示してくれる医療機関にたどり着くまで、医療機関を転々とする。

低髄液圧症候群の診断を受け、訴訟に持ち込むまでに、医療機関等を24か所（判例52）、18か所（判例15）、17か所（判例13、41）、12か所（判例7）、10か所（判例21ほか）受診した例もある。

最近では、情報が行きわたり、肯定論の医師のいる医療機関に早くから受診する患者もいるので、それほどではないが、裁判例を見る限り、低髄液圧症候群の診断書を作成する医療機関は、ほとんど特定されているといってよい。

近時の圧倒的に多くの否定判決が出されていることを考えれば、肯定論をとる医師、医療機関には、改めて、自らが採用している診断基準（多くの場合はガイドラインである。）につき、裁判所や反対論者から指摘された各問題点につき、この機会に再検討されることを望む。

4　刑事責任の発生

低髄液圧症候群、特に脳脊髄液減少症についての診断は、民事損害賠償の問題に止まらない。裁判例で争われた事例の主要なものを以下に掲げる。

▶(1) **福岡地裁平成20年4月21日判決（業務上過失傷害被告事件）**

　追突事故の被害者に、外傷性脳脊髄液減少症が発症したとの検察官主張に、被告人が争い、否定された例である（平成18年(わ)第535号。判例秘書）。
　平成13年4月29日の事故で、医療機関を7か所まわり、8か所目に篠永教授に診察を受け、脳脊髄液減少症の診断を受けた。篠永教授は、低髄液圧症候群の慢性期では起立性頭痛がない場合もあると証言したが、判決は、事故後約半年経過してから頭痛が増悪したことなどやRI脳槽シンチに異常がないことなどを理由に、事故によって低髄液圧症候群が発症したことを否定した。
　その上で、頚椎捻挫の一般的な加療期間を「およそ数か月」とし、検察官の求刑罰金40万円に対し、15万円の判決を下した。

▶(2) **静岡地裁平成20年5月26日判決（業務上過失傷害被告事件）**

　一時停止せずに進入した交差点での車両同士の衝突事故の被害者に低髄液圧症候群が発症したとの起訴事実に対し、篠永教授の唱える脳脊髄液減少症を厳しく否定した（平成18年(わ)第273号。判例秘書）。
　すなわち、「被害者の症状は、国際頭痛分類の低髄液圧症候群の診断基準には当てはまらないし、新たに提唱された脳脊髄液減少症の診断基準に照らして被害者の症状を見ても、頭部MRI、MRIミエログラフィ等の検査では脳脊髄液減少症と認定する明確な所見は認められず、4回にわたるブラッドパッチ療法によっても改善は見られない。しかし、（篠永）医師は、脳脊髄液減少症によく見られる脳神経症状がある以上は脳脊髄液減少症であることを否定し得ない旨述べている。」「被害者の症状は、医学界において定説として認められている従来の『低髄液圧症候群』でないことは明らかであるところ、更に『脳脊髄液減少症』であるのかという点については、（篠永）医師の検査によっても明確な客観的所見は認められなかったというのであるから、（篠永）医師が被害者を『脳脊髄液減少症』と診断する根拠は、結局のところ、被害者の主観的訴えが低髄液圧症候群において見られる脳神経症状の訴えに近似しているからというにとどまることとなる。しかしながら、かかる客観的所見に基づかない自覚症状のみで『脳脊髄液減少症』という診断がなされるのであれば、不定愁訴を訴える者の

殆どは『脳脊髄液減少症』に該当することになり、髄液漏をその病気の本態とするはずの『脳脊髄液減少症』と、原因不明の不定愁訴の区別は全く付かないことになってしまいかねない。」と判示し、求刑罰金50万円に対し、30万円を言い渡した。

▶(3) 福岡家裁平成20年10月8日決定(傷害保護事件)

　16歳の少年の送致事実、被害者に脳脊髄液減少症が発症したことが争われた事件で、福岡家裁は竹下医師が脳脊髄液減少症と診断したことにつき、「被害者を脳脊髄液減少症であると診断した竹下医師自身、『この疾患そのものに不明なことが多い状態である』、『脳脊髄液減少症の症状とむち打ち症の症状には似ているところがある』などと供述し、さらに、『脳脊髄液減少症の症状は、外力により硬膜が破れて脳脊髄液が減少することによるものだけでなく、外力により脳内の神経伝達物質のバランスが乱れることによるパニック障害の症状も加味されていると思う』、『先天的な基礎疾患、たとえば生まれつき硬膜が薄い等があった発病することもあるし、特に誘因がなく、突発的に発症する例もある』などと供述していることにも照らせば、少年の暴行によって髄液漏れが生じた、すなわち、脳脊髄液減少症が発症したと認定するには合理的疑いが残るといわざるを得ない」と判示し、少年を不処分とした（家庭裁判月報61巻5号83頁）。

　このように、篠永教授らのグループが、事故ないし事件後に多彩な症状に苦しむ被害者に、脳脊髄液減少症の病名をつけ、救済しようとする努力は認めるものの、医学上の定説に反するような「新説」により、民事損害賠償はもとより、刑事、少年事件の犯罪の成立ないし量刑に重大な影響を与えるのみならず、裁判自体の長期化による当事者の負担増はもはや看過できない状況となっている。

　「ガイドライン」による診断を中止し、厚労省基準ないしICHD－Ⅲβ版等の最新の診断基準によって被害者救済を図るべきである。

判例一覧表

No.	肯定判決	否定判決	名称①	採用基準②	出典	備考
1	広島地裁 S62.6.25		A		交民20-3-852	素因減額3割
	H15.2　低髄液圧症候群研究会発足					
	H16.2　脳脊髄液減少症研究会に改称					
	H16　国際頭痛学会 ICHD-Ⅱ					
2	福岡地裁行橋支部 H17.2.22		A	(篠永説)	交民38-1-258	竹下岩男、篠永正道関与
	H17　竹下岩男基準					
3	鳥取地裁 H18.1.11		D	(篠永説)	自保ジャ1810-30	症状固定に至らずとして逸失利益認めず
4	福岡地裁小倉支部 H18.12.12		B	(ICHD-Ⅱ)	杉田著書54頁	竹下岩男
5		福岡高裁 H19.2.13	A		判タ1233-141	2の控訴審。脳脊髄液減少症の名称批判
	H19.2　日本神経外傷学会基準(学会基準)					
	H19.4　脳脊髄液減少症研究会ガイドライン2007基準(ガイドライン)					
6		東京地裁 H19.11.27	A	学会基準	自保ジャ1717-2	
7		静岡地裁浜松支部 H19.12.3	A		判タ1273-260	
8		東京地裁 H20.2.28	A	ICHD-Ⅱ	自保ジャ1727-2	
9		福岡地裁(刑事) H20.4.21	A	(ICHD-Ⅱ)	判例秘書	刑法211条(業務上過失傷害罪)
10		静岡地裁(刑事) H20.5.26	D	ICHD-Ⅱ ガイドライン	判例秘書	刑法211条(業務上過失傷害罪)
11	横浜地裁 H20.1.10		C	ガイドライン	自保ジャ1727-2	
12	東京高裁 H20.7.31		C	(ICHD-Ⅱ)	自保ジャ1756-7	11の控訴審
13		東京地裁 H21.2.5	A	(ICHD-Ⅱ)	交民42-1-110	
14	横浜地裁 H21.5.15			ガイドライン	自保ジャ1795-2	
15		東京地裁 H21.10.26	D(A)	学会基準	判例秘書	
16		広島地裁松江支部 H21.11.4	A	ICHD-Ⅱ 学会基準	自保ジャ1810-4	3の控訴審
17		大分地裁中津支部 H22.1.29	A	ICHD-Ⅱ	自保ジャ1819-38	バレーボール中

No.	肯定判決	否定判決	名称①	採用基準②	出典	備考
18		福岡地裁 H22.3.17	A	ICHD-Ⅱ 学会基準	自保ジャ1821-1	ガイドライン否定
19		東京地裁 H22.3.4	A	ICHD-Ⅱ 学会基準	自保ジャ1834-1	
20		新潟地裁 H22.3.25	A	ICHD-Ⅱ 学会基準	自保ジャ1824-117	Mokri教授の診断基準も検討
21		東京地裁 H22.4.12	A	ICHD-Ⅱ 学会基準	自保ジャ1832-48	
22		津地裁伊勢支部 H22.5.28	D		自保ジャ1848-11	
23		東京高裁 H22.10.20	A	学会基準	自保ジャ1838-1	ガイドラインは一般的コンセンサスが得られていない
24		神戸地裁 H23.1.24	A		自保ジャ1849-92	5と同様、脳脊髄液減少症の名称批判
25		東京地裁 H23.2.10	A(D)	ICHD-Ⅱ 学会基準	自保ジャ1852-63	
26		東京地裁 H23.3.3		ICHD-Ⅱ 学会基準	自保ジャ1847-12	
27	名古屋高裁 H23.3.18		D	ガイドライン	自保ジャ1848-1	22の控訴審
28		福岡高裁 H23.3.18	D	ICHD-Ⅱ 学会基準	自保ジャ1845-1	18の控訴審
29		京都地裁 H23.4.15	A	ICHD-Ⅱ	自保ジャ1870-93	
H23.4厚生労働省中間報告							
30		名古屋地裁 H23.6.28	A	ガイドライン 学会基準	自保ジャ1855-61	
31	大阪高裁 H23.7.22		D	学会基準	判時2132-46	ICHD-Ⅱは厳しすぎる
32		福岡高裁 H23.9.22	A		自保ジャ1861-15	17の控訴審
33		東京地裁 H23.9.30	A	ICHD-Ⅱ 学会基準、厚労省	自保ジャ1858-1	
34		神戸地裁 H23.10.5	A D	ICHD-Ⅱ	自保ジャ1871-46	
35		前橋地裁桐生支 H23.10.28	A		自保ジャ1864-34	
36		さいたま地裁 H23.11.16		ガイドライン	自保ジャ1865-64	
37	鹿児島地裁 H23.11.22		D		判例秘書	高校生のバスケットボール事故
38		名古屋地裁 H23.12.16	A		自保ジャ1870-109	

No.	肯定判決	否定判決	名称①	採用基準②	出典	備考
39		東京地裁 H24.1.23	D(A)		自保ジャ1867-36	
40		さいたま地裁 H24.1.27	A		自保ジャ1868-64	
41		東京地裁 H24.2.7	D	ICHD-Ⅱ 学会基準	自保ジャ1891-66	
42		東京地裁 H24.2.13	A	ICHD-Ⅱ 学会基準	自保ジャ1869-11	
43		仙台地裁 H24.2.23	D		自保ジャ1872-49	
44		東京地裁 H24.3.13	A	ICHD-Ⅱ 学会基準	自保ジャ1874-58	
45		大阪地裁 H24.3.23	D		自保ジャ1876-78	
46		長野地裁 H24.3.26	D	ICHD-Ⅱ 学会基準	自保ジャ1875-90	外傷性脳脊髄液減少症
H24.4 厚労省研究班中間報告基準(厚労省)						
47		京都地裁 H24.5.16	A(D)		自保ジャ1882-46	
48		東京高裁 H24.5.30	A	ICHD-Ⅱ 学会基準	自保ジャ1876-31	26の控訴審
49		広島高裁 岡山支 H24.6.7	D(A)	(厚労省)	自保ジャ1879-1	
50		仙台地裁 H24.7.18	A	ICHD-Ⅱ 学会基準	自保ジャ1883-90	
51	横浜地裁 H24.7.31		D	厚労省	自保ジャ1878-1	あいまい
52		東京地裁 H24.9.13	A		自保ジャ1885-25	
53	名古屋地半田支 H24.9.26		A	ICHD-Ⅱ 学会基準	自保ジャ1902-26	
54		東京地裁 H24.11.7	D	ICHD-Ⅱ 学会基準	自保ジャ1888-53	
55		東京地裁 H24.12.6	A		自保ジャ1890-22	
56		東京高裁 H25.1.24	脳脊髄液漏出症	厚労省 学会基準	自保ジャ1896-14	40の控訴審
57	和歌山地裁 H25.4.16		D	厚労省	判例秘書	労災補償
58		名古屋高裁 H25.6.21	A	ICHD-Ⅱ 学会基準	自保ジャ1902-12	53の控訴審
H25.7 ICHD-Ⅲ beta						
59		東京高裁 H25.10.30	D	(厚労省)	自保ジャ1907-1	ICHD-Ⅲβに言及

No.	肯定判決	否定判決	名称①	採用基準②	出典	備考
60		熊本地裁 H25.10.31	D		自保ジャ1916-62	起立性頭痛なし
61		名古屋地裁 H25.12.25	A	ガイドライン	自保ジャ1916-52	
62		福島地いわき支 H26.1.17	D	ICHD-Ⅱ	自保ジャ1919-31	ICHD-Ⅲβに言及
63		東京高裁 H26.1.15	A	ICHD-Ⅲβ	自保ジャ1912-1	
64		大阪地裁 H26.1.31	D	ICHD-Ⅲβ	自保ジャ1918-103	
65		東京高裁 H27.2.26	D	厚労省 ICHD-Ⅲβ	自保ジャ1940-15	51の控訴審

①判決中の使用名称

A　低髄液圧症候群

B　脊髄液減少症

C　髄液減少症

D　脳脊髄液減少症

②判決中の判断基準

ICHD-Ⅱ：国際頭痛分類第2版

ガイドライン：脳脊髄液減少症研究会ガイドライン

学会基準：日本脳神経外傷学会診断基準

厚労省：厚生労働省研究班中間報告

ICHD-Ⅲβ：国際頭痛分類第3版β版

採用基準が空欄のものは、そもそも特定の診断基準を用いていないか、従来の定説（ICHD-Ⅱに近い）を用いて判断しているか、起立性頭痛のないことだけを理由としているものなどである。

11

新型後遺障害
― MTBI（軽度外傷性脳損傷）―

損害保険料率算出機構
手塚泰史

第1 はじめに

　自動車損害賠償責任保険・共済（以下、「自賠責保険」という。）においては、脳外傷による高次脳機能障害について、他の保険制度に先駆け、平成13年（2003年）より独自の認定システムを確立し、運営を行ってきている[*1]。

　そして、認定システム確立後も適宜認定システムの見直しを行い、認定体制の充実に努めてきたが[*2]、近年、頭部外傷が比較的軽度であるにもかかわらず、高次脳機能障害としての典型的な症状が認められるという事例が訴訟において争われており[*3]、保険請求においても、MTBI（Mild Traumatic Brain Injury、軽度外傷性脳損傷）との診断や、それを前提とした異議申立てが散見されている。このMTBIについては、画像診断では異常が発見されないため、誤診や見落としを招きやすく、適切な後遺障害認定を受けられないのではないかという問題が顕在化することになる。

　この問題について、自賠責保険としては、平成19年（2007年）及び平成22年（2010年）に、認定システム確立後のフォローアップのための「検討委員会」を開催し、MTBIなどを中心としたテーマについて議論を行い、その内容を平成19年（2007年）、平成23年（2011年）にそれぞれ報告書として取り纏めている。

　本章では、現行の自賠責保険の高次脳機能障害認定システムを適宜概観しながら、MTBIについて過去の「検討委員会」においてどのように検討

[*1]：脳外傷による高次脳機能障害について、自賠責保険としては、平成12年6月28日の自賠責保険審議会答申を受け、当時の自動車保険料率算定会（現：損害保険料率算出機構）内に「高次脳機能障害認定システム確立検討委員会」を設置し、脳外科医のほか精神科やリハビリテーション科の医師、臨床心理士、作業療法士、弁護士などにより多方面からの専門的な議論を行い、同年に報告書を取り纏め、認定システムを確立した。

[*2]：平成13年に認定システムを確立した後、平成15年には厚生労働省が労災保険における「神経系統の機能または精神の障害」認定基準を全面的に改正したことなどを受け、自賠責保険としても平成19年に認定システム見直しのための「自賠責保険における高次脳機能障害認定システム検討委員会」(以下「検討委員会」という。)を開催した。また、平成22年には、「自賠責保険における高次脳機能障害認定システムの充実について」という国土交通省からの要請文書を受け、平成23年においても検討委員会を開催し、見直しを行った。

[*3]：松居英二「軽度外傷性脳損傷の後遺障害等級認定上の問題点」賠償科学40号（平成26年）42頁以下、MTBIを含む高次脳機能障害の裁判例の傾向を詳細に分析している。

を行ったのかを中心に整理をしてみたい。

なお、平成19年（2007年）、平成23年（2011年）の報告書は、弊機構のホームページに掲載されているのでご参照いただきたい[*4]。

第2　MTBIとは？

MTBIとは、"Mild Traumatic Brain Injury"の略称であり、「軽度外傷性脳損傷」などと訳されているが、この"Traumatic Brain Injury"（外傷性脳損傷）については、約40通り以上の定義などが提起されており、医学的に統一された用語ではない[*5]。

そこで、平成22年に開催された「検討委員会」においては、MTBIの定義について議論がなされ、「軽症頭部外傷」について、「頭部に何らかの外力が加わった事故のうち軽度なもの（頭部外傷という事故が起きた中で、外力の頭部への加わり方や、外力の脳への伝達、帰結などの点において影響が比較的軽いもの）」と定義した。

そして、頭部外傷における脳機能への影響のうち、もっとも軽度なものとして「脳震盪」が位置づけられるが、脳震盪は多くの場合に脳損傷を伴わない可能性が大きいことから、「軽症頭部外傷」である「mild traumatic brain injury」については、脳震盪よりも重度なものとして位置づけ、認定システムにおける取り扱いを検討している。

なお、「検討委員会」においては、WHOの報告[*6]、内外の各種文献、外部専門家の意見陳述、委員による軽症頭部外傷患者の臨床報告なども踏まえた上での検討を行っている。

[*4]：報告書については、2014年12月現在、下記アドレスに掲載されている。
http://www.giroj.or.jp/service/jibaiseki/tyousa/houkokusyo.html
[*5]：平成23年報告書14頁参照。また、吉本智信「高次脳機能障害と損害賠償（全面改訂）」（2011年）153頁は、「"外傷性脳損傷（trumatic brain injury）"は定義が統一された医学用語ではなく、厳密な意味を持っていない。」としている。
[*6]：WHO（世界保健機関）は1980年から2002年までに発表された743論文のうち評価に値するとされた313論文を抽出のうえ系統的文献レビューを行い、MTBIの定義を提唱している。

第3 脳外傷による高次脳機能障害について

　前記のとおり、これまで自賠責保険では「検討委員会」での度重なる検討を経て認定システム自体のブラッシュアップを図ってきたところであるが、その検討テーマの中には、MTBI自体を自賠責保険としてどのように取り扱うべきかという問題が含まれている。ここではまず、現行の自賠責保険における高次脳機能障害の取扱い全般について概観する。

1　基本的スタンス

　高次脳機能障害について、自賠責保険が準拠する「労災認定必携」[*7]においては、「脳の器質的病変に基づくものであることから、MRI、CTなどによりその存在が認められることが必要となる」とされている。

　これに対して、自賠責保険としては、CT、MRIなどに脳損傷が認められない場合であっても、脳外傷による高次脳機能障害の残存を完全に否定できるものではないと考え、意識障害の程度やその推移、症状の経過、検査所見なども併せ慎重に調査、検討を行っている。

2　症　状

　一般的に、高次脳機能障害は、脳外傷に伴うものより、脳血管病変に伴い局在性脳損傷として発症する場合の方が多いことから[*8]、その症状としては、失語、失認、失行など脳の病変部位に対応した機能障害を中心に考えられてきた。

　これに対して、外傷による場合、脳の損傷部位は限局されないため、これによる症状は、びまん性脳損傷のように、認知・情緒・行動障害も含む、脳の機能全般にかかる障害が発症するものと捉えられている。

[*7]：自賠責保険における後遺障害等級認定は、「自動車損害賠償責任保険の保険金等及び自動車損害賠償責任共済の共済金等の支払基準」（平成13年金融庁・国土交通省告示第1号）により、「等級の認定は、原則として労働者災害補償保険における障害の等級認定の基準に準じて行う」と定められている。

[*8]：東京都高次脳機能障害者実態調査検討委員会「高次脳機能障害者実態調査報告書概要版」（平成20年3月）4頁、7頁、10頁参照。

▶(1) 局在性脳損傷について

　高次脳機能障害は、脳外傷に起因するものより、脳血管性病変により発症することの方がむしろ多い。脳血管性病変による高次脳機能障害というのは、脳卒中などにより脳の血管が破れて脳内出血を起こしたり、脳の血管が詰まって脳梗塞を起こすことによって発症する高次脳機能障害のことである。この場合、脳の損傷も脳血管が破綻した部位に限局した局所的な障害になる。

　そして、脳の部位とその部位がどのような機能を司っているかが対応していることから（機能局在）、症状の出現の仕方としても、画像上確認できる脳の損傷部位に対応した症状が出現するという特徴がある。例えば、言語野を障害されれば失語症となり、運動野であれば片麻痺になったり、頭頂部の空間認知機能を司る部分が障害されたら半側空間無視の症状が現れたりする[*9]。

　また、局在性脳損傷が脳外傷によって生じた場合においては、通常は、明らかな出血や脳挫傷などを伴うことから、画像によって脳の器質的損傷を確認することが比較的容易であり、見落とされることは少ない。また、損傷部位と症状の整合性を判断することにより、当該事故との相当因果関係の判断も比較的容易に判断し得るといった特徴がある[*10]。

▶(2) 脳外傷による高次脳機能障害について

　一方、外傷により脳に外力が働くと、頸部を中心とした直線方向への外力（直線的加減速性損傷）や頸部を中心とした回転性の外力（回転角加速度性損傷）が働く。直線的加減速性損傷というのは、頭部に直接打撃が加わることによる外力であるが、この場合は直下に損傷が生じたり（coup injury）、その反対側にも損傷が及ぶ（contre-coup injury）。また、回転角加速度性損傷というのは、頸部が支点となり頭部が大きく振れることにより、脳の組織に広く剪断力が加わることから生じる損傷である。脳外傷においては、このような損傷が複合的に生じるために、脳血管性病変によ

[*9]：脳の一部が損傷を受け、その部位が司る機能が障害される症状を巣症状という。
[*10]：羽成守編著『新型・非典型後遺障害の評価』［松居英二執筆］（平成17年）149頁参照。

る高次脳機能障害のように、損傷部位は局在性ではない*11。

よって、脳外傷による高次脳機能障害に伴う症状については、局在性の脳損傷によって生じるような、機能局在に対応した症状ではなく、びまん性脳損傷を原因として発症する多彩な認知障害、行動障害及び人格変化などが典型的とされ、これらに加え、脳挫傷、頭蓋内血腫などの局在性脳損傷（脳外傷、頭蓋内血腫など）に伴う症状が併存して発症するという特徴がある。

図表1

局在性脳損傷型	失語	自分の意思を他人に伝えたり、他人の話を理解することができなくなる障害
	失認	無意識下で行われていた認知機能が、感覚器の障害がないにもかかわらず、不可能となる障害
	失行	手足は普通に機能するが、意図した行動が行えなくなる障害
びまん性軸索損傷型	認知障害	記憶力、注意力、判断力、遂行機能などの認知機能の障害
	情動障害	感情の平坦化、脱抑制、感情易変、易刺激性、攻撃性など

3　時間的経過

　脳外傷による高次脳機能障害は、交通外傷によって生じるものであることから、受傷当初の急性期に症状が重篤となり、その後、時間の経過とともに症状は次第に軽減していくのが一般的である。

　この点について、「脳外傷による高次脳機能障害は、はじめに症状が出なくて、時間の経過とともに徐々に症状が現れることから『見過ごされやすい障害』といわれているのだ」と主張されることがある。しかし、脳外傷による高次脳機能障害が「見過ごされやすい」とされている理由は、診療医においては、急性期の合併外傷のために高次脳機能障害の存在に気付

---

*11：羽成・前掲（*10）［松居英二執筆］148頁以下は、頭部外傷による脳損傷の分類として、局所性脳損傷とびまん性脳損傷の受傷機転の違いを詳細にまとめている。また、川俣貴一「外傷による脳損傷の基礎知識」平成24年版赤い本下巻（講演録編）68頁は、交通外傷によりどのような外力が加わって脳損傷が生じるかについて解説している。

かないことがあること、家族においては、いずれ回復すると考え、注意を払わないことがあるためであり、症状の出現自体が遅発性であるということではない[*12]。

また、軸索損傷が生じた脳は、CT、MRIを経時的に見ると、時間の経過とともに萎縮が進行していくことから[*13]、「脳萎縮の進行とともに徐々に症状が出現、増悪していく」といった主張も見かける。しかし、脳外傷により軸索が損傷されると、その時点で軸索は機能しなくなり、脳内の伝達には異常が生じるため[*14]、画像上、脳萎縮などの異常所見が確認できない段階においても、症状自体は発現しているものと考えられることから、必ずしも症状が遅発性に発現するというものではない。

第4 脳外傷による高次脳機能障害の調査について

脳外傷による高次脳機能障害の調査にあたっては、意識障害の有無とその程度・長さの把握、画像上確認できる外傷性の異常所見の有無が重要なポイントとなる。

1 画像について

▶(1) MRI、CT（脳形態画像）

脳外傷による高次脳機能障害は、脳の器質的損傷の存在が前提であるため、脳の損傷の状態を画像上確認することは当然重要となる。

この点、脳画像には様々な種類（検査）があるが[*15]、自賠責保険が準拠する「労災認定必携」によれば、「MRI、CT等によりその存在が認めら

[*12]：平成23年報告書11頁参照。また、吉本・前掲（*5）35頁は、脳外傷による高次脳機能障害が見落とされやすい理由について「脳外傷による高次脳機能障害が以前にはそれほど注目されていなかったこと、医学的に定義がなされていなかったこと、客観的診断法が見当たらなかったこと、脳の器質的損傷であるとの認識が薄かったこと」と指摘している。

[*13]：羽成・前掲（*10）[松居英二執筆] 156頁以下参照。

[*14]：吉本・前掲（*5）19頁参照。

[*15]：脳画像検査としては、CT、MRI以外にも、MRA、脳血管撮影、SPECT、PETなどがある。さらに、CTの中ではヘリカルCT、MRIのなかではT1強調、T2強調、T2STAR、拡散強調（DWI）、FLAIRなどの撮影方法がある。

れることが必要」とされている。また、平成23年報告書においても、医学の進歩の動向や画像診断技術の向上を踏まえ検討を行ったところ、依然としてCTやMRIなどの脳形態画像が有効であることが確認されており、脳外傷による高次脳機能障害として認められるためには、CT、MRI上の異常所見の存在が重要となる。

そして、画像の撮影時期については、受傷後早期にMRI（T2、T2STAR、FLAIRなど）を撮影することが重要である。なぜならば、受傷後2～3日以内にMRI（拡散強調画像DWI）を撮影することができれば、微細な損傷を鋭敏に捉えられる可能性があるが、受傷から3～4週以上が経過してしまうと、脳萎縮が起きない程度のびまん性軸索損傷の場合、微細な損傷所見は消失することがあるからである。なお、外傷後脳室拡大は、受傷後3か月程度で完成することから、脳外傷による高次脳機能障害が疑われる事例については、少なくとも3か月は経時的に画像をフォローする必要がある[*16]。

また、CT、MRIから確認される異常所見としては、一次性脳損傷と二次性脳損傷がある。一次性脳損傷とは、外傷による脳実質への直接的な損傷であり、脳挫傷や頭蓋内血腫、外傷性くも膜下出血などが典型的である。これに対して、二次性脳損傷とは、低酸素脳症や頭蓋内血腫の増大に伴う頭蓋内圧亢進などといった受傷後の生体反応のために生じる間接的な脳の損傷であり、これにより脳損傷は増悪する。

脳外傷による高次脳機能障害は、一次性損傷、二次性損傷のいずれが原因となっても起こり得るものであることから、画像所見の評価にあたっては、受傷直後のダメージだけを見るのではなく、症状固定に至るまでの画像を経時的に検討することが必要となる。

▶(2) SPECT、PET（脳機能画像）

MRIやCTは、脳の形態を撮影することから脳形態画像と呼ばれるのに対して、SPECT、PETなどの脳機能画像と呼ばれるものがある。SPECTは、"single photo emission computed tomography"の略であり、血流量などを描出するものである。一方、PETは、"positron emission

---

*16：吉本・前掲（*5）87頁参照。

tomography"の略であり、血流量だけでなく、ブドウ糖やアミノ酸の代謝や酸素消費量も描出できる。

　脳は、全体重の2〜3％（重量にしておよそ1.2〜1.6kg）であるのに対して、必要とされる血流は心拍出量の約15％、グルコース（ブドウ糖）消費量は全身の約25％、酸素消費量は全身の約20％と、質量に対して非常に大きい数値となっており、脳が活動するためには、非常に多くの血流やグルコース、酸素が必要であることから、これらを画像として捉えることによって、脳の活動状況を調べることができるというものである。

　しかし、SPECTは、脳梗塞など血流低下が顕著である場合はともかく、検査条件のわずかな違いで変化し得るために、慎重に解釈しなければならない。例えば、運動後に検査を行えば運動野の血流や代謝は増加するし、安静にして何も考えない状態で検査を受ければ全体に血流や代謝は低下し、また、うつ状態においても変化は認められるが、うつ状態の改善とともに血流も正常化するといった報告もあるとされている。また、PETについても、現状においては、客観性の高い評価方法として医学的に確立しているとは言い難い[*17]。さらに、これら脳機能画像については、1回の検査によって血流や代謝の低下がみられたとしても、再現性の確認もできないことに加え、MRIやCT上、異常所見が指摘されない場合には、外傷との関連性も明らかとは言い難い。

2　意識障害について

　脳外傷による高次脳機能障害について、脳の器質的損傷が画像上確認できなかったとしても、事故により脳に外傷を受けたのであれば、受傷直後に脳機能に障害が発生していることが考えられるため、脳外傷による高次脳機能障害の評価にあたっては、事故直後の意識障害の調査が非常に重要である。そして、一次性脳損傷については、受傷直後からの意識障害を大きな特徴とするのに対し、二次性脳損傷では、症状経過中に頭蓋内血腫や脳腫脹などが増悪し、それに伴い意識障害が重篤になるため、意識障害の評価にあたっては、初診時の意識障害の程度だけでなく、その後の意識障

＊17：吉本・前掲（＊5）87頁参照。

害の推移を経時的に把握することも重要である。

受傷直後の意識障害が6時間以上継続するケースでは、脳外傷による高次脳機能障害が残存することが多いとされる。

3 症状の把握
▶(1) 神経心理学的検査の必要性

前記1で解説した画像所見及び前記2で解説した意識障害については、どちらかというと脳外傷による高次脳機能障害として評価できるかどうかの問題（「入り口の問題」といわれる。）[18]であるのに対して、ここで述べる内容は、主に、脳外傷による高次脳機能障害と捉えた上での程度評価（「出口の問題」といわれる。）において問題となる。

重篤な脳外傷が画像で確認できる場合は、意識障害の所見についても相応の障害が認められることになると思われるが、画像所見と意識障害の程度から等級評価が可能ということではない。この程度評価の問題について、自賠責保険においては、それぞれの後遺障害等級に対応した労働能力喪失率が定められている。

そして、脳外傷による高次脳機能障害において、労働能力喪失率の判断を行うにあたっては、知能検査などの神経心理学的検査については、認知障害を評価するには適しており、重要なものといえるが、行動障害および人格変化を評価するものではない。行動障害や人格変化の評価方法については現在もなお検討が行われている状況にある[19]。

---

[18]：松居・前掲（[4]）38頁以下は、「平成19年自賠責報告書では、この脳に器質的な損傷が生じたのかの検討を『入口の議論』と名付けています。（中略）ここでいう『入口』は、後遺障害の等級評価、損害の認定において、脳に傷がついたために生じた障害かどうかという検討のことで、そこで非器質性の障害と区別されます。したがって、脳外傷による高次脳機能障害であることの等級評価の検討を始める『入口』として、この器質性の原因によるものであることの確認がまず求められるのだという意味です」としている。

[19]：高野真人「自賠責保険における高次脳機能障害の等級認定と裁判例における等級評価の動向」交通事故損害額算定基準─実務運用と解説─（平成22年）359頁は、「たしかに、①の画像上の脳損傷所見（脳萎縮、脳室拡大、その他脳挫傷痕等の大きさや広がり等）がひどければ、重度の障害が発生していてもおかしくないということになりますし、②の意識障害の程度が重く・長いほど、重度の障害が出やすいということは言えるでしょう。しかし、この2つの要素から、単純に障害の程度を推定できるほど医療分野での研究が進んでいるわけではありません。（もちろん研

そのため、単に認知障害の程度だけで判断するのではなく、日常生活上の具体的な状況を調査し、行動障害及び人格変化を原因とした社会的行動障害の有無、程度を把握することも重要である。

▶(2) 自賠責保険における調査内容

人間の脳には、運動機能、知覚機能（視覚・聴覚・嗅覚・触覚など）、高次機能（記憶・認知・感情・言語など）という3つの機能があり[20]、高次機能の障害が高次脳機能障害とされる。

そして、この記憶・認知・感情・言語などにかかわる高次機能の障害は、「見過ごされやすい障害」とされている。その原因の一つとしては、これらの症状は、被害者本人のキャラクターとの識別が困難なため[21]、主治医は被害者の症状を見落としてしまう一方で、生活をともにしてきた家族や近親者は、事故前の被害者の状況をよく知るからこそ、脳外傷による高次脳機能障害の残存を訴えるということがある。

そこで、労働者災害補償保険（以下、「労災保険」という。）においては、主治医だけでなく、家族や介護者に対して障害の状態に関する意見を求める必要があるとした上で、両者の意見が著しく異なる場合には再度必要な調査を行うとしている[22]。

自賠責保険においても、このような脳外傷による高次脳機能障害の特性を踏まえ、客観的所見として神経心理学的検査結果の取り付けを行うほか、診療医に対して脳外傷による高次脳機能障害に特有の症状の有無やその程度を照会するための「神経系統の障害に関する医学的意見」や、家族など

　　究はなされているのかも知れませんが、自賠責制度に導入すべきだという評価にまでは至っていないことは明らかです。）」としている。
[20]：橋本圭司「高次脳機能障害　どのように対応するか」（2007年）24頁は、「人の脳には、①手足や顔を動かす運動機能、②音やにおい、手触りなどを感じる知覚機能、③記憶、認知、感情、言語などを支配する高次脳機能、という主に三つの機能があります。簡単にいうと、③の機能が損傷してしまうと、高次脳機能障害になります」としている。
[21]：橋本・前掲（*15）24頁は、「それでも、どこまでがもともとのキャラクターによるものか、どこから脳損傷が原因によるものか、線引きをしなければなりません。これがなかなか難しい。たとえば、『相手の気持ちを思いやらない』自己チューな人は、たくさんいるはずです。はたして、『相手の気持ちを思いやることができない』のは高次脳機能障害のせいなのでしょうか。もしかしたら、脳を損傷する以前から、そのような性格だったかもしれないのです」としている。
[22]：（一財）労災サポートセンター『労災補償障害認定必携（第15版）』170頁参照。

の近親者からの意見を聴取する「日常生活状況報告」を用い、脳外傷による高次脳機能障害の症状を見落とさないように調査を行っている。すなわち、脳の高次機能のうち、記憶・認知・言語の障害については、記憶検査や知能検査、失語症検査など、客観性のある検査がある一方で、感情面の障害については、定量的、定性的に障害程度を測定できる検査は確立されていないため、家族や介護者、職場の人間などからの情報（特に日常生活における具体的なエピソード）に基づき事故前後の性格・人格の変化を具体的に検討したり、主治医への照会によって障害内容に関する客観的意見を踏まえた上で検討することとしている[*23]。

また、高次脳機能障害は、脳の機能のうち運動機能・知覚機能以外の機能の障害（人間の持つ精神機能全般の障害）と広く捉えることができるため、1つの検査結果だけで程度評価を行うことは困難である[*24]。したがって、脳外傷による高次脳機能障害の程度評価にあたっては、前記の調査結果のうち、いずれかに重きをおくのではなく、各調査結果を基に総合的に評価することとなる。その際、前記で示した調査内容のほか、検査レポートなどによる検査時の行動観察や総合所見が参考になることがある[*25]。

なお、脳外傷による高次脳機能障害の等級認定は、急性期の神経学的検査結果に基づくべきではなく、経時的に検査を行って回復の推移を確認のうえ、最終的に残存した症状の程度を評価すべきである[*26]。

---

*23：羽成・前掲（*10）［松居英二執筆］170頁以下参照。
*24：下田正代「高次脳機能障害の心理的諸側面」交通事故損害額算定基準—実務運用と解説—（平成24年）367頁は、心理検査を実施する上での留意点として「検査から得られる評価（数値）は絶対ではありません。検査成績がいかによくても、日常の生活との乖離は起こりえます。また、再検査によって知識の回復が確認できても、そのことで社会的な能力が保証されるわけではありません」としたうえで、「心理検査は認知機能のレベルを測定しますが、検査を実施している中で示された態度、その人のパーソナリティの変化、モチベーションの低下、対人関係能力の低下といった側面は、残念ながら検査数値にほとんど反映されません。こうした検査の弱点を補完するのが行動観察です」としている。
*25：高野・前掲（*19）358頁参照。
*26：下田・前掲（*24）367頁参照。

第5　高次脳機能障害の等級認定基準

1　労災保険の考え方との相違

　労災保険においては、平成15年に神経系統又は精神の障害に関する認定基準の大幅な改定がなされ、高次脳機能障害の評価においては、意思疎通能力（記銘力、記憶力、認知力、言語力など）・問題解決能力（理解力、判断力など）・作業負荷に対する持続力、持久力・社会行動能力（協調性など）の4つの能力の喪失の程度について、職場における就労状況に着目し、診療医が評価するとした。

　しかしながら、自動車事故においては高齢者や子供といった非就労者も被害者となり得るため、職場における就労状況に着目した判断を行えない場合や、行うことが妥当でない場合が、少なからず存在する。また、労災保険では、診療医が評価することとなっているが、自賠責保険は労災保険とは異なり、指定医療機関制度がないことや、被害者も必ずしも脳神経外科などの専門医に最初からかかっているというものでもないことなどから、診療医による評価で等級認定を行うという制度は採用していない。さらに、前述のとおり、脳外傷による高次脳機能障害は退院後、社会復帰してから、家族がその症状に気付くといったケースもあることから、診療医が評価するという手法だけでは、脳外傷による高次脳機能障害が「見過ごされやすい障害」として再燃してしまうのではないかとも考え、労災保険とは異なる立場をとっている。

2　自賠責保険の考え方[27]

　自賠責保険における高次脳機能障害の等級評価にあたっては、1～3級はいずれも労働能力喪失率が100％であるので、一般就労不可能なほどの障害が残存している場合には、当然ここに当てはまる。この他、運動機能や知的能力に重大な障害がなかったとしても、情緒面に関する障害のため社会性が著しく損なわれ、一般就労ができない場合も1～3級の認定を検

---

[27]：高野・前掲（[14]）363頁は、高次脳機能障害に関する等級評価の具体的な着目点についてまとめている。

討することになる。そして、1〜3級のなかでのグレーディングの指標としては、家族がどれだけ世話をしないといけないかという介護の面の問題も合わせて考えていくこととなる。

次に、5〜9級については、介護の面の問題もあるものの、それぞれの等級ごとに労働能力喪失率が異なることから、どれだけの能力低下が見られるかという観点から考えていく必要がある。

なお、等級認定にあたっては、上記に加え、痙性片麻痺などの脳・脊髄・末梢神経由来の神経症状を含め、神経系統の機能または精神の障害として総合的に評価し、等級認定を行うこととなる。

図表2

等級	具体的内容	労働能力喪失率
別表第一1級1号	「身体機能は残存しているが高度の痴呆があるために、生活維持に必要な身の回り動作に全面的介護を要するもの」	100%
別表第一2級1号	「著しい判断力の低下や情動の不安定などがあって、1人で外出することができず、日常の生活範囲は自宅内に限定されている。身体動作的には排泄、食事などの活動を行うことができても、生命維持に必要な身辺動作に、家族からの声掛けや看視を欠かすことができないもの」	100%
別表第二3級3号	「自宅周辺を一人で外出できるなど、日常の生活範囲は自宅に限定されていない。また声掛けや、介助なしでも日常の動作を行える。しかし記憶や注意力、新しいことを学習する能力、障害の自己認識、円滑な対人関係維持能力などに著しい障害があって、一般就労が全くできないか、困難なもの」	100%
別表第二5級2号	「単純くり返し作業などに限定すれば、一般就労も可能。ただし新しい作業を学習できなかったり、環境が変わると作業を継続できなくなるなどの問題がある。このため一般人に比較して作業能力が著しく制限されており、就労の維持には、職場の理解と援助を欠かすことができないもの」	79%
別表第二7級4号	「一般就労を維持できるが、記憶、集中力、問題解決能力などに明らかに障害がある。このため作業の手順が悪い、約束を忘れる、ミスが多いなどのことから一般人と同等の作業を行うことができないもの」	56%
別表第二9級10号	「一般就労を維持できるが、記憶、集中力、問題解決能力などに障害が残り、作業効率や作業持続力などに問題があるもの」	35%

第6　MTBIについて

1　平成19年報告書での取扱い

　脳外傷による高次脳機能障害については、前述のとおり、自賠責保険としては平成13年（2001年）より独自の認定システムを確立し運営を行い、その後、平成19年（2007年）、22年（2010年）にシステムの見直しのための「検討委員会」を開催している。

　そして、脳外傷による高次脳機能障害の認定システムを確立した当初（平成13年（2001年））より、自賠責保険としては、受傷直後のCT、MRIにおいて、特段の異常所見が認められない場合であっても、頭蓋内に何らかの器質的損傷が存在する可能性があるとしてきた[*28]。

　その後、平成19年（2007年）のシステム見直しのための「検討委員会」においては、「現在臨床において一般的に実施されているCT、MRI等の検査において外傷の存在を裏付ける異常所見がなく、かつ、相当程度の意識障害の存在も確認できない事例について、脳外傷による高次脳機能障害の存在を確認する信頼性のある手法があると結論するには至らなかった。したがって、当面、従前のような画像検査の所見や意識障害の状態に着目して外傷による高次脳機能障害の有無を判定すべき手法を継続することとなる」としたものの、「上記結論は、あくまでも現在の医療水準の到達点を前提とするものであって、現在の画像診断技術で異常が発見できない場合には、外傷による脳損傷は存在しないと断定するものではない。この点については、今後の画像診断技術などの向上を待つこととし、その進歩に応じて、従前の画像診断による手法に拘泥することなく、適切に対応すべきものであると考える」との留保を示している。

2　平成23年報告書での取扱い

　その後、国土交通省からの平成22年7月26日付要請文書において「現

[*28]：松居・前掲（*4）39頁以下は、自賠責保険で脳外傷による高次脳機能障害認定システムを導入した平成13年当時、既に、画像機器の能力の限界から、CTなどに必ずしも写らないが、脳の中に器質的な病変がある可能性は指摘されていた、としている。

行の認定システムでは認定されないものが存在するなどの指摘もある」とされたことや、昨今の画像診断技術の進歩も踏まえ、自賠責保険としては、再度、「検討委員会」を開催し、障害としての存在が確認しにくい「軽症頭部外傷」についての検討を行った。

　そして、医学論文の検討や症例報告を踏まえ議論を行った結果、Biglerによる1報告例（受傷時にGCS14の軽症頭部外傷の例）にもあるように、MTBIについては、意識障害が軽度の場合や、CT・MRIなどにおいて脳損傷が認められない場合であっても、脳外傷による高次脳機能障害の残存を完全に否定できるものではないことから、自賠責保険としては、画像所見のみならず、意識障害の推移や症状の経過、検査所見も併せ慎重に検討されるべきであるとの考えを明らかにした。

　この点については、平成23年報告書14頁において、「軽症頭部外傷後に1年以上回復せずに遷延する症状については、それがWHOの診断基準を満たすMTBIとされる場合であっても、それのみで高次脳機能障害であると評価することは適切ではない。ただし、軽症頭部外傷後に脳の器質的損傷が発生する可能性を完全に否定することまではできないと考える。したがって、このような事案における高次脳機能障害の判断は、症状の経過、検査所見等も併せ慎重に検討されるべきである」と記載されているとおりである。

　しかし、このことは、脳外傷後に認知障害や行動障害、人格変化などの症状が訴えられていることをもって直ちにMTBIとして評価するというわけではない。これは、自賠責保険は賠償責任保険であり、加害者の被害者に対する賠償責任を負担する機能を負っているため、加害者側で任意保険に加入していなければ、加害者自身が保険金額を超えた部分を賠償することとなるので、自賠責保険における判断には、被害者のみならず加害者をも納得させ得る「根拠に基づく判断」が求められるためである。そして、「根拠に基づく判断」を行ったというためには、現時点における医学水準において一般的に承認された医学的指標や判断手法として、CTやMRI、意識障害の所見などを重視せざるを得ないといえよう[29]。

＊29：この点について、松居・前掲（＊4）40頁以下は、「科学的、医学的な裏づけが乏しく、その分

ただし、軽症頭部外傷にとどまると思われる事例であっても、画像所見から形式的に脳外傷による高次脳機能障害ではないと断定しないよう、平成23年報告書において、審査対象事案の要件を見直した[*30]。

審査対象事案の抽出漏れがあったという批判が特になされたというわけではないが、以前は、審査対象事案の要件として、「初診時に頭部外傷の診断があり、頭部外傷後の意識障害が少なくとも6時間以上、もしくは、健忘症あるいは軽度意識障害が少なくとも1週間以上続いた症例」や「頭部画像上、初診時の脳外傷が明らかで、少なくとも3か月以内に脳室拡大・脳萎縮が確認される症例」という記載があったため、この条件に達しないものは形式的に高次脳機能障害ではないと現場の医師に判断されるおそれがあるとの指摘があった。このような指摘を受け、平成23年報告書においては、後遺障害診断書上、高次脳機能障害を示唆する症状の残存が認められる場合と認められない場合に分け、審査対象事案の要件を見直した。

また、MTBIについても漏らすことなく脳外傷による高次脳機能障害としての検討を行うためには、意識障害の程度や期間の重要性をよく理解したうえでの十分な調査が必要であることに加え、MTBIについては混迷あるいは失見当識や30分以下の意識障害、24時間以内の逆行性健忘の有無も問題となることも踏まえ[*31]、自賠責保険としては、所定の照会様式を用いて、来院前の意識障害の状態や外傷後健忘の有無についても調査を行うこととした。

なお、意識障害については、より一層精緻な調査を行うため、救急搬送記録の提出も依頼できる体制を整えるべきと考える。

野でも一般的な知見となっていないものまで、『こういう考え方があるから可能性が否定できない』というだけで、加害者に損害賠償責任を負わせていいのかということになると、法律家としてもやはり謙虚になる必要があると考えます」と指摘している。

*30:平成23年報告書16頁以下参照。
*31:WHO（世界保健機関）共同特別専門委員会の診断基準によれば、「MTBIは、物理的外力による力学的エネルギーが頭部に作用した結果起こる急性脳外傷である。臨床診断のための運用上の基準は以下を含む：（ⅰ）以下の一つか、それ以上：混乱や失見当識、30分あるいはそれ以下の意識喪失、24時間以下の外傷後健忘期間、そして／あるいは一過性の神経学的異常、たとえば局所神経徴候、けいれん、手術を要しない頭蓋内病変　（ⅱ）外傷後30分の時点あるいはそれ以上経過している場合は急患室到着の時点で、グラスゴー昏睡尺度得点は13-15」とされている。

3 裁判例の動向

　MTBIとして脳損傷が主張された裁判例については、前記＊3のとおり、既に松居弁護士による詳細な分析が行われている。そこでは意識障害が「なし」とされながら、脳の器質的損傷であると認定された例は、少数（東京高判平成22年9月9日交民43巻5号1109頁）であるとされている[*32]。また、後遺障害の症状発現時期が事故の直後ではなく、一旦改善したかのように見えた後、増悪したケース（横浜地判平成21年9月28日自保ジャ1815号56頁）、あるいは症状を訴えた時期が遅かったケース（大阪地判平成23年2月25日自保ジャ1858号34頁）、症状の増悪・緩解が繰り返されたケース（東京地判平成22年8月26日自保ジャ1849号39頁、東京地判平成24年4月17日自保ジャ1875号30頁）などについては、いずれも自賠責保険と同様の判断が行われ、脳外傷による器質的障害が否定されている[*33]。

第7　おわりに

　脳外傷による高次脳機能障害は脳の器質的損傷に基づく障害であるが、近年問題となっているMTBIは、脳に画像上の異常所見がなくともびまん性脳損傷が起こり得るという疾患概念である。

　この点については、「検討委員会」において議論を重ね、平成23年報告書においては、「軽症頭部外傷後に脳の器質的損傷が発生する可能性を完全に否定することまではできないと考える。したがって、このような事案における高次脳機能障害の判断は、症状の経過、検査所見等も併せ慎重に検討されるべきである」と整理したところであるが、その一方で、自賠責保険には、加害者をも納得させ得る客観的な根拠に基づく判断が求められることから、画像所見と意識障害の有無、症状経過や神経心理学的検査は重要である。

　ただし、画像機器の技術革新などによる医療水準は日々進歩しており、

＊32：松居・前掲（＊4）42頁。
＊33：松居・前掲（＊4）43頁。

平成23年報告書に取り纏めた内容が自賠責保険としての最終結論というわけではない。今後とも認定システムの充実に向けての見直しが求められるものと思われ、実務としても的確な対応を行っていくことが必要であると考える。

　なお、本文中の意見に関する部分は、所属する組織とは関係のない、筆者の個人的見解である。

12

新型後遺障害
―胸郭出口症候群（TOS）―

損害保険料率算出機構
川谷良太郎

第1　はじめに

　交通事故後の上肢のしびれ等の症状につき、これまでは頚椎捻挫による頚椎の過伸展・過屈曲によって引き起こされたものとして「外傷性頚部症候群」との傷病名が一般的に使用されてきたが、近年、「外傷性胸郭出口症候群」（TOS：thoracic outlet syndrome）との傷病名が一部の医師を中心に頻繁に使用されていることが認められる。
　ここでは「胸郭出口症候群」の病態等を明らかにしつつ、裁判例の分析を行い、胸郭出口症候群にかかる問題点につき、実務的な考察を行うこととする。

第2　胸郭出口症候群の病態等について

1　胸郭出口症候群とは

　胸郭出口症候群とは、なで肩の女性や重いものを持ち運ぶ労働者に多い症例であり、神経障害と血流障害に基づく上肢痛、上肢のしびれ、頚肩腕痛を生じる疾患の一つとされている。
　胸郭出口症候群は、腕神経叢（上肢を司る末梢神経の束）と鎖骨下動脈、鎖骨下静脈が胸郭出口付近で頚肋、鎖骨、第一肋骨や、前斜角筋、中斜角筋、小胸筋などに圧迫・牽引されることで起きる症状の総称とされている。つまり、頚肋症候群、斜角筋症候群、過外転症候群（小胸筋症候群）、肋鎖症候群等の傷病名があるが、これらは腕神経叢と鎖骨下動脈、鎖骨下静脈が圧迫・牽引されている原因や部位に基づく胸郭出口症候群の分類に過ぎない。
　なお、頚肋とは、下位頚椎（おもに第7頚椎）において胎生期の肋骨が遺残したものをいい、その肋骨の先端から索状の線維性組織が形成されているため、鎖骨下動脈と腕神経叢の圧迫が生じると考えられている。

2　胸郭出口症候群の症状

　上肢の挙上動作にて上肢のしびれや肩や腕、肩甲骨周囲の痛みが生じる

のが一般的とされているが、その症状には原因によって3つの特徴があるといわれている。

▶(1) **神経型**

尺骨神経領域の疼痛、知覚障害が生じ、握力低下、巧緻運動障害を伴うものがある。握力低下、巧緻運動障害を伴う場合は手の骨間筋や小指球筋の萎縮を生じる。

▶(2) **動脈型**

上肢の血行が悪くなり、腕が白っぽくなる。

▶(3) **静脈型**

静脈血の血行が悪くなり、手・腕が青紫色になる。

3 診断

上肢のしびれ等の症状は「腕神経叢損傷」「頚椎椎間板ヘルニア」など、より重篤な傷病の可能性があるため、それらの傷病の可能性を排除してから、最終的に診断されるものとされる。

また、胸郭出口症候群と診断するためには、頚部、肩、腕に神経や血管の圧迫症状が存在し、愁訴が比較的長期間持続又は反復することを前提に、もっぱら症状誘発テストの陽性所見があれば足り、画像検査は補助診断に過ぎないとされる。

▶(1) **症状誘発テスト**

ア　モーレイテスト

胸郭出口部分における腕神経叢の圧迫による症状を確認するもの。鎖骨の上にあるくぼみ部分を圧迫して痛みやしびれを発するか否かを確認する。

イ　アドソンテスト

鎖骨下動脈の圧迫による症状を確認するもの。腕のしびれや痛みのある側に顔を向けて、そのまま首を反らせ、深呼吸を行った状態にして、橈骨動脈の脈拍の変化（減弱又は停止）を確認する。

ウ　ライトテスト

鎖骨下動脈の圧迫による症状を確認するもの。座位で両肩関節90度外

転、90度外旋、肘90度屈曲位の状態にして、橈骨動脈の脈拍の変化（減弱又は停止）を確認する。動脈の圧迫があれば、手の血行がなくなり白くなる。

　エ　エデンテスト

　鎖骨下動脈の圧迫による症状を確認するもの。座位で胸を張らせ、両肩を後下方に引かせた状態にして、橈骨動脈の脈拍の変化（減弱又は停止）を確認する。

　オ　ルーステスト

　ライトテストと同じ肢位で両手の指を3分間屈伸させて、胸郭出口症候群の有無を確認するもの。胸郭出口症候群であれば、手指のしびれ、前腕のだるさのため持続することができず、途中で腕を降ろすことになる。

▶(2)　**画像検査**

　ア　X－P

　頚部の正面像にて、頚肋（第7頚椎からの肋骨）、第1肋骨や鎖骨の奇形・変形の有無を確認する。

　頚部の側面像にて、なで肩の程度を確認する（第二胸椎が一般的撮影条件で認められれば客観的になで肩と判断される。）。

　鎖骨の軸写像にて、鎖骨や第1肋骨の変形による肋鎖間隙の狭小の有無を確認する。

　イ　血管造影

　鎖骨下動脈の血管造影検査により、上肢拳上位における血流障害をもって胸郭出口症候群の客観的所見とする主張もあるが、健常者でもこの検査で異常所見が認められる場合があることから、血管造影検査は胸郭出口症候群を証明する客観的所見とはいえないとするのが一般的である。

　ウ　腕神経叢造影

　経皮鎖骨上刺入法で、希釈した造影剤を腕神経叢に注入するものであるが、健常者でもこの検査で異常所見が認められる場合があること、また、腕神経叢ブロック注射で症状が軽快するのに、造影検査では異常が認められない場合もあることから、腕神経叢造影は胸郭出口症候群を証明する客観的所見とはいえないとするのが一般的である。

以上にみたように、現在の医学では、胸郭出口症候群を証明する客観的検査所見はなく、臨床症状や症状誘発テストによって「胸郭出口症候群」と診断されているのが実情である。

4 治療方法

症状を悪化させる動作を避けつつ、僧帽筋や肩甲挙筋の強化運動訓練、肩甲帯を挙上させる装具の装着、消炎鎮痛剤の投与などの保存療法が一般的である。

症状が重い場合には、頚肋や第1肋骨の切除術、筋剥離術などの外科的手術が施行される。

第3 裁判例の動向

民事訴訟で胸郭出口症候群が争われたのは、肘部管症候群（いわゆるキーパンチャー病）などと同様に、労働事件が最初であった。長期にわたる反復・継続的な上肢運動によって上肢や手のしびれが生じることは知られており、その原因部位によって肘部管症候群、手根管症候群、胸郭出口症候群と分類されていたものと思われる。

交通賠償事件に関しては、胸郭出口症候群と交通事故との関連性を否定するもののほか、胸郭出口症候群を肯定しつつ、自賠法施行令別表の「局部に頑固な神経症状を残すもの」と評価するもの、「局部に神経症状を残すもの」と評価するものなど、個別事情をもとに様々な判断がなされている。胸郭出口症候群にかかる判断がなされた判例につき、交通事故との因果関係にかかる判断や特徴を紹介する。

1 胸郭出口症候群と事故との因果関係を認め、12級を上回る障害等級を認定したもの（1例）

▶(1) 福岡高判平成4年12月25日（交民29巻5号1262頁）

30歳・女性。「左胸郭出口症候群、バレリュー症候群、頚椎不安定性」等で神経系統の障害等級は9級10号（神経系統の機能又は精神に障害を残し、服することができる労務が相当な程度に制限されるもの）に該当す

るとしつつも、体質的素因（首が長い、頚椎不安定性あり）による60％の素因減額を適用した。

　本件では、原審（宮崎地方裁判所延岡支部）でなされた鑑定において自賠法施行令別表の後遺障害等級にまで触れられており、それを原審及び福岡高裁がそのまま採用したことがうかがわれるものの、労働能力喪失期間を6年としつつ、素因減額を適用するなど、実質的にはいわゆる局部の神経症状と同程度の障害評価を行っているに過ぎないといえる。

　また、胸郭出口症候群と交通事故との関連性については、上肢症状が早期にあったことがうかがわれるほか、鑑定時に症状誘発テストが陽性であったことで「本件事故によって頭部を強くシートに打ちつけたことから、前斜角筋や中斜角筋に損傷を受け、この衝撃によって前斜角筋や中斜角筋の間を通っている神経叢や血管が挫折して胸郭出口症候群が生じた可能性が高い」という鑑定結果が示されているにとどまる。

2　胸郭出口症候群と事故との因果関係を認め、12級の障害等級を認定したもの（5例）

▶(1)　東京地判平成16年12月21日（交民37巻6号1695頁）

　26歳・女性。「胸郭出口症候群」につき、障害等級を12級12号（局部に頑固な神経症状を残すもの）とし、労働能力喪失率を14％、労働能力喪失期間を15年間とした。

　本件では、自動車保険料率算定会（現・損害保険料率算出機構）が自賠責保険の手続で12級12号と認定し、被告もそれを争っていないため、胸郭出口症候群と交通事故との関連性につき明らかな記載はないが、「胸郭出口症候群の症状については、交通事故による補償問題という心理的負荷等の心因的要因の影響も考えられる」として、症状固定後の治療との因果関係や、労働能力喪失期間を検討していることが認められる。

▶(2)　名古屋地判平成17年8月30日（交民38巻4号1172頁）

　27歳・男性。右上肢の筋力低下、可動域制限等につき、「外傷性胸郭出口症候群、反射性交感神経性ジストロフィー」等と診断され、右上肢全廃により障害等級を5級6号に該当するとの主張がなされたものに対し、「胸郭出口症候群」による症状として障害等級を12級12号（局部に頑固な神

経症状を残すもの）に該当するとし、労働能力喪失率を14％、労働能力喪失期間を10年間とした。

　本件では、症状経過や症状誘発テスト等の結果により、「本件事故により本件傷害（頚椎捻挫等）を負い、疼痛などにより右肩甲帯を動かさなくなり、このことにより、僧帽筋等を含めた肩甲帯の筋群の筋力が低下し、肩甲帯が下がることで、腕神経叢の牽引や肋鎖間隙での圧迫を増長し、胸郭出口症候群が発症するに至ったものである」とし、腕神経叢造影と定量筋電図分析の検査結果で異常所見が認められることから、他覚的所見ありとして障害等級を12級12号としている。

　なお、就労継続によってうつ傾向や神経症が治癒され、後遺障害が改善される蓋然性が高いとして労働能力喪失期間を10年としたほか、後遺障害の発生・拡大につき、心因的要素が影響しているとし、30％の寄与度減額を適用している。

▶(3) **東京地判平成19年12月18日（交民40巻6号1625頁）**

　38歳・女性。「胸郭出口症候群」につき、労働能力喪失率を14％（12級レベル）、労働能力喪失期間を10年間とした。

　本件では、「牽引型の胸郭出口症候群は交通事故等の外傷によっても発症する」との見解を前提に、症状経過等から胸郭出口症候群と交通事故との因果関係を認めている。

　しかし、労働能力喪失率に関しては、障害等級の明示はなく、利き腕の後遺障害により和裁の業務ができないという事情が述べられているに過ぎない。また、なで肩体型で首が長いとの特徴は認めつつも、素因減額は適用されていない。

▶(4) **さいたま地判平成20年3月28日（交民41巻2号476頁）**

　28歳・女性。「胸郭出口症候群」につき、障害等級を12級12号（局部に頑固な神経症状を残すもの）とし、労働能力喪失率を20％、労働能力喪失期間を39年間とした。

　本件では、胸郭出口症候群と交通事故との関連性について下記の医学的な考察を行っている。

> ア．非外傷性胸郭出口症候群においては、頚肋、第1肋骨奇形、異常索状物、最小斜角筋などの骨性・軟部組織性の解剖学的異常が要因として考えられるが、必ずしも相関関係は明確でない。
> イ．外傷性胸郭出口症候群は、何らかの外力により引き起こされるものであり、追突事故による鞭打ち損傷やスポーツ外傷などの比較的強い一撃的な外力による場合と、キーパンチャー、美容師など上肢に負荷がかかる職種の上肢の繰り返し作業や首を繰り返し動かす動作などの蓄積的外力による場合がある。
> 　(ｱ)前者については、外力により斜角筋が過伸展されることで、斜角筋内に微小出血を生じ、その治療機転として結合組織の占拠率が増加し瘢痕化した結果、斜角筋の柔軟性が低下し、腕神経叢との間に摩擦を生じやすくなり、神経過敏状態を引き起こし発症すると考えられる。
> 　(ｲ)外傷性胸郭出口症候群の手術所見からは、腕神経叢及びその周囲組織に癒着や瘢痕が確認されている。

　しかし、実際の事実認定では、事故以前に胸郭出口症候群に罹患しておらず、本件事故の受傷態様は胸郭出口症候群の発症と矛盾しないこと、また、手術所見についても、筋膜の線維化があっても本件事故による外傷性胸郭出口症候群を肯定することはできず、線維化がなかったとしても本件事故によることを否定できないこと等から、胸郭出口症候群と本件事故との因果関係を否定する理由がないとしている。

　なお、障害等級については、原告の主張と事故後の就業状況を勘案した結果で12級とし、力仕事や夜勤に一定の支障があることを理由に20％の労働能力喪失率としたほか、首長・なで肩が発症に寄与した可能性を認めつつも、疾患に当たるものではなく、素因減額を適用しなかった。

▶(5) 名古屋地判平成24年3月30日（交民45巻2号455頁）

　40歳・男性。頚部痛、左上肢痛等の症状につき、本件事故に起因する外傷性胸郭出口症候群とした上で、障害等級を12級13号（局部に頑固な神経症状を残すもの）とし、労働能力喪失率を14％、労働能力喪失期間を27年間とした。

　本件では、事故から約8か月後に神経伝導速度検査の異常所見から「左

外傷性腕神経叢障害」と診断されたほか、事故から1年後になされた筋電図検査にて左C5〜Th1神経根障害の所見、血管造影検査にて筋断裂の症状が認められて「外傷性左胸郭出口症候群」と診断されたこと、また、手術記録において「前斜角筋は周辺組織と強い線維性癒着があり、横隔膜神経を温存しつつ、前斜角筋の周囲を剥離し、頚横動静脈を結紮し切断した。前斜角筋の尾側部は、鎖骨下動脈と非常に強い線維性癒着が認められた。」「C8根の中枢部は強い線維性癒着がありこれを剥離した。腕神経叢全体が膜状の癒着組織があり、これを切開すると腕神経叢が除圧され前方に浮上するのが確認された」とされていること、手術後も左上肢の症状が残存していること等を踏まえ、12級13号と判示している。

そして、被告から、X-P・MRI画像上の異常所見はなく、筋電図検査、サーモグラフィー検査においても明らかな左右差はなく、左上肢の筋萎縮もないこと、肩の傷病名は事故から10日後の「両肩関節周囲炎」とされ、左上肢しびれが出現したのは事故から5か月後であること等から、外傷性胸郭出口症候群を発症したとは認められない旨の反論がなされていたのに対し、「胸郭出口症候群においては、神経伝達速度が遅延するほどの重傷な症状は稀なのである」から、一病院で神経伝導速度が正常範囲内であったことをもって外傷性胸郭出口症候群を否定できないとし、救急外来時に両肩疼痛の記載が認められており、事故直後に左上肢症状がなかったともいえないとしている。

3 胸郭出口症候群と事故との因果関係を認め、14級の障害等級を認定したもの（2例）

▶(1) 東京地判平成22年2月24日（交民43巻1号229頁）

32歳・男性。頚部痛、左上肢痛等の症状につき、本件事故に起因する胸郭出口症候群とした上で、障害等級を14級9号（局部に神経症状を残すもの）とし、労働能力喪失率を5％、労働能力喪失期間を5年間とした。

本件では、事故から2か月後にはモーレイテスト、エデンテスト、ライトテスト等の陽性所見があること等を踏まえ、本件事故による外傷性胸郭出口症候群の傷害を負ったと認めることができるとした。

しかし、障害評価においては、神経症状を裏付ける腕神経叢の陽性所見

等の明らかな異常所見は認められないことを理由に12級の神経症状には当たらないとしている。

▶(2) **東京地判平成22年３月18日（交民43巻２号392頁）**

34歳・女性。いわゆるMTBI（軽度外傷性脳損傷）、胸郭出口症候群が争われ、頭痛、両上肢痛等の症状につき、障害等級を14級10号（局部に神経症状を残すもの）とし、労働能力喪失率を５％、労働能力喪失期間を５年間とした。

本件では、もっぱらMTBI（軽度外傷性脳損傷）が争点となっているところ、胸郭出口症候群に関しては、「確定診断することが可能な画像所見等の客観的所見に乏しいといわざるを得ない」とし、他覚的所見が認められず、障害等級は14級に該当するに過ぎないとした。

4　胸郭出口症候群と事故との因果関係を否定しているもの（5例）

▶(1) **大阪地判平成３年１月29日（交民24巻１号94頁）**

25歳・男性。「胸郭出口症候群」と診断され、第一肋骨切除術等を受けたものにつき、鎖骨付近の受傷がなかったこと、症状の出現時期が事故から１年以上経過後であること等から、本件事故に起因して胸郭出口症候群の発症に至ったものとは認められないとした。

本件では、外傷性の胸郭出口症候群と先天性の胸郭出口症候群の鑑別は容易ではないとした上で、外傷性の胸郭出口症候群につき、以下のような考察を行っている。

ア　外傷が直接原因となった場合
㈦外傷により鎖骨骨折を起こし、神経血管束を圧排、圧迫するような変形を残した場合であり、発症時期は、受傷直後ないし変形治療後１ないし６か月とされる。
㈣外傷に起因して前斜角筋萎縮または同筋内血腫が生じ、斜角筋三角が狭小化した場合であり、発症時期は、受傷後０ないし３か月である。
㈹外傷により胸鎖乳突筋など鎖骨挙上位に関与する筋群が麻痺したり、肩が下垂し胸鎖間隙が狭小化した場合であり、発症時期は、受傷後０ないし３か月である。

イ　外傷が間接原因となった場合
　　長期にわたる頚椎固定や理学療法が誘因となって、胸鎖乳突筋など鎖骨挙上位に関与する筋群が廃用性萎縮を来した場合や、同筋群などに分布する血管系ないし神経系に障害が残り、器質性萎縮を来した場合であり、発症時期は、受傷後0ないし3か月である。

▶(2)　**千葉地判平成21年12月17日（交民42巻6号1657頁）**
　33歳・男性。「胸郭出口症候群」と本件事故との因果関係を否定しつつも、右手の握力低下等の症状につき、障害等級を14級10号（局部に神経症状を残すもの）とし、労働能力喪失率を8％、労働能力喪失期間を15年間とした。
　本件では、頚椎捻挫、PTSD、低髄液圧症候群がもっぱらの争点となっているところ、胸郭出口症候群に関しては、その可能性を指摘されたのが交通事故から5年以上経過後であること、また、本件事故によって発症したことを直接にうかがわせる証拠はないことから、本件事故の負傷によって生じたものとは認められないとしている。
　なお、調理師で利き腕の握力低下であること、口頭弁論終結時にも症状が残存していること等の諸事情を勘案し、労働能力喪失率を8％、労働能力喪失期間を15年間とした。

▶(3)　**東京地判平成23年2月3日（交民44巻1号197頁）**
　30歳・女性。低髄液圧症候群、胸郭出口症候群が争われ、頚部痛、右手しびれ等の神経症状につき、障害等級を14級10号（局部に神経症状を残すもの）とし、労働能力喪失率を5％、労働能力喪失期間を5年間とした。
　本件では、もっぱら低髄液圧症候群が争点となっているところ、胸郭出口症候群に関しては、本件事故から7年経過後に診断され、それまでにその存在をうかがわせる検査所見は存しないこと、また、診断根拠となった症状や検査所見が判然としないことから、本件事故との因果関係を否定している。
　なお、障害等級と労働能力喪失期間の関係につき、「後遺障害等級14級

に該当し、他覚的所見のない神経症状であることに照らすと、労働能力喪失率は5％、労働能力喪失期間は5年間とするのが相当」とも判示している。

▶(4) **東京地判平成24年2月13日（交民45巻1号201頁）**

事故から約1年9か月後に開始された低髄液圧症候群と胸郭出口症候群に対する治療と事故との因果関係を否定した。

本件では、モーレイテスト陽性、前斜角筋離断術の手術所見より、胸郭出口症候群が本件事故に起因するものであるとの主張に対して、胸郭出口症候群の医学上の知見として、胸郭出口症候群患者のモーレイテストの陽性率は32％や79％とする報告があるなど、各種誘発テストはいずれも非特異的であること、また、右前斜角筋離断術前後の症状・所見に明らかな変化が認められないことから、胸郭出口症候群に対する治療との因果関係を否定している。

▶(5) **東京地判平成24年12月13日（自保ジャ1893号28頁）**

20歳・女性。「右腕神経叢損傷、胸郭出口症候群、低髄液圧症候群（脳脊髄液減少症）」等の診断で、右上肢の麻痺、頭痛等の症状につき、併合4級を主張したものに対し、症状経過等から事故と後遺障害の因果関係を否定した。

本件では、「右腕神経叢損傷、胸郭出口症候群」、「低髄液圧症候群（脳脊髄液漏出症）」が争点となっているところ、胸郭出口症候群に関しては、事故直後に明らかな右上肢症状や他覚的な異常所見が認められないことのほか、事故から5年後に右前斜角筋離断・腕神経叢剥離術を受けても改善していないこと等から、本件事故との因果関係を否定している。

第4 考察

1 裁判例の総括

胸郭出口症候群による後遺障害については、神経系統の障害として12級を上回るものは1例のみであり、その1例も素因減額や労働能力喪失期間の検討内容をみると、「局部の神経症状」と同様な認定がなされていることからすると、交通外傷との因果関係が認められたとしても、12級ま

たは14級の神経系統の障害として取り扱われていることがうかがわれる。

次に、神経系統の障害として12級を認定した事例のうち、その医学的根拠が示されているものは2例（前記第3・2(2)(5)）のみであり、他の3例は残存症状が与える就労状況への影響等によって12級と判断していることが認められる。また、医学的根拠が示された2例は、いずれも名古屋地裁であり、腕神経叢造影や血管造影の画像検査、筋電図検査や神経伝導速度検査の電気生理学検査、筋膜の線維化等の手術所見を根拠に他覚的所見が認められると判断していることがうかがわれる。

これに対し、神経系統の障害として14級を認定した2例では、電気生理学的検査や造影検査における異常所見の有無は判然としないものの、神経症状を裏付ける腕神経叢の陽性所見等の明らかな異常所見は認められないこと、また、確定診断することが可能な画像所見等の客観的所見に乏しいことを根拠に他覚的所見は認められないと判断していることがうかがわれる。

一方、胸郭出口症候群と事故との因果関係を否定している5例では、症状の出現時期、診断時期が相当期間経過後であるほか、事故に起因することを裏付ける検査所見が認められないこと、また、手術を受けても改善していないことを根拠に因果関係を否定していることがうかがわれる。

なお、近年になるにつれて低髄液圧症候群（脳脊髄液減少症）と胸郭出口症候群の診断が並列されて争点となっていることが認められるが、自賠責保険の認定実務上も、「低髄液圧症候群（脳脊髄液減少症）」と診断する医療機関を受診した患者が「胸郭出口症候群」と診断されて第一肋骨切除術等を受けている傾向がうかがえることは特筆すべき点である。

2　胸郭出口症候群にかかる問題点

胸郭出口症候群による症状といっても、裁判での障害評価は一定でないところ、交通外傷との相当因果関係、自賠法施行令別表上の「局部の神経症状」の評価基準、他覚的所見の有無という3点に着目して、胸郭出口症候群にかかる交通賠償のあり方を検討する。

▶(1) 胸郭出口症候群と交通外傷との相当因果関係

　裁判例において、外傷性胸郭出口症候群にかかる医学的検討が明示されているものは2例（前記第3・2(4)、同4(1)）しかなく、外傷性胸郭出口症候群の明確な診断基準がないことはこの病態の賠償問題を複雑化している可能性がある。例えば、第一肋骨切除術・筋剥離術などを行った場合、治療効果がなくても症状経過などから胸郭出口症候群を肯定するもの（前記第3・2(5)）、治療効果がなければ胸郭出口症候群を否定する根拠とするもの（前記第3・4(4)(5)）があり、同じ経過で判断が分かれることは問題といえる。

　実務においても「外傷性胸郭出口症候群」との傷病名は多く見られるところであるが、その具体的な診断基準は判然としない。つまり、「外傷性胸郭出口症候群」と診断するための受傷内容、症状の出現時期、症状・所見の具体的内容等は定まっておらず、どのような場合に「外傷性」と言えるのか、明確な診断基準は定まっていないものと思われる。

　この点、胸郭出口症候群は、腕神経叢と鎖骨下動脈、鎖骨下静脈が胸郭出口付近で骨や筋肉などに圧迫・牽引されることで起きる症状であるから、その原因となった骨や筋肉の異常が外傷によって生じたものであれば、「外傷性胸郭出口症候群」という病態に相応しいといえる。その意味では、大阪地裁平成3年1月29日判決（前記第3・4(1)）に示された「外傷が直接原因となった場合」の要件は医学的にも妥当な判断基準といえるのではなかろうか。

　ただし、同判決で示された「外傷が間接原因となった場合」に関しては、頚椎固定の期間や筋萎縮などの客観的要件につき、慎重な判断が求められるべきである。これが自覚症状のみの判断となると、「外傷後」に生じた胸郭出口症候群は全て「外傷性」胸郭出口症候群と呼ぶことになってしまうからである。

　なお、さいたま地裁平成20年3月28日判決（前記第3・2(4)）では、「追突事故による鞭打ち損傷」などの比較的強い一撃的な外力により、斜角筋が過伸展されることで胸郭出口症候群が出現するとされているが、追突事故の軽重、他の原因との鑑別など、交通外傷との相当因果関係を判断する

個別要素が多く残存しているものと考えられる。

▶(2) **自賠法施行令別表上の「局部の神経症状」の評価基準**

　裁判例において胸郭出口症候群による後遺障害と認めた場合であっても、「局部に頑固な神経症状を残すもの」（12級）と「局部に神経症状を残すもの」（14級）に判断が分かれることは問題があるのではなかろうか。特に、残存症状が与える就労状況への影響等によって12級と判断している3例では、14級の障害との鑑別をどのように説明できるのかという疑問がある。

　この点、局部の神経症状は多種多様であり、症状経過や治療状況のみをもって判断することは困難であるため、自賠責保険の等級認定実務では、以前の労災保険の障害認定基準の考え方を踏まえ、「局部に頑固な神経症状を残すもの」は、他覚的に神経系統の障害が証明されるもの（他覚的な検査所見によって神経系統の障害が証明できること）を要件とし、「局部に神経症状を残すもの」はそれに至らない程度の障害としている。

　この考え方の背景には、自賠責保険のような公保険における障害等級認定には一定の公平性、客観性が求められること、また、症状経過や治療状況のみで判断される場合には、長期にわたって治療すれば重い等級評価がなされるため、詐病・過剰治療等のモラルリスクを惹起し得ることから、客観的な医学的判断で障害等級を画する必要があったものと思われる。

　このような公平性、客観性、モラルリスクの問題は交通賠償にかかる裁判でも共通するものであり、裁判所においても、他覚的所見によって神経系統の障害が証明されるものか否かにより、12級と14級の神経障害を鑑別すべきと考える。

▶(3) **胸郭出口症候群における他覚的所見の有無**

　現在の診断基準としては、上肢の臨床症状があり、モーレイテスト等の症状誘発テスト（自覚的な検査所見）の陽性所見があれば、胸郭出口症候群の診断が可能であることからすると、その診断基準を満たしたからといって、他覚的に神経系統の障害が証明されるものとはいえない。それでは、いかなる場合に神経系統の障害を証明する他覚的所見が認められると評価されるであろうか。

まず、胸郭出口症候群を証明する画像所見として、しばしば血管造影検査や腕神経叢造影検査の異常所見が主張されるが、これらは健常者でも異常所見が認められることがあるため、胸郭出口症候群の客観的検査所見とまでいえないことは前述第2のとおりである。

　次に、裁判例では神経伝導速度や筋電図検査などの電気生理学的検査、手術所見における腕神経叢及びその周囲組織の線維性癒着などを他覚的所見として挙げている。しかし、電気生理学的検査で異常所見が明らかであれば、「腕神経叢損傷」や「末梢神経損傷」等と診断されるのが通常である。また、腕神経叢及びその周囲組織の線維性癒着も、筋膜の線維化の原因は不明であるほか、筋剥離術等を施行しても症状の改善がないケースもあり、筋膜の線維化等と症状の関連性も明確ではないと言わざるを得ない。

　さらに、鎖骨骨折等によって腕神経叢を損傷した場合であれば、神経学的な異常所見や電気生理学的検査の異常所見が出現し、「腕神経叢損傷」「末梢神経損傷」との診断が妥当するのであり、「胸郭出口症候群」を問題とする必要はないとも思われる。つまり、「胸郭出口症候群」は、より重篤な傷病の可能性を排除してから最終的に診断されるもの（いわゆる除外診断）である以上、神経系統の障害を証明する他覚的所見が認められないのが当然である。

3　まとめ

　よって、現時点では、真に「胸郭出口症候群」の診断基準に該当するものについて、神経系統の障害を証明する他覚的所見が認められることはないと考えざるを得ないであろう。

　以上のように、胸郭出口症候群については、①「外傷性胸郭出口症候群」という病態に関して明らかな診断基準がないこと、②裁判所における「局部の神経症状」の評価基準が明らかでないこと、③現在の診断基準を満たす場合には神経系統の障害を証明する他覚的所見がないこと、という問題が認められる。

　しかし、「外傷性胸郭出口症候群」の診断基準が明確化されれば、裁判所はその診断基準により交通外傷との因果関係等を判断すれば足りるので

あり、この病態の賠償問題に良い影響が生じるに違いない。また、医学の進歩により、この病態を証明する客観的検査が確立されることも十分に考えられる。

　よって、診断基準の策定や客観的検査方法の開発など、今後の医学会における発展に期待したい。

13

新型後遺障害
―線維筋痛症―

損害保険料率算出機構
黒田清綱

第1 はじめに

　自動車事故後に線維筋痛症（FM：fibromyalgia）が発症した場合に生じる、自動車損害賠償責任保険（以下、「自賠責保険」という。）の実務上の取扱い、特に「傷害による損害」や「後遺障害による損害」について検討する。

　日本線維筋痛症学会が示した最新の文献『線維筋痛症診療ガイドライン2013』によれば、線維筋痛症とは、「原因不明の全身の疼痛（wide-spread pain）を主症状とし、不眠、うつ病などの精神神経症状、過敏性腸症候群、逆流性食道炎、過活動性膀胱などの自律神経系の症状を随伴症状とする病気である。近年、ドライアイ・ドライマウス、逆流性食道炎などの粘膜系の障害が高頻度に合併することがわかってきている。疼痛は、腱付着部炎や筋肉、関節などに及び四肢から身体全体に激しい疼痛が拡散し、この疼痛発生機序のひとつには下行性痛覚制御経路の障害があると考えられている」[*1]と説明されている。

　線維筋痛症は、疼痛のほか多種多様な随伴症状を伴うため、治療領域はリウマチ科・整形外科・心療内科など多岐にわたる。整形外科では、「線維筋痛症、線維筋痛症候群　fibromyalgia（FM）、fibromyalgia syndrome（FMS）」として、関節リウマチとその類縁疾患に分類され、「慢性に持続する身体の広範囲の疼痛と圧痛閾値の低下を生じる原因および病態不明の疾患であり、頭痛、全身倦怠感、朝のこわばり、しびれ、睡眠障害、過敏性胃腸症状、頻尿などの多彩な症状を随伴する」[*2]と説明されている。また、心療内科領域、特に心身医学的な観点からは、「FMSは慢性疼痛を主症状とし、うつ状態や不安の合併が多く、心身症の側面をもつリウマチ性疾患と考えられる。よってFMS診療においては、心身医学的な全人医療の視点が重要である」[*3]と説明されている。

＊1：日本線維筋痛症学会編『線維筋痛症診療ガイドライン 2013』1頁。以下、『ガイドライン 2013』とする。
＊2：松野丈夫・中村利孝総編集『標準整形外科学　第12版』280頁。
＊3：山下真・芦原睦「当科における線維筋痛症71例の検討」（『日本心療内科学会誌』第14巻4号32頁）。

ところで、自賠責保険の保険金等を請求する際、診断書や後遺障害診断書の傷病名欄に「線維筋痛症」が記載される頻度は、「外傷性頸部症候群」などの傷病名が記載される頻度に比べると極めて少ない。これは線維筋痛症が、「比較的頻度の高いリウマチ性疾患であるにもかかわらず、本邦では医療側を含めて疾患概念の認識度が著しく低い。その結果、医療のもとで適正にケアされている患者はきわめて少なく、多くの患者は診断不明、あるいは他の疾患と扱われたりしてドクターショッピングを繰り返し、長期に病んでいる」[4]ことや、「線維筋痛症はいずれも一般医療機関において行うことができる血液検査や画像所見によって明確に診断ができないうえ、病態が一般臨床医に十分理解されていないため、少数の医療機関でしか診療されていない」[5]と指摘されているように、線維筋痛症を取り巻く医療環境も大きく影響しているものと思われる。

　このため、自動車事故後に線維筋痛症が発症した場合、様々な民事損害賠償実務上の問題が顕在化することとなる。医学的原因が必ずしも明らかでなく、治療方法も研究途上にあり、臨床症状の主体が全身に広がる難治性の疼痛であることに加えて、疲労・倦怠感や抑うつ気分など多種多彩な随伴症状が認められることから、被害者や加害者のほか医療機関も巻き込んだ民事紛争が発生した場合、線維筋痛症を取り巻く医療環境と相俟って、民事損害賠償実務の現場が混乱することは想像に難くない。

第2　線維筋痛症の特徴

1　有病率・性差・年齢など

　線維筋痛症には、発症時の年齢や性別に特徴がみられる。近年の研究では、「患者の年齢分布について日本線維筋痛症学会主要登録施設のデータをもとに検討したところ、受診時に40代〜50代が多くいわゆる働き盛りの女性に多いことが特徴である」[6]と指摘されている。また、「ここ3

---

[4]：「線維筋痛症診療ガイドライン2013の記載方法」（以下『ガイドライン2013』という。）。

[5]：三木健司・史賢林・行岡正雄「線維筋痛症　医学からのアプローチ」（日本賠償科学会編『賠償科学（改訂版）』597頁）。

[6]：『ガイドライン2013』1頁。

年間に筆者らが外来診療をした自験例で321例で、女性277名・男性44名、女性の平均年齢52.3歳・男性50.4歳」[*7]とされるほか、「性差については、いずれの報告も女性優位であることで一致し、本邦症例では男：女＝1：4.8」[*8]とされている。さらに、「内訳は男性3例、女性68例で、平均年齢は男性32.3±4.9歳、女性45.2±15.0歳であった」「本研究においても男：女＝1：22.7と女性が全症例の95.8％を占め著しく女性が多かった」[*9]との報告もある。いずれの文献や報告をみても、線維筋痛症の患者の多くは、30歳代から50歳代の女性であることがわかる。

有病率については、「本邦での、厚生労働省研究班の調査では全国では人口の1.7％に本症が存在している。推定では200万人以上の患者がおり、その80％を女性が占めていることがわかってきた」[*10]とされているが、交通事故の負傷者数が825,326人（平成24年）[*11]であることを勘案するならば、推定200万人以上とされる線維筋痛症の患者数は、慎重に検証される必要があろう。

図1　受診年齢

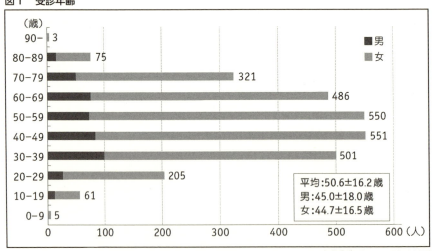

出典：『ガイドライン2013』2頁

＊7：西岡久寿樹「線維筋痛症の現状と展望」（『線維筋痛症ハンドブック』2頁）。
＊8：松本美富士「線維筋痛症の疫学」、（『線維筋痛症ハンドブック』58頁）。
＊9：『日本心療内科学会誌』第14巻4号33頁。
＊10：『ガイドライン2013』2頁。
＊11：損害保険料率算出機構『自動車保険の概況　平成25年度（平成24年度データ）』114頁。（以下、『自動車保険の概況』という。）。

2　臨床症状や病態

　線維筋痛症は、主症状である疼痛のほか、多種多彩な随伴症状が認められている。具体的には「中心症状は全身の広範な慢性疼痛と解剖学的に明確な部位の圧痛であり、ほぼ全例に認められる。一方、筋・骨格系以外の症状（随伴症状）として報告されているものは身体症状として、種々の程度の疲労・倦怠感、微熱（38℃以下）、レイノー現象、盗汗、動悸、呼吸苦、嚥下障害、間質性膀胱炎様症状、生理不順・月経困難症、体重の変動、寒暖不耐症、顎関節症、腹部症状、便通異常（下痢、便秘）、手の腫脹、口内炎、皮膚瘙痒感、皮疹、光線過敏症、各種アレルギー症状などがあり、神経症状としては頭痛・頭重感、四肢の感覚障害、手指ふるえ、めまい、浮遊感、耳鳴、難聴、羞明、視力障害、筋力低下、筋脱力感、手根管症候群、restless leg syndrome（下肢静止不能症候群；むずむず脚症候群）などであり、精神症状には睡眠障害（睡眠時無呼吸症候群を含む。）、抑うつ気分、不安感、焦燥感、集中力低下、注意力低下、健忘、軽度の意識障害などがある」[*12]と指摘されている。このほか、「当科のFMS症例の主訴は、全身の疼痛が64例で71例全体の90.1％にあたり最多である。その他の身体症状は、手足のしびれが17例で全体の23.9％、脱力・倦怠感が17例で23.9％、こわばり感が11例で15.5％、頭痛が10例で14.1％、めまいが6例で8.5％、眼または口の乾燥症状が6例で8.5％であった。精神症状は不眠が10例で全体の14.1％、イライラ感が5例で7.0％、抑うつが5例で7.0％であった」[*13]との報告もある。

　これらの文献や報告に示された臨床症状や病態を勘案するならば、線維筋痛症は、全身に広がる難治性の疼痛を主体とする、多種多様な随伴症状を呈する疾患概念であると考えられるが、主症状である疼痛は、自賠責保険実務で評価が難しい臨床症状の代表例といえる。

　自動車事故後に頸部痛や腰部痛のほか、背部痛などの自覚症状が所見されることも多いが、自賠責保険用の診断書の裏面に記載されている人体図に丸印等で疼痛の部位が具体的に明示されることは稀である。また、救急

---

*12：『ガイドライン2013』17頁。
*13：『日本心療内科学会誌』第14巻4号34頁。

治療を受けた病院から通院に便利な医療機関などに転院した際、転院前の自覚症状が「腰痛」、転医後の自覚症状が「背部痛、腰痛」であった場合、腰痛に加え背部痛が生じたものなのか、それとも Low back pain を示す背部痛なのか、自賠責保険実務担当者は判断に苦慮することとなる。

図2　臨床症状

疼痛
- 全身痛　91.7%
- 関節痛　82.0%
- 筋肉痛　70.9%
- 他の軟部組織痛　47.2%

膠原病様症状
- こわばり　63.7%
- 乾燥症状　49.3%
- 手の腫脹　23.8%
- 口内炎　22.4%
- 発熱　17.6%
- 皮膚瘙痒　17.5%
- レイノー現象　12.9%
- 皮疹　10.9%
- 光線過敏　9.8%

身体症状
- 疲労　90.9%
- 腹部症状　44.2%
- 便通異常　43.1%
- 身体の冷感　32.5%
- 動悸　30.1%
- 身体のほてり　26.8%
- 呼吸苦　24.3%
- 体重変動　23.7%
- いびき　19.1%
- アレルギー症状　17.1%
- 膀胱炎症状
    - 頻尿　15.0%
    - 残尿感　15.0%
    - 排尿痛　10.3%
- 咳嗽　16.3%
- 嚥下痛　12.2%
- さ声　11.0%
- 生理痛　13.0%
- 月経困難症　22.3%

神経症状
- 頭重感・頭痛　72.1%
- しびれ　64.8%
- めまい　44.6%
- 浮遊感　25.4%
- 羞明　15.8%
- 手根管症候群　5.5%

精神症状
- 睡眠障害　73.1%
- 不安感　64.3%
- 抑うつ　60.5%
- 焦燥感　41.1%
- 集中力低下　38.7%
- 健忘　18.5%
- 睡眠時無呼吸　7.8%
- 意識障害　2.0%

頭重感・頭痛
- 頭痛　66.2%
- 筋緊張性頭痛　37.0%
- 血管性頭痛　6.0%
- 偏頭痛　57.0%
- 頭重感　33.8%

全身痛
- 右上半身　89.9%
- 左上半身　81.9%
- 右下半身　91.4%
- 左下半身　79.1%
- 体軸部　59.7%

関節痛
- 膝　64.4%
- 肩　63.5%
- 肘　49.5%
- 手指　45.2%
- 手　44.7%
- 足　44.2%
- 股　29.8%
- 足趾　19.7%
- 胸鎖　19.2%
- 顎　16.3%

出典：『ガイドライン 2013』18頁

3　医学的原因

　線維筋痛症の医学的原因は不明で研究途上にあるといえるが、近年、「本症の主症状である疼痛誘因には、中枢性の広範囲に及ぶ神経因性疼痛 (widespread neuropathic pain) の成因に関与する分子機序の解明が必須であると考えられる。このような視点から本症をみるとその発症の引き金には、外因性と内因性というエピソードが存在し、双方が混在している場合もあることが判明してきた」[*14]とされ、線維筋痛症の主症状である疼痛の誘因や引き金として、外的要因と内的要因が示されている。

　また、「疼痛の発症要因は、外傷、手術、ウイルス感染などの外的要因と離婚・死別・別居・解雇・経済的困窮などの生活環境のストレスに伴う内因性の要因に大別される。これは慢性ストレスとして、神経・内分泌・免疫系の異常により、疼痛シグナル伝達制御のシステムが著しく攪乱し、このため、さらに多様な精神症状、疼痛異常をまねいているという悪循環が生じていると考えられる。また、筋・骨格系疼痛と主症状のほかに随伴症状として、不眠、うつ病などの精神神経症状、過敏性腸症候群、膀胱炎、ドライアイ、シェーグレン症候群様の乾燥症状などが認められ、多彩な全身症状を呈する重症型へと進展していく。2010年に発表された米国リウマチ学会（ACR）予備診断基準ではこれらがすべて一定の割合で寄与しているようになってきている。一方、抜歯などの歯科処置や脊椎外傷や手術、むちうち症など著しい身体障害やパニック障害などが、本症の最初の疼痛の引き金となっている症例もかなりの頻度で存在する。本症の発症の『引き金』ではあるものの原因としては依然不明確な点が多い。症状が進行してくると、線維筋痛症の分類基準として知られている18箇所の圧痛点をはるかに通り越して、四肢から身体全体に激しい疼痛が拡散腱の付着部炎や、筋膜、関節等に及ぶ。それらの疼痛部位は一定の神経支配領域や解剖学的な視点からでは説明がつきにくい。この場合、線維筋痛症の疼痛発症機序は下行性疼痛制御経路の障害による痛みと考えられるが、痛みの認識システムの過剰な亢進など線維筋痛症でも同様のパターンがあること

＊14：『ガイドライン2013』3頁。

が多い」*15 とされている。

　一方、「脳機能画像研究から健常人なら痛みを感じない刺激でも脳の中で痛みを感じているとされ、疼痛部位の局所の異常でなく、痛みの情報伝達経路などに原因があると考えられ、脳レベルでの中枢性感作（痛みの過敏性）が原因で線維筋痛症を中枢感作症候群としてみなす考え方」もあり、「中枢性機能障害性疼痛（central dysfunctional pain）は痛みを主訴とするものであり、線維筋痛症はその代表例である。このように線維筋痛症の病態ははっきりしないものの、中枢機能の問題が関与しており、骨折後の変形や変形性関節症の様な不可逆的な病態、器質的な疾患ではなく、情動の変化などでも病態の悪化、改善が容易に起こりうる機能性疾患である」*16 との研究もある。

　いずれにせよ線維筋痛症の医学的原因は不明で、疼痛の部位は神経支配領域や解剖学的な説明ができないこと、多彩な随伴症状が続発するメカニズムも判然としないことなど、残された研究課題は多岐にわたる。換言すれば、線維筋痛症の医学的原因の究明は研究途上であり、線維筋痛症の特徴でもある受傷部位以外に全身に広がる疼痛のほか、不眠やうつ病などの精神症状や過敏性腸症候群など多彩な随伴症状が発症するメカニズムについては様々な仮説が提唱されているものの、現時点において原因は明らかではない。自動車事故以外にも疼痛発症要因が多いことに加え、「外傷により線維筋痛症が発症するかという問題に関しては Buskila らは一般の骨関節の外傷が線維筋痛症のトリガーとなるかどうかは議論が多く今後の課題と述べており、否定的である。（中略）頸椎捻挫と線維筋痛症の関係については、Tishler らが153例の頸椎外傷後、14.5年の経過観察において線維筋痛症の発症は0.6％で、コントロール群と有意差がなく、頸椎外傷が線維筋痛症の発症要因とは成らないとしている」*17 とされている。

　以上のようなことなどを勘案するならば、自動車事故後に発症した線維筋痛症の主症状である疼痛や多彩な随伴症状のすべてを、自動車事故が原因とすることには無理があるように思われる。自動車事故により高度の意

---

*15：『ガイドライン2013』3頁。
*16：『賠償科学（改訂版）』598頁・605頁。
*17：『賠償科学（改訂版）』608頁。

識障害を伴う重傷頭部外傷を受傷したようなケースとは明らかに異なるからである。

図3　疼痛発症の要因分析

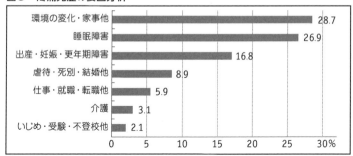

出典:『ガイドライン 2013』4頁

図4　疼痛発症の要因分析

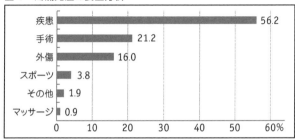

出典:『ガイドライン 2013』4頁

図5　疾病罹患がトリガーとなった要因

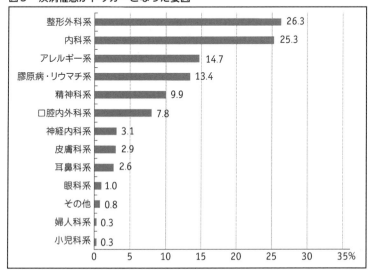

出典:『ガイドライン 2013』4頁

図6　主訴の分類

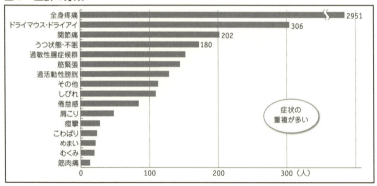

出典:『ガイドライン 2013』5頁

図7　疼痛部位

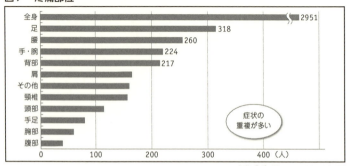

出典:『ガイドライン 2013』5頁

第3　線維筋痛症の分類基準と診断基準

　米国リウマチ学会（ACR）は、線維筋痛症分類基準（1990）と予備診断基準（2010）を提唱している。

1　線維筋痛症分類基準（1990）

　米国リウマチ学会（ACR）が提案した線維筋痛症分類基準（1990）によれば、線維筋痛症の特徴として「広範囲にわたる疼痛」と「18ヶ所の圧痛点」が示されており、圧痛点の部位を「後頭部（後頭下筋腱付着部）」や「肘外側上顆（2 cm 遠位）」などと具体的に明示している。さらに、圧痛点の定義を「術者の爪が白くなる程度」で、かつ「疼痛に対する訴え

（言葉、行動）を認める」と具体的に明示している点で注目に値する[*18]。

　ただし、この分類基準は、「その有用性から広く国際的に分類（診断）基準として用いられ、臨床的には診断基準として用いられてきたのが現状である。しかし、分類基準はあくまでも、線維筋痛症症例を用いた臨床研究や基礎的研究に際して線維筋痛症症例の質の担保を保証するものであり、診断基準ではない」[*19] とされていて、注意が必要である。

図8　線維筋痛症の分類基準と圧痛点

1. 広範囲にわたる疼痛の病歴	
定義	広範囲とは右・左半身，上・下半身，体軸部（頸椎，前胸部，胸椎，腰椎）
2. 指を用いた触診により，18箇所の圧痛点のうち11箇所以上に疼痛を認める	
定義	両側後頭部・頸椎下方部・僧帽筋上縁部・棘上筋・第2肋骨・肘外側上顆・臀部・大転子部・膝関節部

指を用いた触診は4kg/cm²の圧力で実施（術者の爪が白くなる程度）
圧痛点の判定：疼痛に対する訴え（言葉，行動）を認める

判定	広範囲な疼痛が3カ月以上持続し，上記の両基準を満たす場合。第二の疾患が存在してもよい

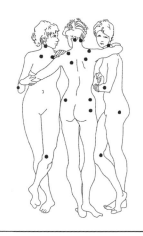

- ▶ 後頭部（後頭下筋腱付着部）
- ▶ 下部頸椎（C5-7頸椎間前方）
- ▶ 僧帽筋（上縁中央部）
- ▶ 棘上筋（起始部で肩甲骨棘部の上）
- ▶ 第2肋骨（肋軟骨接合部）
- ▶ 肘外側上顆（上顆2cm遠位）
- ▶ 臀　部（4半上外側部）
- ▶ 大転子（転子突起後部）
- ▶ 膝（上方内側脂肪堆積部）

出典：『ガイドライン 2013』24頁

[*18]：『ガイドライン 2013』24頁。
[*19]：『ガイドライン 2013』26頁。

2　予備診断基準（2010）

近年、米国リウマチ学会（ACR）が提案した予備診断基準（2010）によれば、「①定義化された慢性疼痛の広がり（widespread pain index:WPI:広範囲疼痛指数）が一定以上あり、かつ臨床徴候重症度（symptom severity:SS）スコアが一定以上あること、②臨床徴候が診断時と同じレベルで３カ月間は持続すること、③慢性疼痛を説明できる他の疾患がないこと、この３項目を満たす場合に線維筋痛症と診断できる」[*20]とされている。

この予備診断基準（2010）は、圧痛点検査に依存する線維筋痛症分類基準（1990）を見直し、広範囲の疼痛を指数化するとともに、症状の重症度をスケール化することとなった。疼痛の部位や範囲が拡大され、多種多彩な臨床症状も評価項目に加えられたこと、重症度も点数化され、臨床症状の持続期間も評価対象とされた「診断基準」である。

なお、線維筋痛症の研究者の中心人物であるFrederick Wolfe博士は、予備診断基準（2010）の変更を提言している[*21]。

図９　ACRの線維筋痛症予備診断基準（2010）

WPI：19箇所 過去１週間の 疼痛範囲数		
顎	右	左
肩	右	左
上腕	右	左
前腕	右	左
胸部		
腹部		
大腿	右	左
下腿	右	左
頸部		
背部	上	下
臀部	右	左
WPI 合計：　点		

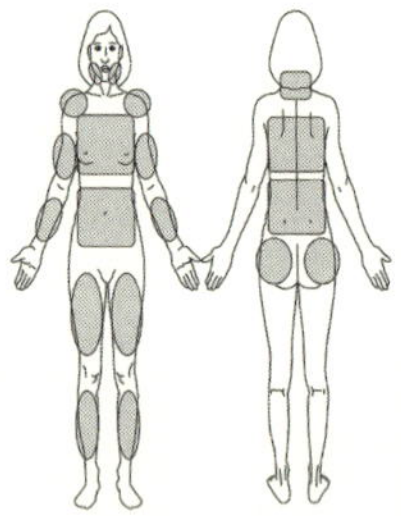

SS症候	問題なし	軽度	中等度	重度
疲労感	0	1	2	3
起床時不快感	0	1	2	3
認知症状	0	1	2	3
合計：　点				

SS一般的な身体症候		0：なし	1：軽度	2：中等度	3：重度
筋肉痛	過敏性腸症候群	疲労感・疲れ	思考・記憶障害	筋力低下	頭痛
腹痛・腹部痙攣	しびれ・刺痛	めまい	睡眠障害	うつ	便秘
上部腹痛	嘔気	神経質	胸痛	視力障害	発熱
下痢	ドライマウス	かゆみ	喘鳴	レイノー症状	蕁麻疹
耳鳴り	嘔吐	胸やけ	口腔内潰瘍	味覚障害	痙攣
ドライアイ	息切れ	食欲低下	発疹	光線過敏	難聴
あざが出来やすい	抜け毛	頻尿	排尿痛	膀胱痙攣	

合計：　症候　　点　＋　身体症候　　点＝　　点

注１：SSの一般的な身体症候の数については各施設にゆだねられている

以下の３項目を満たすものを線維筋痛症と診断する
WPI7以上＋SS5以上またはWPI3〜6＋SS9以上
少なくとも３カ月症候が続く
他の疼痛を示す疾患ではない

出典:『ガイドライン 2013』27頁

＊20：『ガイドライン 2013』23頁。

＊21：吉本智信「線維筋痛症（Fibromyalgia,FM）」（『医研センタージャーナル』2015年１月号）。

第4　線維筋痛症の診断及び診断書の発行に関する留意点

　線維筋痛症の臨床症状の主体が全身に広がる難治性の疼痛であることに加えて、疲労・倦怠感や抑うつ気分など多種多彩な随伴症状が認められるため、「線維筋痛症は診断基準があるが、自覚症状を主体とする病態が主であり、適切な診断・治療のためには、多科目連携治療アプローチが必要とされている。(中略) 線維筋痛症は、他の疾患との鑑別が重要であり、精神科専門医およびリウマチ専門医を含む多科目連携治療アプローチを行うことが大切である」[22]との指摘がある。また、「FMS は疼痛以外に多彩な症状を呈する疾患である。これらの症状は、FMS が不安やうつ状態等の精神症状を合併し、また自律神経系の機能異常をきたしているために出現したと考えらえる。(中略) FMS 患者の一部に血清免疫学的異常所見を認めることから、FMS は膠原病の合併のない例でも、病態に何らかの免疫学的機序が関与している可能性が考えられた。(中略) FMS は、その発症、経過に心理社会的因子が関与し、うつ状態や不安の合併が多い心身症の側面を有するリウマチ性疾患であると考えられた」[23]との報告もある。

　特に心療内科的観点からの治療や診断については、「線維筋痛症の病態や発症、経過をみると心身症の概念に近く、また多くの心身症(器質的疾患も含んで)も合併するために心療内科的な視点で線維筋痛症をとらえると理解しやすい。(中略) 線維筋痛症はこれらの心身症との合併が多く、それぞれの概念、診断、鑑別を知っておく必要がある」[24]とされている。

　線維筋痛症は、関節リウマチ(RA)、全身性エリテマトーデス(SLE)、頚椎症、腰痛症などの整形外科やリウマチ科でみられる様々な疾患との鑑別診断のほか、身体表現性障害、慢性疼痛(心因性)、うつ病、転換性障害などの精神科や心療内科でみられる様々な疾患との鑑別診断が必要不可欠となることから、これらの疾患に精通した専門医が診断し治療することが望ましい。

---

[22]:『賠償科学(改訂版)』611頁。
[23]:『日本心療内科学会誌』第14巻4号36頁。
[24]:『ガイドライン 2013』52頁。

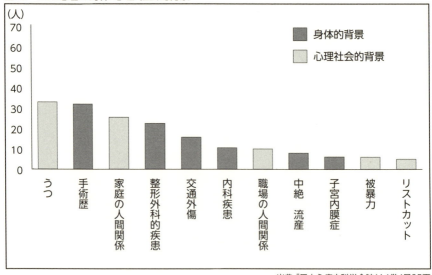

図10　FMS患者の身体・心理・社会的背景

出典:『日本心療内科学会誌』14巻4号35頁

　なお、診断書の作成については、「線維筋痛症の診断に関して公的書類を発行する場合には細心の注意が必要である。（中略）また自賠責医療や労働災害などの第三者行為の場合は、因果関係には医学的な見地から相関が明らかであるとの確証を証明できない時に安易に診断書を発行すると自覚症状を医師が他者に対して証明することは不可能であるので無用な紛争に巻き込まれることになる。単に事故の後に発症したとの理由で因果関係があると記載することは自覚症状が主体の病態であることから不適切である」[*25]と指摘されている。さらに、「線維筋痛症の病態は、現時点では研究途上でありはっきりと病態が示されていない。しかし、診断書の発行という行政上、司法上の正確な判断を求められる際に、主な症状が自覚的なもので他覚的所見が乏しい状況で医師としては不確定な判断を示すことは適切ではないと考えられる」[*26]とした上で、傷病手当については、「線維筋痛症は運動療法などが勧められており、就労自体が運動療法の一環でもある症例も多く軽傷の傷病手当の申請にて休職することについて十分な裏

*25：日本賠償科学会編『賠償科学（改訂版）』609頁。
*26：『ガイドライン2013』186頁。

付けとなる病態の評価が必要であり、安易に診断書を作成することは勧めない」[*27]とし、身体障害者等級、障害年金については、「いずれの認定も本人の自覚的な『痛み』のみでは適応されない。永続的な障害の存在の証明には専門医による当該関節周囲のレントゲン上明らかな骨萎縮またはMRI検査や超音波検査による明らかな筋萎縮などの他覚的な証明が必要である。『痛み』だけの障害については専門領域を異にする複数の専門医での合議による判定が必要である」[*28]と、診断書の発行に関して慎重な立場を示している。

　自賠責保険は法律により付保が強制された公的性格を有する賠償責任保険であり、公平かつ適正な自賠責保険金の支払いが必要不可欠であることはいうまでもない。自賠責保険請求のために用いられる診断書や後遺障害診断書に記載された傷病名や所見で自賠責保険実務の現場が混乱することもあるため、診断書や後遺障害診断書を作成する際には、患者である被害者や加害者のほか医療機関も巻き込んだ民事紛争が発生することのないよう慎重な対応が望まれる。

第5　裁判例

　自動車事故後に発症した線維筋痛症が争点となった裁判例で、公刊されているものは少ないが、『自保ジャーナル』に掲載された裁判例は以下のとおりである。

1　神戸地裁平成20年8月26日（確定）自保ジャ1794号2頁

　39歳の女子生保外務員の原告が、低髄液圧症候群のほか線維筋痛症を発症したとして、4000万円弱を求めて提訴したもの。本件は自賠責保険（共済）審査会の審議結果に基づいて、自賠責保険における後遺障害には該当しないと判断されていたものでる。

　裁判所は「原告はC医師の診断によれば、上半身・腰を含む下半身・

[*27]：『ガイドライン2013』187頁。
[*28]：『ガイドライン2013』187頁。

左半身・右半身・体幹部の5か所すべてに3か月以上の疼痛があり、Cセンター入院の際に18か所の圧痛点のうち12か所に圧痛があったというのであるから、上記の診断基準に従うとその時点で線維筋痛症に罹患していたということができるかもしれない。しかし、前記認定の事実によれば、原告は左半身、特に左肩・左上肢についての痛みは本件交通事故直後から繰り返し訴えていたことは前記認定のとおりであるが、右半身については、本件事故後2年4か月も経過した平成17年4月末に両足が痛み、痛みが全身に広がったというのであり、それ以前に右半身について痛みを訴えた形跡はない。本件交通事故よりも前に全身ないし右半身に疼痛等の特段の痛みがあったことはうかがわれないが、線維筋痛症の原因がそもそも不明であり、外傷だけが原因ではないことに照らすと、本件事故後相当期間が経過してから痛みが発生する機序も明らかにされていない以上、本件事故と原告の線維筋痛症との間に相当因果関係があるということはできない」と判示している。

2　京都地裁平成22年12月2日(確定)自保ジャ1844号21頁

　60歳の主婦が骨盤骨折後筋挫傷のほか、線維筋痛症により後遺障害併合4級、労働能力を92％喪失したとして、3300万円を求めて提訴したもの。本件は、自賠責保険の後遺障害等級事前認定により、右骨盤、臀部、大腿部の痛みなどについて「局部に頑固な神経症状を残すもの」である別表第12級12号、腰部の激痛、背部にかけて広がるこわばりなどについて「局部に神経症状を残すもの」である別表第14級10号が認定された。これらの後遺障害等級が併合された結果、併合第12級が認定されている。ただし、脊柱の運動障害や荷重機能障害のほか、骨盤骨の変形障害、相当期間経過後に発症した精神症状などの障害については、自賠責保険における後遺障害には該当しないと判断されている。

　裁判所は「原告が線維筋痛症に罹患しており、腰部、背部、肩部、頸部などの痛みないしこわばりなどの症状（京都府の身体障害認定において、『体幹機能障害』とされている点と概ね重なると考えられる。）は、この病気の症状であると認められる。（中略）原告は、本件事故前には、いわゆ

る不定愁訴とよばれるような体調の不良で日常生活に支障があったような形跡はなく、概ね健康な人であったこと、線維筋痛症が重い負傷を有力な誘因の1つとするという見解及び交通事故による負傷から線維筋痛症の発症に至ったとされる症例が相当数紹介されていること、原告の主治医らは、原告の線維筋痛症の発症を本件事故と関連のあるものと認識していることなどをふまえて検討すると、原告の線維筋痛症の発症に、本件事故によって負った骨盤骨折等の重傷による肉体的精神的ストレスが作用している蓋然性が優にあると認められ、したがって、本件事故と相当因果関係がある傷病と認められる」とした上で、「原告のこの後遺障害は、自賠責保険の後遺障害等級上で相応するものを検討すると、7級4号の『神経系統の機能に傷害を残し、軽易な労務以外の労務に服することができないもの』に相当すると認められる」と判示している。

3 横浜地裁平成24年2月28日(控訴)自保ジャ1872号10頁

　51歳の男子自営業の原告が線維筋痛症を発症し、後遺障害等級3級、労働能力を100％喪失したとして、1億1417万余円を求めて提訴したもの。本件は、自賠責保険会社から既払金として923万円弱の支払いを受けたとされている。自賠責保険から支払いを受けたのが事実であれば、「傷害による損害」(保険金額120万円)のほか、「後遺障害による損害」として、少なくとも後遺障害等級別表第二第8級(保険金額819万円)以上の後遺障害等級が認定されていたことになるが、被告は後遺障害等級を別表第二第14級10号(別表第二第14級9号)と主張しており、判決文からは自賠責保険がどのように後遺障害等級を認定したのかは明らかでない。

　裁判所は「線維筋痛症のアメリカリウマチ学会の定めた診断基準(以下「本件診断基準」という。)は別紙のとおりと認められるところ、証拠(略)によると、丙川医師は、上記診断において圧痛点(別紙の本件診断基準の②)の確認はされていないと認められる。したがって、上記診断から、原告が線維筋痛症に罹患しているものとは認められない。(中略)他に原告が線維筋痛症に罹患していると認めるに足りる証拠はない。」などとした上で、「原告は、慢性広範痛症に罹患しているものと認められる」「本件事故前後

を通じて、本件事故以外に、原告が慢性広範痛症の要因となり得る事実は認められない。特に原告の痛みは一時的に劇的に増したというものではなく、徐々に拡大していったというものであるから、本件事故後の事由が要因とは考え難い。以上を総合すると、線維筋痛症及び慢性広範痛症は、特別な事態がなくても発症する可能性があるものの、そのことを考慮しても、原告の慢性広範痛症の要因は、本件事故以外には考えがたく、他に要因となり得る事情があると認めるに足りる証拠はない。したがって、原告の慢性広範痛症と本件事故との間には因果関係が認められる」と判示している。

4　名古屋地判平成26年4月22日(控訴)自保ジャ1926号95頁

　54歳の女子家事従事者の原告が、線維筋痛症や心的外傷後ストレス障害等により、後遺障害等級1級、労働能力を100％喪失したと1億8636万余円を求めて提訴したもの。本件は、自賠責保険の後遺障害等級認定により、第2腰椎圧迫骨折による脊柱の変形障害について「脊柱に奇形(変形)を残すもの」である別表第二第11級7号が認定されていたものでる。ただし、四肢の疼痛、眼の障害、PTSD、歯牙障害については、自賠責保険における後遺障害には該当しないと判断されている。異議を申し立てたが認定は変更されなかったとあるため、自賠責保険(共済)審査会に付議されたものと考えられる。

　裁判所は「戌田医師、辛田医師及び鑑定人は、本件分類基準ないし本件予備基準に基づき原告は線維筋痛症に罹患している旨診断していることが認められる。しかしながら、線維筋痛症の基準である本件分類基準及び本件予備基準は、いずれも、医師の触診で患者が痛いと言うかどうかで診断されることから、患者の主訴が重要な要素となる。そうしたところ、(中略)したがって、原告は鎮痛剤等を投与されていて痛みの状況が変化することを考慮しても、原告の愁訴には不自然、不合理な点が多く、その信用性は十分なものとはいえない。愁訴が重要な判断要素となっている線維筋痛症に原告が罹患しているかどうかは明らかではないというべきである」などとした上で、「原告が主張する四肢の疼痛、両下肢について立位保持及び歩行困難等の機能全廃、両上肢の著しい機能障害等を裏付ける他覚的所見

はないのであるから、原告が本件事故により後遺障害等級1級相当の後遺障害を負ったと認めることはできない」と判示している。

第6 まとめ

　線維筋痛症は、臨床症状の主体が全身に広がる難治性の疼痛であることに加えて、疲労・倦怠感や抑うつ気分など多種多彩な随伴症状が認められる疾患概念であり、診療領域もリウマチ科・整形外科・心療内科など多岐にわたる。「痛みは自覚症状であり、その評価を客観的に行うことは非常に困難である。そのため、自覚症状である『痛み』を主訴とする線維筋痛症もその診断や評価に苦慮している現状がある」[*29]ことから、東京慈恵会医科大学を設立した髙木兼寛のいう「病気を診ずして病人を診よ」という精神がもっともあてはまる疾患概念のように思われる。
　このような線維筋痛症であるが、自動車事故後に発生した線維筋痛症による損害を自賠責保険に対して請求する場合、自賠責保険は法律で付保が強制された公的性格を有する賠償責任保険であることから、対象となるすべての人々に公平な取扱いをする必要があり、医学的所見、特に他覚的所見が重視されることはいうまでもない。また、線維筋痛症の主症状である疼痛については、線維筋痛症の病態が器質性の疾患ではなく、機能性の疾患と考えられることもあり、単に疼痛の主訴があるというだけでは足りず、症状を裏付ける医学的所見、客観性の高い他覚的所見の有無も問題となる。
　さらに、線維筋痛症が自動車事故によって発症したこと、すなわち、自動車事故と線維筋痛症発症との間の相当因果関係の立証は必要不可欠となるが、線維筋痛症の医学的原因が明らかではなく、外傷と線維筋痛症との間の因果関係について否定的な見解もあることを勘案するならば、自動車事故を原因として、受傷部位以外に難治性の疼痛が広がり、多種多彩な随伴症状が続発する理由について、厳密な科学的検証や考証が必要となる。
　したがって、自動車事故により「外傷性頸部症候群」を受傷したため、頸部痛に続き全身に及ぶ疼痛が生じるとともに、うつ症状など多彩な随伴

---

*29：日本賠償科学会編『賠償科学（改訂版）』597頁。

症状が発症し、線維筋痛症と診断されたケースを考えてみると、線維筋痛症の主症状である疼痛の発症要因である「外傷性頸部症候群」による頸部痛などのほか、自動車事故を契機に発症した、うつ症状などの非器質性精神障害に対する治療費については、必要かつ妥当な実費が「傷害による損害」として自賠責保険の対象となる。しかしながら、「最初の疼痛が引き金となり次の疼痛をまねくが、注目すべき臨床症状は、疼痛が徐々に無秩序に解剖学的な神経支配的領域とはまったく関連のない分野へ広範囲に及ぶ」[*30]という線維筋痛症の特異なメカニズムが、今後の研究により明らかにならない限り、線維筋痛症による全身に広がる難治性疼痛や多種多様な随伴症状に対する治療費のすべてを、「傷害による損害」として自賠責保険の対象とすることは困難である。

　同様に、線維筋痛症による多種多彩な症状が、医学的一般に認められた治療方法をもってしても消退することなく残存する場合であっても、そのすべてを後遺障害として評価し、「後遺障害による損害」を認定することは難しいが、自動車事故による受傷が線維筋痛症の主症状である疼痛の発症要因のひとつと考えられることから、症例によっては、自賠責保険の支払基準に規定されている「受傷と死亡又は後遺障害との間の因果関係の有無の判断が困難な場合の減額」[*31]の規定を適用する余地はあるものの、対象となる症例は限定されるであろう。

　なお、「外傷性頸部症候群」による頸部痛の症状については、後遺障害痛のため、ある程度差し支えがあるもの」は第12級の12（自賠責保険では別表第二第12級13号）、「通常の労務に服することはできるが、受傷部位にほとんど常時疼痛を残すもの」は第14級の9（自賠責保険では別表第二第14級9号）と規定されている。ただし、自賠責保険実務上、前者

[*30]：『ガイドライン2013』5頁。
[*31]：自動車損害賠償責任保険金等及び自動車損害賠償責任共済の共済金等の支払基準（平成13年金融庁、国土交通省告示第1号）には、「被害者が既往症等を有していたため、死因又は後遺障害発生原因が明らかでない場合等受傷と死亡との間及び受傷と後遺障害との間の因果関係の有無の判断が困難な場合は、死亡による損害及び後遺障害による損害について、積算した損害額が保険金額に満たない場合には積算した損害額から、保険金額以上となる場合には保険金額から5割の減額を行う」とある。

については疼痛の症状を裏付ける骨萎縮等の他覚的所見が必要不可欠となる。

　また、非器質性精神障害については、「通常の労務に服することはできるが、非器質性精神障害のため、就労可能な職種が相当な程度に制限されるもの」は第 9 級の 7 の 2（自賠責保険では別表第二第 9 級 10 号）、「通常の労務に服することはできるが、非器質性精神障害のため、多少の障害を残すもの」は第 12 級の 12（自賠責保険では別表第二第 12 級 13 号)、「通常の労務に服することはできるが、非器質性精神障害のため、軽微な障害を残すもの」は第 14 級の 9（自賠責保険では別表第二第 14 級 9 号）と規定されている。

判例年月日別索引

▶大正3年
1.22　大判·················110

▶昭和37年
12.14　最判·················2

▶昭和38年
6.4　最判·················67

▶昭和47年
5.30　最判·················5

▶昭和62年
6.25　広島地判·········166、180

▶昭和63年
4.21　最一小判·········105、139

▶平成元年
3.14　東京地判·······14、37、53、82
5.12　大阪高判········12、47、85

▶平成2年
8.6　大阪地判·················82

▶平成3年
1.29　大阪地判·········214、218
7.22　神戸地明石支判·········82

▶平成4年
3.27　神戸地判·················82
6.24　最一小判·················139
6.25　最判·················105
12.21　奈良地判·················53
12.25　福岡高判·················209

▶平成5年
8.26　横浜地判·················60

▶平成7年
2.28　神戸地判·················82

▶平成8年
5.9　東京地判·················66
5.30　大阪高判·················67
10.23　福岡高判······37、55、57、59
10.29　最三小判·················139

▶平成9年
3.12　福岡高宮崎支判······37、55
8.29　東京地判·············56、82

▶平成10年
8.27　福岡地判·········112、118
10.8　神戸地判·················64

▶平成12年
1.31　東京地判·················63

▶平成14年
1.24　さいたま地判·················64
10.28　横浜地判······38、56、57、58

▶平成16年
1.16　千葉地判·················120
12.21　東京地判·················210

▶平成17年
2.22　福岡地行橋支判········158、166、180
8.30　名古屋地判·········210

▶平成18年
1.11　鳥取地判·········167、180
1.19　大阪地判·················65
3.30　最判·················7
6.21　大阪地判·················99
12.12　福岡地小倉支判·······167、180

245

▶平成19年
2.13　福岡高判 ………………… 62、170、180
2.22　東京地判 ……………………………99
7.31　東京地判 ……………………………61
11.27　東京地判 ………………………171、180
12.3　静岡地浜松支判 …………………180
12.18　東京地判 …………………………211

▶平成20年
1.10　横浜地判 ………………………167、180
2.28　東京地判 …………………………180
3.28　さいたま地判 …………………211、218
4.21　福岡地判 ………………………178、180
5.21　東京地判 ……………………………64
5.26　静岡地判 ………………………178、180
7.31　東京高判 ………………………167、180
8.26　神戸地判 …………………………237
10.7　最三小判 ……………………………99
10.8　福岡家決 …………………………179

▶平成21年
2.5　東京地判 …………………………180
5.15　横浜地判 ………………………167、180
9.28　横浜地判 …………………………202
10.26　東京地判 …………………………180
11.4　広島地松江支判 …………………180
12.17　千葉地判 …………………………215

▶平成22年
1.27　大阪地判 ……………………………65
1.28　大阪地判 …………………………154
1.29　大分地中津支判 …………………180
2.24　東京地判 …………………………213
3.4　東京地判 …………………………181
3.17　福岡地判 …………………………181
3.18　東京地判 …………………………214
3.25　新潟地判 ………………………171、181
4.12　東京地判 …………………………181
5.28　津地伊勢支判 ……………………181
6.21　大阪地判 …………………………154

7.16　広島高岡山支判 …………………100
8.26　東京地判 …………………………202
9.9　東京高判 …………………………202
10.20　東京高判 …………………………181
11.25　大阪地判 …………………………154
12.2　京都地判 …………………………238
12.7　神戸地判 …………………………154

▶平成23年
1.24　神戸地判 ………………………170、181
2.3　東京地判 …………………………215
2.10　東京地判 …………………………181
2.25　大阪地判 …………………………202
3.3　東京地判 ………………………162、181
3.18　名古屋高判 ……………………168、181
3.18　福岡高判 …………………………181
4.15　京都地判 …………………………181
5.31　東京地判 ……………38、55、57、60、82
6.3　京都地判 …………………………103
6.28　名古屋地判 ………………………181
7.22　大阪高判 ………………………168、181
9.20　東京地判 …………………………103
9.22　福岡高判 …………………………181
9.30　東京地判 ………………………171、181
10.5　神戸地判 ………………………62、181
10.26　東京高判 …………………………154
10.28　前橋地桐生支判 …………………181
11.16　さいたま地判 ……………………181
11.22　鹿児島地判 ……………………168、181
12.16　名古屋地判 ………………………181
12.27　横浜地判 ……………………………66

▶平成24年
1.23　東京地判 ………………………162、182
1.27　さいたま地判 ……………………182
2.7　東京地判 ………………………163、182
2.13　東京地判 ………………………182、216
2.20　最一小判 …………………………100
2.23　仙台地判 …………………………182
2.28　横浜地判 …………………………239

3.13	東京地判	182
3.14	東京高判	104
3.23	大阪地判	182
3.26	長野地判	182
3.27	東京地判	154
3.30	名古屋地判	212
4.17	東京地判	202
5.16	京都地判	182
5.29	最三小判	101
5.30	東京高判	182
6.7	大阪高判	103
6.7	広島高岡山支判	182
6.21	さいたま地判	154
7.18	仙台地判	182
7.20	神戸地判	154
7.31	横浜地判	168、182
8.31	横浜地判	154
9.13	東京地判	182
9.19	大阪地判	106
9.26	名古屋地半田支判	168、182
10.24	最判	7
11.7	東京地判	182
11.27	東京地判	154
11.28	京都地判	62
12.6	東京地判	182
12.13	東京地判	216

▶平成25年

1.16	那覇地判	154
1.22	東京地判	152
1.24	東京高判	171、182
1.28	神戸地判	152
3.6	広島地判	165
4.9	最三小判	104
4.11	東京高判	152
4.12	名古屋地判	152
4.16	東京地判	63
4.16	和歌山地判	169、182
6.21	名古屋高判	182
7.8	東京地判	64、67

7.11	大阪地判	152
7.16	東京地判	60、61
8.6	東京地判	55
9.24	大阪地判	152
10.10	名古屋地岡崎支判	152
10.10	神戸地判	152
10.30	東京高判	165、172、182
10.31	東京高判	150
10.31	熊本地判	183
11.5	最三小決	103
11.21	大阪地判	106
12.25	名古屋地判	183

▶平成26年

1.15	東京高判	63、165、172、173、183
1.17	京都地判	150
1.17	福島地いわき支判	165、172、183
1.28	名古屋地判	149
1.31	大阪地判	173、183
2.21	東京地判	65
3.12	東京地判	150
3.18	東京地判	150
3.27	名古屋地判	150
4.22	横浜地判	150
4.22	名古屋地判	240
5.20	京都地判	150
5.21	名古屋地判	150
7.25	大阪地判	150
8.21	大阪高判	106
9.10	名古屋地判	149
9.24	東京地判	63
11.6	高松高判	149
11.17	東京地判	149
12.8	大阪地判	66
12.19	名古屋地判	149

▶平成27年

2.26	東京高判	173、183

交通事故診療と損害賠償実務の交錯

平成28年6月1日　初版第1刷発行

編　集　交通事故賠償研究会
発行者　株式会社　創耕舎

発行所　株式会社　創耕舎
〒162-0801　東京都新宿区山吹町350　鈴康ビル203
TEL　03-6457-5167
FAX　03-6457-5468
URL　http://soko-sha.com/

〈検印省略〉

©2016 Printed in Japan　　印刷・製本　モリモト印刷株式会社
・定価はカバーに表示してあります。
・落丁・乱丁はお取り替えいたします。

ISBN978-4-908621-00-0〈C3032〉